媒介融合背景下基层治理的媒介化方法

The Mediated Method of Grassroots Governance under the Background of Media Convergence

张媛媛 ⊙ 著

清华大学出版社
北京

内 容 简 介

本书在媒介融合的背景下考察了我国县级融媒体、城市社区报、加拿大社区报等三种参与基层治理的媒介化手段，探讨了媒介化基层治理方法的学理逻辑，并在此基础上提出了一个适合我国国情的媒介化基层治理框架。

本书主要面向军地基层治理政策的拟定者和直接参与基层治理的一线工作人员，希望可以为其提供以媒介化方法助力基层治理的思路参考；同时，本书也可为从事媒介研究的学者和学生提供有关媒介化基层治理方法的研究理论和方法参考。

本书封面贴有清华大学出版社防伪标签，无标签者不得销售。
版权所有，侵权必究。举报：010-62782989，beiqinquan@tup.tsinghua.edu.cn。

图书在版编目（CIP）数据

媒介融合背景下基层治理的媒介化方法 / 张媛媛著.
北京：清华大学出版社，2024.9. --（清华汇智文库）.
ISBN 978-7-302-67352-1

Ⅰ. G206.2

中国国家版本馆 CIP 数据核字第 2024G78E40 号

责任编辑：朱晓瑞
封面设计：汉冈唐韵
责任校对：王荣静
责任印制：丛怀宇

出版发行：清华大学出版社
网　　址：https://www.tup.com.cn，https://www.wqxuetang.com
地　　址：北京清华大学学研大厦A座　　邮　　编：100084
社 总 机：010-83470000　　邮　　购：010-62786544
投稿与读者服务：010-62776969，c-service@tup.tsinghua.edu.cn
质量反馈：010-62772015，zhiliang@tup.tsinghua.edu.cn

印 装 者：三河市春园印刷有限公司
经　　销：全国新华书店
开　　本：170mm×230mm　　印　张：13.75　　插 页：1　　字 数：196千字
版　　次：2024年9月第1版　　印　次：2024年9月第1次印刷
定　　价：108.00元

产品编号：098012-01

序 Preface

随着社会的高速发展，我国已进入风险社会。伴随人口流动的不断加速和信息通信技术的狂飙突进而来的，是汇聚大量人口的基层社会成为各种潜在风险的集聚地，基层治理面临重重挑战。与此并行的是我国推动国家治理体系和治理能力现代化的政策动向，以及近年来国际政治学研究领域对多元治理理念的广泛关切。在这样的背景之下，以党和政府的领导为核心，以人民群众、社会组织、媒体机构、企业单位等为参与主体的治理形态成为我国当前基层治理的发展方向。

在这一发展进程中，有两个趋势特别值得关注。一方面，在基层治理的宏大命题中，党领导的人民群众在发挥着更为基础和关键的作用，群众路线的贯彻实施对于我国基层治理的意义更加凸显；而另一方面，随着媒介融合（media convergence）的深入推进和媒介化社会的逐渐形成，媒介的应用和普及远胜从前，海量信息填充着人们的日常生活，媒介逻辑对于人们生活和工作的影响日益加大。从传播学的视角来看，这两种趋势分别指向两种基层治理的方案，即前者倡导以人为方法，通过推动群众路线的贯彻实施推动对基层的有序治理；而后者则关注媒介化方法在基层治理中的作用发挥。本书是针对后者展开的研究，即试图通过对媒介融合背景下媒介化方法参与基层治理的现状、动因，以及前景进行探索，分析在基层治理这一与人们生活息息相关的场景下，媒介化方法已经获得了哪些应用，这些应用体现出其在基层治理领域具有哪些功能和潜力，以及这些功能和潜力在未来的实践中可以获得怎样的发展。

在这一研究目标的指引下，本书运用案例分析法和基于扎根理论的反复比较法对中国和加拿大三种媒介参与基层社会治理的实践进行了分析,发现媒介在基层社会治理中可发挥舆论引导、公共服务、风险防控,以及社会整合等功能。随后,分析和探讨了基层媒介之所以能发挥这些影响的学理逻辑。在案例分析和理论研究的基础上,从宏观、中观和微观的层面探讨了媒介化基层治理方法的实践路径,提出应该建构基于一体化的差别化基层治理框架,以城乡一体化为宗旨和远景目标去构建城乡有别的基层社会治理格局,充分发挥县级融媒体和城市社区报(community newspaper)在城乡基层治理中的动能,借助媒介化方法培塑生动而可控的基层舆论空间,促进公共服务落地,防范控制社会风险,并促进基层社会整合。最后,从县级媒体融合功能取向探索、社区报融媒体建设时机选择和功能定位,以及基层媒体的评价和监管方式革新等方面提出了制订基层治理媒介化方案的具体建议。

本书的创新性在于以媒介化方法为切入点思考基层社会治理的可能取向和实践路径。此前,虽然也有一些研究成果从传播学视角对基层社会治理进行了思考,但是,这些研究通常聚焦于具体的媒体实践,从技术发展、媒介环境和文化变迁等方面进行综合考量的研究成果相对较少。在这样的背景下,本书以媒介融合时代背景下基层社会治理渐趋广泛的媒介化方法应用为切入点进行了理论分析与实践路径探索,具有一定的创新性。另外,本书重新发现了芝加哥学派的人类社会学研究方法对基层治理研究的方法论意义,并由此拓展了对城乡基层社会的思考维度,提出了以差别化方法开展城乡基层治理的建议。

目录

第一章　导论 1
第一节　研究缘起与研究问题 1
第二节　概念的界定与文献综述 10
第三节　研究方法、创新点与各章概要 25

第二章　媒介化基层治理方法的产生 30
第一节　基层治理的历史演变 30
第二节　作为时代背景的媒介融合 46
第三节　媒介化基层治理方法的产生 55

第三章　媒介化基层治理方法的典型案例 68
第一节　"媒体＋政务"：中国县级融媒体与城乡电子政务的结合 ... 69
第二节　社区综合信息服务平台：中国城市社区报与社区服务的结合 89
第三节　超本地化新闻与基层治理：以加拿大社区报为例 97

第四章　媒介化基层治理方法的功能探析 122
第一节　"社会皮肤"：媒介的社会舆论引导功能 123
第二节　"公共礼物"：媒介助力公共服务的内在逻辑 130
第三节　"稳压器"：媒介的社会风险防控功能 136
第四节　"情感纽带"：媒介的基层社会整合功能 143

第五章　媒介化基层治理方法的路径探索 150
第一节　宏观层面：一体化基础上的差别化治理总框架 150
第二节　中观层面：构建媒介化基层治理格局 159

第三节　微观层面：多元一体化媒介系统的微观构建 …………… 167

结语与余论 ……………………………………………………………… 177

参考文献 ………………………………………………………………… 180

附录 A　对中国城市社区报的分析 ………………………………… 190

附录 B　对《本拿比即时报道》报道内容的扎根分析 …………… 197

附录 C　对《本拿比即时报道》的本地新闻和公民新闻所占比例的分析 ………………………………………………………… 201

附录 D　对《密西沙加新闻》运营模式的相关研究材料 ………… 204

图 表 目 录

图 2.1 "北青社区报昌平融媒站"页面截图 …………………… 57
图 3.1 "富顺眼"App 的页面和回音壁、民生服务栏目截图 …… 79
图 3.2 "融媒眼"系统技术合作方示意图 ……………………… 83
图 3.3 三家社区报的办报模式 ………………………………… 93
图 3.4 加拿大社区报的运营方式 ……………………………… 116
图 D-1 麦克马那斯的商业化新闻生产模式 …………………… 205

表 3.1 三家社区报的概况 ……………………………………… 92
表 3.2 研究资料汇总 …………………………………………… 92
表 3.3 2022 年加拿大社区报的产权及发行量 ………………… 102
表 3.4 安大略等 3 省 2022 年的社区报发展情况及其与全国的对比 … 103
表 4.1 默多克对资本、国家、公民社会的关键维度的区分 …… 133
表 5.1 基层媒体参与社会治理效果评估制度框架 …………… 175
表 A-1 《北青社区报》办报模式与功能的编码与类属 ………… 190
表 A-2 其他案例办报模式与功能的编码与类属 ……………… 195
表 A-3 所有案例的类属汇总 …………………………………… 196
表 B-1 《本拿比即时报道》相关材料汇总表 …………………… 197
表 B-2 《本拿比即时报道》刊发内容的编码与类属 …………… 198
表 C-1 麦克马那斯关于新闻话题的量表 ……………………… 201
表 C-2 《本拿比即时报道》报道和采纳的本地新闻和公民新闻的内容比例 ……………………………………………………… 202
表 D-1 《密西沙加新闻》相关材料汇总表 ……………………… 208
表 D-2 《密西沙加新闻》相关材料的初始编码和聚焦编码过程表 … 209
表 D-3 《密西沙加新闻》的类属及意义汇总 …………………… 211

第一章 导论

明分职,序事业,材技官能,莫不治理,则公道达而私门塞矣,公义明而私事息矣。①

——荀子

治理是各种公共或私人机构在管理共同事务时所采用的方式总和,是在调和各种社会冲突和利益矛盾时采取联合行动的持续性过程。②

——全球治理委员会

第一节　研究缘起与研究问题

本书缘起于笔者对媒介发展的现实观察。

---

① 语出《荀子·君道》。在纵横对比中彰显我国民主治理的优越性[EB/OL].(2021-09-23)[2024-06-24]. https://www.cssn.cn/mkszy/mkszy_pyxsd/202209/t20220913_5494558.shtml.

② 出自1995年全球治理委员会《我们的全球之家》研究报告。张国庆.公共行政学[M].北京:北京大学出版社,2007:597.

对于一个学者或者笃志成为一名学者的学生而言,其学术研究往往生发于其生命的肌理中,与其在寻常生活中的所见和所思紧密相连。本书就缘起于这样一些寻常生活中的所见。

2018年8月,习近平总书记在全国宣传思想工作会议上发表重要讲话,指出"要扎实抓好县级融媒体中心建设,更好引导群众、服务群众"①,从国家战略层面提出了县级融媒体建设的发展方向。同年9月20日至21日,中宣部在浙江省湖州市长兴县召开县级融媒体中心建设现场推进会,确定了县级融媒体中心建设的具体目标和实现路径。经历了两年多的时间,到2020年秋,笔者参与了一个有关县级融媒体改革的研究课题,发现在这两年多时间扬名全国的浙江长兴、江西分宜、四川富顺、浙江海宁、甘肃玉门等多个优秀的县级融媒体发展案例中,"媒体+政务"均逐渐成为其融合发展的主要功能定位之一。以浙江海宁县级融媒体中心重点打造的客户端App"大潮网"为例,该客户端集成新闻资讯、网络电视、社交娱乐、生活服务等多种功能,在当地民众中广受关注。而在"大潮网"的页面上,当地政务部门多已开设端口,极大地方便了当地民众"办事"或与政务部门的沟通。为了这些单位的工作人员更好地依托"大潮网"与公众联结,海宁融媒体中心还派遣工作人员对他们开展相关的培训。这样,海宁的电子政务不仅实现了平台化,而且可以直接与当地的媒体机构进行关联。作为海宁主流媒体的海宁融媒体中心,以更加直接的方式参与了海宁当地的政务工作。

另外,2018年7月,笔者读博期间与同学一起在浙江省缙云县进行乡村传播情况调研。当我们结束调研回到农家乐的傍晚,刚好听到店门口的大喇叭在播报我们在当地调研的新闻,此后几天,每当访谈时向村民介绍我们的来意,他们都会笑盈盈地说知道我们,"早就从广播里听说一个本地的大教授带了很多大学生来做学问"②,我们问他们是不是天天听广播,他们说多年来

---

① 张丽萍.加快推进县级融媒体中心建设[EB/OL].(2019-02-19). http://media.people.com.cn/n1/2019/0219/c40606-30804054.html.
② 摘自2018年7月13日对缙云县周村农民的访谈记录。

早就养成这习惯了,"早上听着广播起床,傍晚做完农活听着广播回家"。① 当地媒体与农民生活关联之密切着实让我们感叹。而且,当我们问起我们来做调研的消息怎样被广播记者获知,方知这是由于村中有很多"网格员",他们每天在自己分管的地方巡行八九个小时,如果发现哪家有什么新闻——有时只是很小的"新闻",比如谁家来了"贵客"等——都会第一时间录入其内部的系统,据此他们还能获取每条10~15元的报酬。后来,我们通过对一名网格员的访谈了解到,他们报送的信息不仅通过浙江省的电子政务系统可直接被县、市、省各级政府工作人员浏览,因此可以有效地排查当地的风险因素,从而有利于基层治理,而且成为当地媒体获取新闻信息的重要来源。在浙江缙云,笔者第一次关注到媒介与基层治理之间的紧密关联。

通过这两件事以及与之类似的见闻,笔者对媒介融合背景下媒介与基层治理之间的关联产生了浓厚的研究兴趣。那么,中国如此,世界何如?2019年5月至2020年5月,笔者在加拿大访问学习。因为行前已经耳闻加拿大社区报发展之成功,观察加拿大社区报和其基层社会的发展情况就成为笔者此行的目的之一。在此期间,笔者形成了两种主观感受:一方面,当地社区报的发展态势确实值得称赞,不仅纸质报纸随处可见,而且已经发展为成熟的融媒体形态——网页、电子报、新闻信、社交媒体账号等内容都十分丰富,当地居民的点击率和评论率都很高;另一方面,当地社区的秩序也为人称道,不仅犯罪率较低②,而且公共图书馆等公共服务场所利用率极高,已成为当地民众休闲娱乐时常去的场所。综合这两方面的观察,笔者不禁感慨加拿大社区舆论生态的蓬勃和基层社会的有序,也忍不住发问:社区报等地方媒体与其社会秩序之间是否有所关联?媒介是否能够成为基层治理的一股有生力量?

在对媒介的观察之外,本书也缘起于笔者对有关治理的政策动向的思考。

近几年来,随着国家治理能力现代化成为新时代中国国家治理改革的核心主题,"治理"一词开始广泛出现于各种政令、文件中,并成为学术研究的高

---

① 摘自2018年7月20日对缙云县周村农民的访谈记录。
② 加拿大国家统计局. 加拿大各省犯罪率统计(2018)[EB/OL]. http://www150.statcan.gc.ca/n1/pub/71-607-x/71-607-x2018008-eng.htm.

频词。以党的十九届四中全会发布的《中共中央关于坚持和完善中国特色社会主义制度 推进国家治理体系和治理能力现代化若干重大问题的决定》为例,"治理"在其中的使用频次位列所有高频词的第10位,而与其一同被高频使用的热词多为"制度""体系""社会""人民"等官方文件的惯用词。这对于一个在官方文件中出现不过10余年的词汇而言不可谓之寻常。同时,学术研究领域对"治理"一词的应用也十分频繁,截至2024年8月13日,在中国知网以"治理"为主题关键词进行检索,可得到1 075 222篇学术文献。由此可见,"治理"一词已经成为政策文件和学术研究的关键词之一。

然而,通观这些政令、文件和学术文章中对"治理"一词的使用,不难发现由于"治理"一词的多义性,当前很多文章对这一概念的定义和应用都有些模糊。一方面,在《现代汉语词典》(第7版)中,"治理"一词被定义为"统治;管理"和"处理;整修",因此当用在有关社会管理的语境下时,"治理"很明显地就指向了具有"治国理政"意味的社会管理方式,其主体往往是一个国家的统治力量(如封建社会的君主,以及当前环境下的政党、政府等);而另一方面,随着西方政治学、管理学等领域研究的发展,"治理"的定义又逐渐凝聚成由政府和非政府力量共同进行社会管理的一种社会治理模式。如任剑涛在《奢侈的话语:"治理"的中国适用性问题》一文中所言:"这一模式旨在将国家权力、企业组织与社会组织多方面的治理动能激发出来,因此是多元的治理;同时,这一治理模式尝试将国家权力统治改变为国家与社会共治的模式,因此是更为民主的治理模式。"①也就是说,随着西方政治学、管理学等研究的发展,当前学术文本和政策话语中对治理的表述越发带有明显的多元治理意味。

同时,随着全球化的不断推进,当前中国的治理也在经历多元主体的转向。在《中共中央关于坚持和完善中国特色社会主义制度 推进国家治理体系和治理能力现代化若干重大问题的决定》中,"公众参与""社会力量参与""企业职工参与""自治"等有关多元主体参与社会治理的语段多次出现。尤其有关基层群众自治制度的表述更是直接强调要"健全基层党组织领导的基层群众自治机制,

---

① 任剑涛.奢侈的话语:"治理"的中国适用性问题[J].行政论坛,2021,28(2):2,5-18.

在城乡社区治理、基层公共事务和公益事业中广泛实行群众自我管理、自我服务、自我教育、自我监督,拓宽人民群众反映意见和建议的渠道,着力推进基层直接民主制度化、规范化、程序化"①,昭示着我国基层群众自治制度随着国家治理体系和治理能力现代化的深入推进具有更新的时代内涵。

  基层治理是直接面向人民群众的治理,是维护社会稳定的重要基石。基层治理是否有效决定着国家是否能持续发展、繁荣和稳定,也对加强党的长期执政能力和加快国防和军队现代化意义重大。习近平总书记指出:"党的工作最坚实的力量支撑在基层,经济社会发展和民生最突出的矛盾和问题也在基层,必须把抓基层打基础作为长远之计和固本之策,丝毫不能放松"②,强调"要加强和创新基层社会治理,使每个社会细胞都健康活跃,将矛盾纠纷化解在基层,将和谐稳定创建在基层"③,强调"加强新时代我军基层建设是强军兴军的根基所在、力量所在"④。在新的时代背景下,基层治理的主体更加多元,人民群众、社会组织、企业单位、基层官兵等均可成为基层治理的主体;基层治理的方式也更加多样,网格化治理和"小巷总理""下沉干部"等新词汇的出现标志着我国基层治理手段的不断丰富。在这股基层治理的主体多元化、方式多样化的时代浪潮中,有两个趋势特别值得关注。一方面,人的作用更加凸显,网格员、基层官兵等个体在基层治理中发挥的作用较以往更为基础和关键,基层党组织领导的基层群众自治机制日益健全,基层民主制度体系和工作体系更加完善;而另一方面,随着计算机、互联网以及人工智能等技术的不断发展和迭代,媒介融合走向深化,媒介对人们工作生活的影响日益加大,甚至正在重塑人们思考的底层逻辑。对于前者,很多采纳传播政治经济

---

  ① 中共中央关于坚持和完善中国特色社会主义制度 推进国家治理体系和治理能力现代化若干重大问题的决定[EB/OL].(2019-11-05)[2021-05-01]. https://www.gov.cn/zhengce/202203/content_3635422.htm.
  ② 让基层社会治理深植实践温暖人心[EB/OL].(2019-03-28)[2024-06-24]. http://dangjian.people.com.cn/GB/n1/2019/0328/c117092-31000313.html.
  ③ 加强和创新基层社会治理[EB/OL].(2020-09-18)[2024-06-24]. http://theory.people.com.cn/n1/2020/0918/c40531-31866045.html.
  ④ 加强新时代军队基层建设的根本遵循[EB/OL].(2019-11-22)[2024-06-24]. http://www.81.cn/xxqj_207719/xxqj_207747/9680691.html.

学视角的学者已经进行了诸多探索,而引起笔者兴趣的是,随着媒介在人们的日常生活、社会交往中发挥的影响越发凸显,在基层治理这一与人们生活息息相关的场景下,媒介所发挥的作用是否也日益凸显,并随着技术的发展而异于从前?是否有一些基层治理的难题缘起于媒介迭代的历史过渡阶段,同时,是否有一些基层治理工作中遇到的困难可以通过媒介化的方法解决?

纵观国内外学术界,对于媒介与基层之关联的研究已有很多。

一方面,自20世纪初的美国社会学芝加哥学派起,基层社会的秩序就被视为与社区融入关联紧密的一个概念。例如,社会无序是R.E.帕克(R.E. Park)等早期芝加哥学派的学者们研究的重点之一,他们发现社区凝聚力(这一概念日后逐渐被与"社区融入"相关联)的下降会导致社会失序:

> 随着大城市的日益增多,机器工业带来的广泛分工,以及随着交通运输手段的多样化而来的运动和变革,以家庭、邻里、本地社区为代表的旧式的社会控制被破坏了,它们的影响大大地削弱了。
>
> 这个早期控制社会的文化制度,其权威和影响的削弱以致被破坏的过程,汤马斯称之为个性化过程。他是从个人的角度去观察的。但如果从社会和社区的观点去观察的话,那么这就是社会的解体。
>
> 我们就生活在这样一个个性化和社会解体的时代里。一切事物都处于动荡的状态中——一切事物似乎都在进行变革。社会显然只不过是由一些像星座似的社会原子所组成的结构。习惯只能在相对稳定的环境中才能形成,即使这种稳定性,只不过表现为事物在变革中的相对经常的形式而已。因为事实上,既然宇宙中没有绝对不变的东西,所谓相对稳定性就只能是这样……每次影响社会生活和社会常规的新发明,都会在同等范围内产生瓦解性的影响。每一项新发现、新发明、新思潮都会引起动荡,甚至某种新闻也常常会变得危险,以致政府认为禁止这种新闻的发布是明智的。①

---

① 帕克,伯吉斯,麦肯齐.城市社会学——芝加哥学派城市研究[M].宋俊岭,郑也夫,译.北京:商务印书馆,2012:98.

而社区融入这一概念在之后的研究中也被与地方媒体的使用紧密地关联起来。20世纪90年代,杰克·迈克里德(Jack McLeod)等学者针对媒体使用与社区融入的关联进行了充分的实证研究,其结果指向当地居民的社区融入情况和其当地媒体接触行为的明显正相关关系。① 迈克里德之后,关于媒体与社区融入的研究依然受到很多学者的青睐,虽然很多学者对于二者谁为因、谁为果常常各执一端,但多数学者赞同媒体使用与社区融入具有关联这一观点。② 近年来,对这一议题的讨论增添了新技术的视角。如有学者对当地多种平台信息的使用如何影响社区参与进行了研究,其结果显示四个变量——信息搜索习惯、对社区的兴趣、对技术的获取方式,以及对当地信息的了解彼此影响,同时,在它们的共同作用下居民的社区融入倾向也将提升。梳理这些研究的逻辑脉络,可发现地方媒体被视为对基层社会秩序的维持等具有一定意义。

另一方面,很多研究认为媒体使用会提高公民对公共事务的参与程度,如潘忠党认为互联网使用会明显影响公民获取时政知识、参与意见表达、参与社群组织及其活动③;李丹峰通过对2010年中国社会综合调查中普通居民问卷数据的分析,提出人们对地方媒体及地方政府的信任对村/居委会投票行为有显著影响。④ 而来自政治学、社会学、管理学等领域的学者将公众对基层社会事务的积极参与视为基层善治的指标之一。如美国学者理查德·C.博克斯(Richard C. Box)在谈到美国社区治理的原则时提出,民主原则应被视为社区治理最重要的原则之一,"能否保证公共政策制定获得'最好的'结果,取决于公民是否获得信息,并能对公共政策问题进行自由而公开的讨论,而不是依赖于精英集团的偏好或者局限于选任代议者的审慎决断。这一原则

---

① MCLEOD J M, DAILY K, GUO Z, et al. Community integration, local media use, and democratic processes[J]. Communication research, 1996, 23(2): 179-209.

② MAHRT M. Conversations about local media and their role in community integration[J]. Communications, 2008(33): 233-246.

③ 潘忠党. 互联网使用和公民参与:地域和群体之间的差异以及其中的普遍性[J]. 新闻大学, 2012(6): 42-53.

④ 李丹峰. 媒体使用、媒体信任与基层投票行为——以村/居委会换届选举投票为例[J]. 江苏社会科学, 2015(1): 41-51.

寄托了人们道德的或伦理的期待，即在社区生活中应赋予公民拥有更多选择和决定其社区未来的机会"[①]；俞可平认为，"善治是实现公共利益的合作管理，是政治国家与公民社会的一种新型关系"[②]；也有学者进一步提出，"善治过程就是通过政府与公民之间的合作，实现还政于民的过程"。[③] 这些来自传播学和其他多个学科的研究为媒介与基层治理之间的关联理出了另外一条思路，即媒介使用会提升公众的公共事务参与，而公共事务参与可以促进基层治理效果的提升。

综合以上两方面的思路，可发现将基层治理与媒介关联起来进行研究具有一定的研究意义和可行性，但是，如果将视野从理论研究拉回到现实世界，很快就能发现随着媒介融合的不断深化，近几年的媒介环境与此前研究文献中的论述已然迥别。一方面，随着媒介环境的不断演变，传统媒体阵地渐失，报业进入"寒冬"，而各种类型的自媒体、公民新闻则纷纷产生，不断争夺着人们的注意力；另一方面，随着信息技术的不断发展和网络媒体影响力的逐渐上升，获取信息的便利性不断提升，人们与媒介之间的关系由主动接触逐渐变为被动沉浸。在这个众声喧哗的年代，舆论生态的失衡使得包含基层治理在内的社会治理各个层面中的不可控因素增多，风险社会逐渐来临。正如乌尔里希·贝克(Ulrich Beck)在《世界风险社会》中所持的观点，风险社会中人们面对的主要问题不是工业社会的资源短缺和资源分配的问题，而是如何处理风险的问题，因此，整个国家制度设计、社会结构和国际关系已经不再是以资源分配为逻辑展开制度设计和话语交流，而是以如何分配风险而展开的妥协趋同。[④] 在这种语境下，媒体可能成为风险的放大器，也可能成为稳压器，如何在新的形势下探索基层治理的理论与实践路径，我们需要去探索各种各样的思路。对此，近10年间，不同学科的学者对风险社会、风险治理、基层治理等进行了许多探索，而从传播学的视角切入，留待本书探索的议题是

[①] 博克斯.公民治理：引领21世纪的美国社区[M].孙柏瑛，等译.北京：中国人民大学出版社，2005：14.

[②] 俞可平.治理与善治[M].北京：中国社会科学出版社，2000：37.

[③] 刘功润.作为共同体的城市社区自治问题研究[D].上海：复旦大学，2012：28.

[④] 贝克.世界风险社会[M].吴英姿，孙淑敏，译.南京：南京大学出版社，2005.

媒介融合的时代背景下媒介如何参与基层治理。

在这一方面,郑亮的《县级融媒体中心和基层社会治理研究》为本书提供了一种研究思路。在该书中,作者将县级融媒体中心与基层治理都置于技术更新迭代的大背景下,分析在技术创新驱动下,县级融媒体中心的建设和基层治理的发展趋势,以及县级融媒体中心在技术赋能下助力基层治理的表现。① 该书的创新之处是将理论逻辑与实践路径并列进行分析,这一做法为本书提供了行文思路方面的启发。另外,近年来对媒介融合时代背景下媒介化社会的研究为本选题的确定提供了启发。童兵认为:"媒介化社会的形成有三重逻辑:以媒介融合为特征和趋势的媒介技术演化的结果是提供了媒介化社会的技术推动力,为社会的不断媒介化提供了可能性;受众对于信息永无止境的需求甚至依赖构成了媒介化社会形成的主体牵引力,是媒介化社会的必要性前提;而现代社会信息环境的不断'环境化',恰恰展示了媒体的巨大影响力。"② 概言之,媒介化社会的视角不仅强调了媒介与社会互构关系的强化,而且也强调了媒介在影响国家与民众、中央与地方关系方面所具有的"行动者"属性。③ 在这一领域,近年来也已经形成了一定的研究成果,如闫文捷、潘忠党等在"媒介化"理论视角的框架内通过内容分析、访谈和对节目案例的分析,对比了"监督类"和"议政类"两种类型的电视问政节目的社会治理功能,并结合"媒介逻辑"在中国语境下的特定形式与实践就媒介化治理的意义和限度进行了理论层面的讨论③;沙垚在其文章中提出了乡村文化治理的媒介化转向,认为该"媒介"的前端是文化和价值,后端是实践和操作,所谓媒介化治理便是在这两端之间建立一种良性的、有机的传递和联结方式,将媒介前端的精神落地,成为后端的实践。④

综上,面对各学科对当前形势下媒介与基层治理之关联的多元思考,传播学领域内的相关讨论为本书的研究指明了一个方向。在前人对媒介与基

---

① 郑亮.县级融媒体中心和基层社会治理研究[M].广州:暨南大学出版社,2020:7.
② 童兵.科学发展观与媒介化社会构建[M].上海:上海复旦大学出版社,2010:9.
③ 闫文捷,潘忠党,吴红雨.媒介化治理——电视问政个案的比较分析[J].新闻与传播研究,2020,27(11):37-56,126-127.
④ 沙垚.乡村文化治理的媒介化转向[J].南京社会科学,2019(9):112-117.

层治理的关联和对媒介化治理的有关讨论的基础上,本书将试图探讨以下议题:媒介融合的时代背景下,媒介如何参与改良甚至重构基层,使基层既能保持有序的社会互动,又能与主流价值观更好地接合,使其舆论生态既是良性可控的,又是互联网时代可以蓬勃开展的?

具体而言,本书意欲探索的研究问题可分为"案例研究""功能探析"与"路径探索"三个方面。

(1)案例研究方面:媒介融合的时代背景下,已经形成了哪些有代表性的媒介参与基层治理的实践经验?这些实践生发于什么样的媒介环境,又有什么特点?它们凸显出媒介化方法在基层治理中具有哪些功能?当前已有的实践又有哪些不足?

(2)功能探析方面:上述实践中凸显的媒介化方法在基层治理方面所具有的功能为何得以发挥?其中的逻辑和机理是什么?

(3)路径探索方面:伴随媒体深度融合的推进,如何探索下一阶段基层治理的媒介化方法?具体而言,如何将媒介化基层治理工作分层次、分步骤地梳理清楚,进而从各个层面、流程的各个环节有序推进基于媒介化方法的基层治理?

第二节 概念的界定与文献综述

一、有关媒介融合的研究成果

为了更清晰地展开讨论,本书首先对相关概念予以廓清。

"媒介"是本书需要界定的第一个关键概念。由于在传播学科内外被广泛应用,"媒介"呈现出一定的多义性。在传播学之外,其常被用以指代引起化学反应、病毒传播等的介质;在传播学之内,其有时被与"媒体"的概念混用,用以指代具体的传播机构,有时也被作为一个学术议题专门讨论,如马歇尔·麦克卢汉(Marshall McLuhan)"媒介即讯息"的观点。在本书的语境下,"媒介"的含义回到传播学讨论的原点,本书用其指代信息传播的承载物或介质。正是在这一层含义上,媒介的概念与媒介融合、媒介化社会等进行了结合,导向了本书所关注的媒介化基层治理的议题。

尽管更早的时候有学者将媒介融合与"计算机和通信系统融合"、计算机工作和出版印刷业与广播电影工业的融合等关联起来,但目前学界公认的最早提出"媒介融合"这一概念的是美国学者伊契尔·德·索拉·普尔(Ithiel de Sola Pool),他于1983年将这一概念定义为一种网络与媒介设备的融合趋势,即:

一种单一的物理手段——无论它是电线、同轴电缆或广播电视的无线广播——就可以承担过去需要几种方式才能分别提供的服务内容。相反,过去由任何一种媒介——不管这种媒介是广播电视、报纸或是电话——提供的服务,现在可以通过几种不同的物理手段来提供。①

之后,约从20世纪90年代末开始,一些涉及媒介融合基本概念的西方著作被译介到我国,如托马斯·鲍德温(Thomas Baldwin)等的《大汇流——整合媒介信息与传播》、罗杰·菲德勒(Roger Fidler)的《媒介形态变化——认识新媒介》、凯文·曼尼(Kevin Maney)的《大媒体潮》、约瑟夫·斯特劳巴哈(Joseph Straubhaar)等的《今日媒介:信息时代的传播媒介》等。这些著作均预言了媒体融合的趋势,并对"媒介融合"的概念进行了较早的界定。不过,虽然"媒介融合"的概念在20世纪80年代即已出现,但对它的定义却仍未形成定论。这一方面是因为"媒介融合"本身是一个历时性的概念,对它的把握往往与媒介不同阶段的发展与实践紧密相关,纵向的时间维度导致了对这一概念不同的理解。另一方面,西方对媒介融合的研究主要有媒介史、文化研究、政治经济学等视角,不同的研究视角导致了对这一概念的不同认识。

对于本书而言,"媒介融合"这一概念被定义为一种时代背景,在这个时

---

① 詹金斯.融合文化:新媒体和旧媒体的冲突地带[M].杜永明,译.北京:商务印书馆,2012:40.

代背景下,计算机技术、网络技术、人工智能技术等的不断发展正在重构着人们的生活,信息在全球范围内的快速流动让"地球村"的感觉更加强烈,也推动着人们对"本地"的重新认识,媒介与社会的互构作用增强,人们已经越发难以区分现实与虚拟的边界。

从时代背景的意义上理解媒介融合,就需要将之与"媒介化"这一概念进行联系。"媒介化"是指随着媒介的发展——尤其在媒介融合的推动下,媒介对人们生活的渗透性空前加强,媒介逻辑对人们的社会建构产生深刻影响的一种趋势。早期,"媒介化"主要被用于指涉媒介对政治传播的影响。瑞典媒介学者肯特·阿斯普(Kent Asp)最早提出了政治生活媒介化的概念,认为政治不仅在很大程度上受到大众传播对政治报道的影响,而且自我调节以适应大众传媒的需要。① 与阿斯普相似,马佐莱尼(Mazzoleni)和舒尔茨(Schultz)将媒介化的概念用以分析媒介对政治的影响,提出了"媒介化政治"的概念,即政治失去自主性,其核心功能逐渐依赖于大众媒介,并依靠与大众媒介的互动而形塑。② 在他们之后,弗里德里希·克罗兹(Friedrich Krotz)在网络媒体崛起的时代背景下提出应该把媒介化视为一个与个体化和全球化并列的"元进程",并将其定义为"一个历史性、不间断的、长期的进程。在这一过程中,越来越多的媒介出现并得以制度化"。③ 以这些讨论为基础,丹麦学者施蒂格·夏瓦(Stig Hjarvard)在其《文化与社会的媒介化》中进一步提出,文化和社会的媒介化使人们对文化与社会的理解越来越依赖媒介及其逻辑,在这一过程中,媒介一方面融入其他社会制度与文化领域的运作,另一方面其自身也成为社会制度。④ 因为本书的研究对象"基层治理的媒介化方法"是一个具有政治学和管理学意味的研究领域,所以媒介化研究中很多有关政治、社会和文化转型的思考对本书具有较高的参考意义。

---

① 夏瓦.文化与社会的媒介化[M].刘君,等译.上海:复旦大学出版社,2018:13.
② MAZZOLENI G,SCHULTZ W. "Mediatization" of politics: a challenge for democracy? [J]. Political communication,1999(3): 247-261.
③ KROTZ F. Mediatization: a concept with which to grasp media and societal change[M]// LAUNDBY K. Mediatization: concept, change, consequences. New York: Peter Lang,2008: 21-40.
④ 夏瓦.文化与社会的媒介化[M].刘君,等译.上海:复旦大学出版社,2018:21.

二、有关基层治理的研究成果

(一)"基层"的概念及有关基层的研究

基层社会是一个常用但却宽泛的概念。正因如此,学者们往往对其的定义莫衷一是。整体来看,学界对"基层"的定义主要有两种取向:第一种是从社会阶层生活空间的角度定义基层,如有学者认为基层是"日常生活所发生的共同空间",它不只是社会中下阶层群体所处的位置,也是所有社会成员在其生活中所共享的社会关系和社会情感,是社会成员共同接触到的组织和社会制度[①];第二种是对"基层"的概念进行广义和狭义的区分,广义的基层也被视为生活的空间或"生活圈",而狭义的"基层"则应从地理范围的角度予以阐释,在这一视角下,基层社会被视为"'乡村'与'街道'等的简称"。[②] 本书较为适用第二种定义,即综合考虑基层的"生活空间"意味和地理范围意义,将"基层社会"定义为民众的日常生活空间,其范围包括乡村、街道、社区等。不过,由于本书讨论的对象是通过媒介化方式推进基层社会的治理革新,所以有必要明确"基层媒体"这一概念的指向。虽然本书将基层的范围划定为乡村、街道、社区等低于市、县行政区划的地理空间,但是因为城市社区媒体、县级融媒体等的信息传播范围均与基层社会趋于重合,所以,在本书的语境下,城市社区媒体、县级融媒体等均被定义为基层媒体。

本书对基层和基层社会的讨论是在中国和西方的社区与村庄演变的视角下进行的。在这一方面,欧洲早期的社会学家斐迪南·滕尼斯(Ferdinand Tönnies)在《共同体与社会》中探讨的"社区"与社会的区别、埃米尔·涂尔干(Émile Durkheim)对"机械团结"和"有机团结"的讨论开启了本书对西方基层社会历史演变的分析;美国芝加哥学派的帕克等基于人类生态学的方法对芝加哥市开展了大量的城市社会学研究,他们有关城市社区研究的观点和成

---

① 杨雪冬.把基层的空间还给基层[J].人民论坛,2010(24):4-5.
② 郑亮.县级融媒体中心和基层社会治理研究[M].广州:暨南大学出版社,2020:45.

果汇集于其《城市社会学——芝加哥学派城市研究》①一书中,为本书参考和采纳其人类社会学的研究路径,了解城市社区报的创办原因和背景等均十分有益;刘易斯·芒福德(Lewis Mumford)的《城市发展史——起源、演变与前景》探讨了西方工业城市崛起前的乡村生活,为本书思考和分析西方发达国家的"社区"概念流变提供了参考。

有关"中国的基层"的讨论中,费孝通在《乡土中国》中对差序格局、双重认同、礼治等中国乡村文化的讨论对本书分析中国乡村社会的特点影响很大,而贺雪峰在《乡村治理的社会基础》一书中对这些乡土中国文化特征所进行的继承性反思——尤其是对"半熟人社会""社会关联""社区记忆""双重认同"变迁等的分析——也为本书分析当前中国农村社会的情况提供了重要参考。

(二)"治理""基层治理"的概念及有关基层治理的研究

"治理"是一个具有丰富意涵的概念。该词在中国的使用源远流长,早在春秋时期,诸子百家就已将其用于治国、理政、平天下抱负的抒发。如《荀子·君道》记载:"明分职,序事业,材技官能,莫不治理,则公道达而私门塞矣,公义明而私事息矣",其学生韩非也提出"是故夫至治之国,善以止奸为务。是何也?其法通乎人情,关乎治理也"的思想。可见至战国晚期,"治理"一词已具备"国家管理应按照某种规律、规则行事"之义。秦汉以后延续了战国国家管理形态的基本形式,"治理"一词也沿袭了其在战国时代的含义,普遍出现在文献中。② 在传统文化的影响下,在日常生活中我们通常使用"治理"来表述"治国理政"的含义,这一用法更多地指向居高位者对国家、社会和民众的统治与管理。

不过,随着近年来政治学、公共管理学的学科演变,以及治理全球化的深入推进,当前国内学术场域中对"治理"的讨论慢慢添加了该词的西方意味,

---

① 原作名为 *The City*,本版译作改为现名。
② 卜宪群.中国古代"治理"探义[J].政治学研究,2018(3):81-86.

其指向的是多元主体的治理这一特定的治理模式。在西方语境下,"治理"所对应的 governance 一词源于拉丁文和古希腊语,原意是"控制、引导和操纵"。《牛津简明政治学词典》将其解释为:"明确地来自政府的集体决策和政策执行的过程",反映了对供给公共物品的规范和程序更广泛的关注。1989年,世界银行首次在管理领域使用了这一概念,将其界定为对危机的管理,并确定了衡量治理的六个维度:发言权和问责制、政治稳定和非暴力/恐怖主义、政府效力、监管质量、法治和控制腐败。此后,公共管理领域、政治学领域对这一概念的关注和使用逐渐增多。20世纪90年代,英国的治理理论反映了撒切尔夫人计划对国家角色的限制、推动私有化和公共服务外包的强调,在这一时期形成的治理研究成果主要关注对监管框架、代理权限和非政府服务提供的服务这些传统上被议会政治忽略的领域,治理视角也被用以审视对公共产品供给产生积极和消极影响的非政府网络,这种进路涉及公民社会、社区行动、社会资本、慈善和腐败等方面。① 1995年,全球治理委员会在《我们的全球之家》研究报告中将治理定义为"各种公共或私人机构在管理共同事务时所采用的方式总和,是在调和各种社会冲突和利益矛盾时采取联合行动的持续性过程"。②

不过,尽管20世纪90年代西方学界即已形成了对"治理"概念较为通行的概念,不同学者对于治理的概念与内涵的理解有时仍会有不同的偏向,比如,美国学者詹姆斯·N. 罗西瑙(James N. Rosenau)通过对比"治理"与"统治"来阐释"治理"的概念,认为治理是指"一系列活动领域里的管理机制,它们虽未得到正式授权,却能有效发挥作用"。③ 与统治不同,治理指的是一种由共同的目标所支持的活动,这些管理活动的"主体未必是政府,也无需依靠国家的强制力量来实现"。③ 在此基础上,R. 罗茨(R. Rhodes)从治理理念发展的角度切入,认为治理就意味着"一种新的统治过程,意味着有序统治的条件已经

---

① 任剑涛. 奢侈的话语:"治理"的中国适用性问题[J]. 行政论坛,2021,28(2):2,5-18.
② 张国庆. 公共行政学[M]. 北京:北京大学出版社,2007:597.
③ 罗西瑙. 没有政府的治理[M]. 张胜军,等译. 南昌:江西人民出版社,1995:5.

不同于以前,或是以新的方法来统治社会"。① 另外,J. 库伊曼(J. Kooiman)和 M. 范·弗利埃特(M. van Vliet)从治理与社会的关系方面阐释了这一概念,认为治理"所要创造的结构或秩序不能由外部强加。它之所以能发挥作用,主要是依靠多种进行统治的以及互相发生影响的行为者的互动"。② 通过对"治理"的概念进行梳理,可以发现这一概念不同于过去的社会管理方式,而更加强调社会管理过程中"参与主体是单一还是多元的问题"。③

以这些梳理为基础,可以发现当前西方学界和国内的国际政治学界对"治理"一词的使用较多地强调其多元主体治理的含义,然而,由于我国传统文化中对"治理"的"治国理政"意味的强调,以及我国政治经济制度与西方政治制度所具有的差异性,在我国政策文本和学界讨论中对"治理"一词的使用具有明显的"在地化内涵"④,因此,本书语境下对"治理"的定义综合考虑了该概念在政策文本和学术文献中的用法,将其定义为依靠政府、社会等多元主体对社会进行管理的行为,而当这些讨论涉及中国的社会治理时,其含义一定程度上对党和政府的领导地位予以强调,即在党和政府领导下的,以激活个人、社会组织等多元主体活力为方式的社会管理方式。⑤

顺延以上对"基层社会"和"治理"的定义,本书语境下的"基层治理"是指对乡村、街道、社区等民众的日常生活空间所进行的,以公共利益为导向,依靠政府、社会等多元主体所开展的社会管理活动。不过,因为"基层社会"的概念和"治理"的方式方法均具有丰富的内涵,有必要对本书语境下"基层治理"的内涵和外延进行详细区分。

---

① 罗茨.新的治理[J].马克思主义与现实,1999(5):42-48.
② 俞可平.治理与善治[M].北京:中国社会科学出版社,2000:3.
③ 郑亮.县级融媒体中心和基层社会治理研究[M].广州:暨南大学出版社,2020:36.
④ 姬德强.平台化治理:传播政治经济学视域下的国家治理新范式[J].新闻与写作,2021(4):20-25.
⑤ 政策文本参照的是《中共中央关于制定国民经济和社会发展第十四个五年规划和二〇三五年远景目标的建议》.参见:中共中央关于制定国民经济和社会发展第十四个五年规划和二〇三五年远景目标的建议[EB/OL].(2020-11-03). http://www.gov.cn/zhengce/2020-11/03/content_5556991.htm.

具体而言,本书语境下的"基层治理"包括以下两个维度的含义:首先,就治理的范围而言,本书中的"基层治理"包括乡村治理和城市社区治理两方面;其次,就治理的内容而言,本书中的"基层治理"包括常态化基层治理和风险基层治理两方面,分别对应社会融入、基层日常秩序的维持、共同体意识的塑造,以及基层风险的防控等内容。

在对城乡治理的研究中,除前述芝加哥学派对西方社区治理的分析和费孝通、贺雪峰等对中国乡村社会特点的分析外,俞可平、周庆智等对中国基层社会善治、自治等的讨论也具有较高的参考意义。其中,俞可平提出善治是国家治理的理想状态,善治是"政府与公民对社会政治事务的协同治理,是公共利益最大化的过程"[①];周庆智将中国历史上的基层治理概括为集权制下的代理治理并对之进行了颇有见地的历时性梳理,这些研究成果对本书思考中国基层社会的历史与现状均有很好的启迪意义。

在对常态化基层社会媒介化治理的分析中,本书一方面从跨文化人类学的研究成果——如爱德华·霍尔(Edward Hall)的高/低语境理论、吉尔特·霍夫斯泰德(Geert Hofstede)的文化价值观等理论中获得了对东西方基层社会文化特征的参考;另一方面对塔尔科特·帕森斯(Talcott Parsons)的结构功能主义、尤尔根·哈贝马斯(Jürgen Habermas)的交往行为理论等进行反思,在梳理和思考社会学、传播学、政治学、公共关系研究等理论成果的基础上探索了媒介化基层治理的学理逻辑。

非常态的基层治理方面,贝克的风险社会理论、风险研究的建构主义学派的研究,以及由卡斯帕森夫妇(Roger E. Kasperson & Jeanne X. Kasperson)最初提出、奥温·雷恩(Ortwin Renn)等继续完善的"风险的社会放大"理论是本书对社会风险的研究起源。具体到风险治理方面,国内学者王庆所著《环境风险的媒介建构与受众风险感知》,以及郭晓科等对大数据技术的风险防控功能的探讨也对本书具有较高的参考意义。

---

① 俞可平.走向善治——国家治理现代化的中国方案[M].北京:中国文史出版社,2016:105.

三、有关媒介化方法的研究成果

"基层治理的媒介化方法"是"媒介化"进程在基层治理手段、方法方面的具体化。承前所述,"媒介化"的概念与"中介化"紧密相关,强调的是一种"媒介逻辑介入社会建构的过程"。① 由于不同形式的媒介具有不同形式的社会建构功能,因此从这个意义上来说,"人类社会从产生之日起就是一个媒介化社会"。② 不过,在计算机、互联网等新型信息技术产生之前,媒介被视为只具有"中介性"意义,并不能直接作用于人对世界的感知,因此这一阶段的社会还不能被冠以"媒介化社会"的名称。直到近年来,随着网络传播技术等的迅猛发展和媒介融合进程的全球推进,媒介才真正具有了"存在论意义"。②

在"媒介化"和"媒介化社会"的视域下,媒介具有参与和影响社会治理的"行动者"地位。③ 因此,本书语境下的"媒介化方法"被界定为媒介融合的时代背景下出现的一种新型的基层治理理念和方法,这种理念和方法不仅更为强调媒介技术和逻辑在基层生活建构中的能动作用,而且将以基层民众为传播受众的基层媒介作为基层社会改良的实际工具。在这一领域的研究中,郑亮基于中国县级媒体融合所具有的基层治理意义进行的探讨、潘忠党等对电视问政的媒介化治理效果的研究、沙垚乡村文化治理的媒介化转向所进行的思考均对本书具有一定的参考价值。另外,因为本书对基层媒介的讨论主要围绕县级融媒体和社区报这两类媒体进行,所以本书对这两类媒体的相关研究文献进行了梳理。

---

① COULDRY N, HEPP A. Conceptualizing mediatization: contexts, traditions, arguments[J]. Communication theory,2013(23):191-202.
② 洪长晖. 混合现代性:媒介化社会的传播图景[D]. 杭州:浙江大学,2013:14.
③ 闫文捷,潘忠党,吴红雨. 媒介化治理——电视问政个案的比较分析[J]. 新闻与传播研究,2020,27(11):37-56,126-127.

（一）有关县级融媒体的研究成果

中国的县级融媒体是在整合县一级新闻机构如县级广播电视、县级报、县级官方新闻网站等的基础上，经历组织机构、内容生产、传播渠道等多方面融合改革的过程中发展起来的县一级新闻单位。当下，有关县级融媒体的学术研究基本围绕以下三个角度展开。

1. 对县域媒体融合对于基层社会治理、公共文化服务等的意义的探讨

如郑亮在《县级融媒体中心和基层社会治理研究》中认为，推进基层公共服务数字化建设，打通农村公共服务的"最后一公里"，消弭城乡之间的数字鸿沟，不断提升农民的幸福感、获得感和安全感，实现公共服务共建共治共享，都离不开县级融媒体中心的参与。县级融媒体中心可以将县域内的政务信息系统连接，使多个部门的职能融合发展，最终构建综合性的政务服务体系。[1] 陆地和高宝霖认为，建立公共服务广播电视对于我国社会民主的发展具有重要意义。公共服务电视能够削弱媒体过度商业化产生的弊端，并给弱势群体和边缘群体提供一个发出自己声音的渠道。[2] 张志华认为我国的广播电视公共服务体系应该在新的历史节点上重构城乡互哺的传播关系的关键内核。基层媒体是应对传播领域城乡之间不平衡不充分发展的重要途径，应该借助县级融媒体中心建设的东风，恢复"通讯员制度"，通过村集体、合作社等基层组织充分发挥农民的参与性，将农村多样、生动的故事上行，平衡城乡之间单向交流的"赤字"，促进城乡之间的良性互动。[3]

2. 对县级融媒体中心建设经典案例的分析

如由富顺县融媒体中心一线采编人员编写的《县级融媒体中心运营案例——四川省富顺县实践》一书，从融合实践、服务实践、发声实践和技术驱动四个角度切入，以富顺县媒体融合改革过程中的 32 个小"切面"为案例，翔

---

[1] 郑亮.县级融媒体中心和基层社会治理研究[M].广州：暨南大学出版社,2020：87-95.
[2] 陆地,高宝霖.中国是否需要建立公共广播电视？之二[J].声屏世界,2005(8)：18-20.
[3] 张志华.县级融媒体中心建设亟须上行乡村故事[N].中国社会科学报,2019-01-10(3).

实而深入地介绍了县域融媒体改革的富顺案例,为学界和业界了解富顺融媒体改革提供了全面而鲜活的材料。① 或如张磊和张英培的《县级融媒体中心建设的邳州经验》从社会治理的基本原理出发,从传播学的视角对江苏徐州的邳州县级融媒体中心"银杏融媒"进行考察,分析其如何重建传播生态、打造融媒精品、引导社会治理。该文发现,"银杏融媒"作为社会治理中介,借助新兴的智能化媒体技术,在战略部署和日常运作中充分发挥了传媒的组织功能,对重建官方舆论场、开拓民意渠道、动员群众参与社会治理起到了良性作用。②

3. 对县域媒体融合的价值、意义、实践路径等宏观议题的探讨

如谢新洲等著的《县级融媒体中心建设理论与实践》对我国县级融媒体中心建设的背景、意义、价值、目标定位、架构和功能设计等进行了详细的分析③,郭全中的《县级融媒体中心建设的进展、难点与对策》认为我国县级融媒体中心建设在省级技术平台和县级融媒体中心实践上都取得了不少进展,并探索出了若干种模式,但在建设过程中也存在顶层设计、理念、定位、人才、技术平台、体制机制、融合路径等方面的难题,未来县级融媒体中心需要在互联网思维的指导下,转型为新时代的治国理政新平台。④

(二)有关社区报的研究成果

社区报是指以当地社区民众为目标读者的报纸。相比大规模发行的、以服务较大地理空间内的读者为目的的日报等大型报纸,社区报表现出突出的近地性特征。在与大型报纸做比较的语境下,社区报与当地报纸(local newspaper)的概念常被混用,在有关商业利益、发行数据等的讨论中,社区报也常被冠以小市场报纸(small-market newspaper)的称谓。

---

① 高仁斌.县级融媒体中心运营案例——四川省富顺县实践[M].成都:四川大学出版社,2019.
② 张磊,张英培.县级融媒体中心建设的邳州经验[J].新闻与写作,2019(7):99-102.
③ 谢新洲,等.县级融媒体中心建设理论与实践[M].北京:电子工业出版社,2019.
④ 郭全中.县级融媒体中心建设的进展、难点与对策[J].新闻爱好者,2019(7):14-19.

1. 有关中国城市社区报的研究成果

国内对社区报的研究肇始于2003年。是年,新闻传播业界出身的冯军、朱海松出版《终端渗透——传播从社区开始》,对社区媒体、社区营销、社区文化等进行了比较系统的论述,提出"通过对社区媒体的运营,可以将商业客户的品牌文化和住宅小区的社区文化有效糅合,构筑一种全新的社区经济模式,从而为小区住户创造一个全新的生活居住形态"的理念,这一具有明显商业性质的专著开启了我国的社区报的研究。2005年,张咏华的《传播基础结构、社区归属感与和谐社会构建:论美国南加州大学大型研究项目〈传媒转型〉及其对我们的启示》,通过介绍美国有关社区与传播研究项目,提出在我国高度重视建设和谐社会的新形势下需要对传播与社区归属感进行研究[①];陈凯的《走进美国社区报》一书通过实地采访美国多家社区报,对美国社区报纸的报道、发行特点等进行了深入描摹,为社区报纸的理论和实务研究提供了很多鲜活的素材[②];曾兴《新媒体背景下城市社区媒体研究》一书对社区、社区媒体、社区媒体研究的理论范式、各种社区媒体形式等进行了较为翔实的梳理。[③] 2013年后,随着党的十八大继续强调文化软实力、加大对社区文化建设的投入等,关于我国社区报的研究数量逐渐增多,常见的研究取向包括对特定社区报办报经验、运营模式等的探讨,对我国社区报发展历程的历时性分析等。

2. 有关加拿大社区报的研究成果

因为加拿大社区报的发展历史较长等原因,有关加拿大社区报的研究成果和文献材料相对较多。关于加拿大社区报产生至今的历史可分为前媒介融合时代和媒介融合时代两个阶段。在前媒介融合时代,加拿大社区报产生和迅速发展,有关这一阶段发展情况的研究多是对加拿大历史、加拿大社区报发展历史、史学纲领,或是这一历史时期媒体环境、新闻业的研究成果;在

---

① 张咏华.传播基础结构、社区归属感与和谐社会构建:论美国南加州大学大型研究项目《传媒转型》及其对我们的启示[J].新闻与传播研究,2005(2):11-16,94-95.
② 陈凯.走进美国社区报[M].广州:南方日报出版社,2011.
③ 曾兴.新媒体背景下城市社区媒体研究[M].北京:中国传媒大学出版社,2014:52.

媒介融合时代,加拿大社区报开始超本地化(hyper-localization)转型,这一阶段的相关研究多由行业协会或者关注社区报发展的业内机构组织开展。

有关前媒介融合时代加拿大社区报的研究大致可区分为以下四类。

首先,有关加拿大历史、政治制度的研究可为本研究提供整体的背景知识。以《剑桥加拿大史》为例,该书对加拿大的历史进行了完整、细致的梳理,其内容不仅包括加拿大政治制度的确立,也包括各个历史时期加拿大经济情况的发展、文化习俗的生成和演变①,对于本书了解社区报产生的历史文化背景是重要的参考。另外,对于加拿大政治制度的专门研究也为本书提供了重要的参考作用,如王建娥的论文《多民族国家建构认同的制度模式分析——以加拿大为例》,对加拿大联邦-省议会制度的内涵及其生成的历史背景进行了细致的分析②,对于本书了解加拿大国家与地方之间的关系也是重要的参考文献。

其次,有关加拿大报业发展历史的研究对于本书梳理加拿大社区报产生与发展的历史是重要的参考文献。在这方面,科斯特顿(Kesterton)所著的《加拿大新闻史》(*A History of Journalism in Canada*)③是加拿大新闻史研究领域不可忽略的重要文献,尽管该书出版较早,但仍能为本书了解社区报产生前后加拿大的媒体环境提供参考。另外,在线版的加拿大百科全书④是《加拿大百科全书》的网络版本,它沿袭了《加拿大百科全书》对于词条作者和稿件严格的选择和审稿程序,在线版加拿大百科全书的严谨性令人称道。在加拿大报业发展史方面,在线版加拿大百科全书提供了丰富的词条检索,且其内容十分详尽,对本书有较强的参考作用。另外值得一提的是,我国学者对于加拿大社区报的发展也投注了很多关注,近年来国内掀起社区媒体的研究热潮,其中很多学术研究均对加拿大社区报的历史、特点等进行了分析,具

---

① 康拉德. 剑桥加拿大史[M]. 王士宇,林星宇,译. 北京:新星出版社,2019.
② 王建娥. 多民族国家建构认同的制度模式分析——以加拿大为例[J]. 民族研究,2013(2):1-13.
③ KESTERTON W H. A history of journalism in Canada[M]. Sherbrooke: McGill-Queen's Press-MQUP,1967.
④ The Canadian Encyclopedia[EB/OL]. https://www.thecanadianencyclopedia.ca/en.

体的研究成果如曾兴所著《新媒体背景下城市社区媒体研究》①,周敏所著《中国城市社区媒体研究》②,均开辟专门的章节介绍了加拿大社区报的发展情况。

再次,媒介环境学派对作为历史背景的媒介的考察可对本书研究加拿大社区报的超本地化转型有所启发。正如《媒介史强纲领:媒介环境学的哲学解读》一书所秉持的观点,将媒介环境学视为"传播学的第三学派"实则曲解了这一种研究范式的本意,相比一个传播学观点的集合,媒介环境学其实更应被视为一种历史纲领。"作为纲领的媒介史则不仅仅会从文化史、社会史或观念史等各种编史角度出发,把媒介作为一个专题来讲述,还要反过来,从媒介的角度出发重新梳理一般的文化史、社会史或观念史"。③ 也就是说,作为历史纲领的媒介环境学并不将媒介视为历史的焦点,而是将之视为历史的环境或背景。这一视角为本书理解加拿大社区报超本地化转型中对于地方信息的倚重提供了思考的起点。如同媒介环境学派的奠基人哈罗德·伊尼斯的观点,传播媒介的性质往往在文明中产生一种偏向,这种偏向或有利于时间观念,或有利于空间观念④,这可对本书思考网络以及依托网络技术产生的超本地化新闻的偏向性有所启发。

最后,有关新闻生产规律的一些研究成果可作为本书研究加拿大社区报超本地化发展的重要参考。这些研究成果虽然不一定会论及加拿大媒体或者社区报这种媒体形式,但却可通过对新闻生产、传播规律的细致分析而为本书的写作提供参考和启发。相关的研究成果如迈克尔·舒登森(Michael Schudson)的《探索新闻》对信息模式和故事模式两种信息传播模式的阐述。⑤ 或如约翰·H.麦克马那斯(John H. McManus)的著作《市场新闻业:公民自行小心?》,该书通过对20世纪80年代地方媒体的考察,归纳总结出市场新闻业的新闻生产模式,并对市场新闻业和规范新闻业两种新闻生产逻辑的博弈进行了细致的分析,这本书不仅可为本书了解北美地方媒体的新闻生产

---

① 曾兴.新媒体背景下城市社区媒体研究[M].北京:中国传媒大学出版社,2014.
② 周敏.中国城市社区媒体研究[M].北京:中国传媒大学出版社,2016.
③ 胡翌霖.媒介史强纲领:媒介环境学的哲学解读[M].北京:商务印书馆,2019:74.
④ 伊尼斯.传播的偏向[M].何道宽,译.北京:中国人民大学出版社,2003:6.
⑤ 舒登森.探索新闻[M].何颖怡,译.台北:远流出版社,1993.

方式提供重要参考,而且其所采用的方法论也对本书研究方法的设计有所助益。

对媒体融合时代背景下加拿大社区报的研究在2015年前后逐渐出现,其中泰勒·纳格尔(Tyler Nagel)发表于2015年的文章《加拿大社区报上的线上新闻：现状与建议》较早开始关注到社区报与互联网进行融合的趋势,是这一领域最重要的研究成果之一。文章认为,尽管此前社区报一直呈现出较日报等更加乐观的发展形势,但加拿大乡村地区新近出现的高本地化的网站(rural-focused hyper local websites)和日益突出的人口老龄化问题已经使得社区报在乡村地区的发展面临挑战。为此,很多社区报开始运营网页版,该文通过对加拿大各地的776位社区报管理者进行访问,总结了关于加拿大社区报网络新闻分发和网站管理的多种方式。不过,通过这一系列的访谈,文章发现当时加拿大社区报媒体机构更注重其纸质版的发展,而相对不够重视社区报网站的运营,文章认为这与社区报网站尚未取得良好的广告收益有关。①

另外,在学者针对加拿大社区报所做的专门研究之外,业界也有一些机构组织对加拿大社区报在媒介融合时代背景下的发展情况予以关注。如前述加拿大新闻媒体(News Media Canada)每年都对加拿大社区报的发展情况进行统计、调查和分析,并推出当年的加拿大社区报发展情况简报和数据表,这是本书重要的参考资料之一。另外,PrintAction等媒体分析机构也会对加拿大社区报的行业发展情况进行分析,其针对个别社区报案例所做的深入采访也可为本书的写作提供参考。

四、有关媒介融合背景下基层治理的媒介化方法的研究

对媒介融合背景下基层治理的媒介化方法的研究是前述对媒介融合、基层治理和媒介化方法三类研究的交叠领域。在这一领域中,潘忠党对电视问

---

① NAGEL T. Online news at Canadian community newspapers: a snapshot of current practice and recommendations for change[J]. Journal of applied journalism & media studies,2015,4(2): 329-362.

政这一媒介化治理方法的讨论、郑亮对县级融媒体所具有的治理功能的讨论、葛明驷对县级融媒体的舆论治理功能的讨论,以及熊茵和刘丹对县级融媒体中心的治理功能和媒介化实现路径的探讨是较有代表性的学术成果,对本书也有一定的参考意义。不过,通观前辈学人的这些研究,不难发现它们大多针对的是县级融媒体或某种特定媒介(或电视节目)形式的单独分析,且多呈现为期刊文章的形式,在探索的深度上相对受限。可以说,总体来看学界在这一领域兼具深度和系统性的研究成果相对较少,这为本书留出了一定的探索空间。

第三节 研究方法、创新点与各章概要

在"案例研究—功能探析—路径探索"的研究框架下,本书主要采用了两种方法开展研究,并依据这一研究框架进行各个章节的内容安排。本节将分别介绍本书的研究方法,本书的创新点与难点,本书的研究意义及各章内容概要。

一、本书的研究方法

本书所采用的研究方法主要包括案例分析法和基于扎根理论的反复比较法两种。

(一)案例分析法

案例分析法是一种深入研究现实生活环境中正在发生的现象,即案例的实证研究方法,其通常适用于以下情况的分析。

(1)研究的问题类型是"怎么样"和"为什么"。

(2)研究的对象是目前正在发生的事件。

(3) 研究者对于案例难以进行控制或者只能施加极有限程度的控制。①

本书对媒介融合背景下基层治理媒介化方法的功能探析路径探索是建立在对已有理论和实践的再思考的基础上的,其中,第三章主要是对相关实践的总结和阐述,这一章分别深入分析了中国的县级媒体融合实践、中国的城市商业社区媒体实践以及加拿大社区报的超本地化实践三个案例。从案例分析法对本书的适用性来看,首先,对三个案例实践历史、特点和经验的研究均属于"怎么样"的研究维度;其次,这三个案例均为目前正在发生的实践;最后,由于三个案例均属于大规模的社会实践,笔者难以对其进行控制和参与,但却很适宜以旁观者的身份对其进行详细而客观的分析。

(二) 基于扎根理论的反复比较法

在具体的案例分析过程中,本书参考了由施特劳斯(Anselm Strauss)和巴尼·格拉泽(Barney Glaser)所推崇的基于扎根理论的反复比较法。这种方法倡导在占有大量经验材料(如档案资料、新闻报道、访谈材料)的基础上对材料进行不设立场的从下至上的分析,对于本书已经占有案例媒体大量报道材料的情况较为适用。因此,在本书的第三章中,以这一方法对中国城市社区报和加拿大社区报的大量新闻报道、网站设计、相关学术文章等材料进行了反复比较的分析,通过不断编码至理论饱和的过程探索出了中国和加拿大社区报的报道特点、核心关怀等。

二、本书的创新点与难点

近年来,伴随着肇始于西方国家政治学研究界的"治理转向"在中国社会科学研究领域落地生根,以及国内行政、政策话语中对治理的目的、原则、方法等的强调,传播学、社会学、政治学、管理学等学科开始从各自的学科立足点出发去思考基层社会的治理议题。本书即产生于这样的研究背景之下,力

---

① 殷.案例研究:设计与方法[M].周海涛,史少杰,译.5版.重庆:重庆大学出版社,2017:19.

图从传播学的学科视野出发为基层治理提供理论阐释和可行的媒介化治理方案。

具体而言,本书的创新点和难点主要包括以下方面。

(一) 创新点

(1) 本书以媒介化方法为切入点思考基层治理的学理逻辑和实践路径。此前,虽然也有一些研究成果从传播学视角对基层治理进行了思考,但是,这些研究通常聚焦于具体的媒体实践,而相对欠缺结合媒介环境和文化差异对其进行系统研究的综合性研究成果,因而使得本研究具有一定的创新性。

(2) 本书在对媒介化基层治理方法的研究中引入芝加哥学派的人类社会学分析路径,不仅重新发现了人类生态学方法在当前基层治理领域的应用潜能,丰富了对城乡基层社会的思考维度,而且在人类生态学的路径指引下提出了以区别化的理念开展城乡社区的媒介化治理,这一思考角度和实践路径具有一定的创新性。

(二) 难点

(1) 人文社会科学的研究常常是以小见大的研究。伴随人类社会的发展和演变,国内外人文社科研究领域有关基层治理的成果早已数不胜数,这些研究因为不同的原因相连,共同组成了人文社会研究的系统。在这一个卷帙浩繁的系统中,如何从传播学的视角切入,以小见大地窥见基层治理这个多学科学者给予关注并不断提交更新理论成果的议题的全貌,梳理出一条具有一定创新性的理论和实践脉络,是一件极其考验研究者的研究视野和知识储备的事情。本书即面临这样的处境,需要以传播学研究为立足点,统筹兼顾其他学科的研究成果,这是本书面临的挑战之一。

(2) 由于本书所采用的三个研究案例均具有覆盖面广、开展时间久、内容丰富的特点,因此,在对其进行深入分析时需要收集体量颇大、内容庞杂的研究资料,如何在有限时间里完成这一资料收集工作并对其进行有效的梳理和排序是本书的第二个难点。

三、本书的研究意义

　　本书的学理价值主要在于从问题视角方面进行了一些探索,从基层治理的视角切入地方媒体的融合改革,思考了如何接合媒介融合与社会治理等研究议题,并深入探索了媒介化手段之所以能助力基层治理的学理逻辑,以"社会皮肤""公共礼物""稳压器"和"情感纽带"四个隐喻详细探索了媒介在基层治理中所具有的功能。

　　本书的实践意义主要在于引入芝加哥学派的人类社会学方法和跨文化传播的研究成果指引媒介化基层治理的路径探讨,提出了以区别化的理念开展城乡社区的媒介化治理,这一思路一定意义上丰富了对城乡基层治理的思考维度,同时对企事业单位、组织机构、基层部队等运用媒介化手段开展治理具有一定启示意义。

四、各章内容概要

　　本书包括"导论""媒介化基层治理方法的产生""媒介化基层治理方法的典型案例""媒介化基层治理方法的功能探析""媒介化基层治理方法的路径探索"五章。各章之间的逻辑关系及各章的主要内容如下。

　　第一章"导论"是对全文的基本介绍,包括:对本书选题思路的介绍、主要概念的界定、前人文献的梳理,对研究方法、创新点和难点,各章内容的总体介绍等。

　　第二章"媒介化基层治理方法的产生"是本研究主体内容的开篇,对全文的研究起着重要的逻辑铺垫作用,包括对基层治理情况的历史和当前内容的阐述、对媒体融合的时代背景的分析,以及对媒介化基层治理方法产生的必然性和必要性的分析等。

　　第三章"媒介化基层治理方法的典型案例"是本书的重点内容之一,包括对国内外媒介化基层治理经验的总体介绍,以及对中国县级融媒体实践、中国城市社区报实践,以及加拿大社区报的超本地化转型发展实践经验的详细阐述和分析。

第四章"媒介化基层治理方法的功能探析"是本书的重点内容之二,这一章的写作目的是对媒介化的基层治理为什么能发挥作用的深入分析。这一章将媒介化方法对基层治理所具有的功能概括为社会皮肤、公共礼物、稳压器和情感纽带四个隐喻,并深入分析了媒介化方法对于基层治理所发挥的舆论引导、公共服务、风险防控和社会整合等功能。

第五章"媒介化基层治理方法的路径探索"是本书的第三个重点内容,这一章本书将对我国应如何开展媒介化的基层治理进行详细的讨论。具体而言,本章从宏观、中观和微观的层面探讨了媒介化基层治理的实践路径,提出应该基于人类生态学、跨文化分析等理论路径建构一体化的差别化基层媒介化社会治理框架,以一体化为宗旨和远景目标,以差别化为方法和现实选择,构建城乡有别的媒介化基层治理格局,并且提出应从县级媒体融合、社区融媒体建设,以及基层媒体的评价和监管方式革新等方面制订具体化媒介治理方案的建议。

第二章
媒介化基层治理方法的产生

> 融合代表着一种范式转换——这种转换表现在，以前是媒体独有的内容，现在是内容横跨多媒体渠道流动，各种传播体系的相互依赖日益加深，获取媒体内容的方式日益多样化，自上而下的公司媒体和自下而上的参与文化之间的关系也更为复杂。①
>
> ——亨利·詹金斯

第一节 基层治理的历史演变

如前所述，在近几年的政策语境下，社区已经成为基层治理的一个重要着力点。那么，基层与社区究竟有何关联？基层治理又该如何与社区治理相结合？在第一章第二节中，本书已经简单阐明了社区可被理解为基层社会的一个"从属概念"，然而，因为community一词在英语中的多重意义以及东西

---

① 詹金斯.融合文化：新媒体和旧媒体的冲突地带[M].杜永明，译.北京：商务印书馆，2012：353.

方历史、制度等的复杂性,"社区"和"基层社会"两个概念之间的现实纠葛要复杂得多。本节将详细地从东西方历史变迁的维度梳理基层社会与社区的联系,并在此基础上探索当前中国基层治理的概况和方向。

由于经济全球化、媒介融合等的深层影响,当今时代对于社会议题的思考必须突破"方法论民族主义"的认知局限,在立足自身研究议题的同时以全球视野去开展研究。所谓方法论民族主义,是指"社会科学研究中脱离世界历史和世界体系来讨论民族国家内部的政治经济和社会关系的思维定式,也即把民族国家作为'最终的分析单位和界定社会科学中的现象和问题的边界'的方法论偏差"。[①] 虽然基层社会的治理在东西方遵循着迥然不同的逻辑,但是随着"治理全球化"[②]的推进,东西方在基层治理方面的理念呈现出一定程度的融合趋势。因此,对基层治理的历史进行分析应首先将其置于东西方特定的历史情境中。

一、对社区的治理和发展:西方语境下的基层治理

西方的基层治理实质上就是对社区的治理。"社区"(community)这一概念在学术界引发关注始于19世纪末,当时,被誉为"德国社会学缔造者之一"的滕尼斯在其著作《共同体与社会》的题目中使用了"Gemeinschaft and Gesellschaft",分别以 Gemeinschaft 和 Gesellschaft 指代"礼俗社会"和"法理社会"。其中礼俗社会强调亲密、孤立和排他的群体生活,其成员通过共同的价值观和传统而团结在一起。他们对于是非有相近的评判标准,有共同的朋友和敌人,并且在这个群体内部存在着"我们"或"我们的"的意识。法理社会的特点则更具理性和个人至上,人们首先关心自己的利益和契约。当滕尼斯的这本书译为英文时,其书名被译介为"Community and Society","社区"一词由此进入人文社会学者的关注视野。不过,正如很多概念的能指与所

---

① 赵月枝.传播与社会政治经济与文化分析[M].北京:中国传媒大学出版社,2011:41.
② 蒙特西诺斯.治理全球化:谋求民主治理的世界政策[M]//赛格雷拉.全球化与世界体系.白凤森,徐文渊,苏振兴,等译.北京:社会科学文献出版社,2003:204.

指都随着时间的推移而发生了飘浮,随着现代化、工业化、城市化等历史进程的推进,以及网络技术等的发展,"社区"的内涵和具体呈现形式也在不断演变和发展,而社区治理的具体实践也与其概念发展紧密关联,本书以时间为序将西方"社区"概念的产生和演变,以及社区治理的进展分为以下三个阶段。

(一) 探索阶段:早期的"社区"概念和未引起重视的社区治理

芒福德在《城市发展史——起源、演变与前景》中描摹了一幅大型工业城市形成之前郊区生活的美丽画卷:

在工业城市形成之前很久,想从文明带来的复杂事物中摆脱出来这个想法又一次吸引着许多欧洲人的心,一如它在罗马衰微时期吸引着人们的心那样。对于好动和勇敢的人来说,乡村有新的天地可供他们去征服去开拓,还有没被破坏的原野中传来的浪漫的召唤;对于那些喜欢追求家庭乐趣、喜欢思考的人来说,那儿可以钓鱼、散步、栽种植物、家庭野餐,或到树林深处去独自沉思。没有等卢梭证明生活中大多数痛苦源自过分文雅的文明带来的枯燥的礼仪,许多欧洲人就早已按照上面所说的那样做了。乡村生活似乎是最好的,而离开城市越远,越能生活得健康、自由和独立。19世纪城市郊区的大多数有益于身心的特点,事实上已被乡间小镇所吸收,而且那里镇上更注意社会各阶层之间的混合与合作,这在单一阶级的郊区的社区中①是不大可能达到的。人寿保险表已经表明,就动物生命而言,在郊区最为优越:在英国,农民和乡间绅士的寿命最长。②

在这段话中,芒福德直言其认为工业城市兴起前的郊区生活(实质就是乡村生活)更为美好,也阐明了这种美好由来已久。这样的看法虽然与芒福

---

① 这里指工业城市兴起后因为通勤需要而围绕城市形成的单一功能的城郊社区,芒福德认为其应被视为城市的一部分,且其产生也是为了模仿城市,但"模仿得非驴非马,极为笨拙"。芒福德.城市发展史——起源、演变与前景[M].宋俊岭,宋一然,译.上海:上海三联书店,2018:451.
② 芒福德.城市发展史——起源、演变与前景[M].宋俊岭,宋一然,译.上海:上海三联书店,2018:448.

德偏爱郊区生活的郊区化观点不无关联,但确实也体现出很多西方学者对于城市的批判和对于郊区的偏爱。而这种态度的差异也体现于很多学者对社区的态度。回顾早期对于社区给予关注的学者,将社区视同为与城市格格不入的郊区共同体的观点很长时间占据主流,持这一观点的学者如滕尼斯、涂尔干、乔治·齐美尔(Georg Simmel)等欧洲社会学的奠基者。其中,滕尼斯在19世纪末提出社区是受"本质意志"①支配的类生物存在体,社区中的人们基于共同的历史、传统、信仰和风俗等形成了亲切的、互助的、默认一致的人际关系,而社会则是受"选择意志"①支配的去情感存在体,人们依据理性的契约精神和法律交流和交往,彼此之间更加独立,由此,滕尼斯认为,相比于社会的理性与冷漠,社区则意味着温情脉脉的情感联结。约略同一时期,法国社会学家涂尔干在《社会分工论》中将社会团结区分为"机械团结"和"有机团结",认为产生于不发达的社会结构中的机械团结建立在人与人之间的相似性甚至同质性的基础上,人们之间共享接近的文化、历史、宗教信仰,因此有着相似的价值观,而有机团结则产生于发达的社会,这种社会类型中的人们因为精细化的社会分工而彼此联结,但彼此之间个性独立,也较少有亲切的情感联系。② 在此之后,德国社会学家齐美尔于1903年发表了《城市与精神生活》的论文,总结了现代大都市的两大特征:一是具有规模庞大的人口和复杂的科层制,这使得城市人际关系趋于分散和疏离;二是相对农村较稳定的生活节奏,城市环境变化大,是一种强刺激环境。③ 这两大特征都促使都市人不得不更理性地处理各种社会关系,不得不对自己的个人利益有更多的关注。因此,都市人的精神生活和人际关系更趋于理性与功利主义。在他看来,社区那种"自然""传统""有机"的关系将在现代社会中逐步消失,取而代之的是"个人化""利益化""理性的"社会关系。

在这一时期的学者的观点中,城市被视为工业化进程中产生的新型聚居生活空间,而社区则通常与乡村等相关联,表征着一种更为传统的聚居形式,

---

① 滕尼斯.共同体与社会——纯粹社会学的基本概念[M].北京:商务印书馆,2019:XIII.
② 涂尔干.社会分工论[M].渠敬东,译.北京:生活·读书·新知三联书店,2017:89-92.
③ 赵定东,杨政.社区理论的研究理路与"中国局限"[J].江海学刊,2010(2):132-136.

在这个充满着对乡村式社区生活的缅怀、对工业城市生活方式相对批判的态度的时期,现代意义上的、与城市生活紧密相连的"社区"概念尚未成型,社区建设也尚未引起足够的关注。乡村式的社区生活一定程度上带有田园牧歌式的浪漫情怀,但因为生产的发展和工业城市对专业分工的需求上升,学者们视野下的乡村社区在城市化浪潮的激荡中显得有些岌岌可危。

(二)过渡阶段:作为社会微型单位的"社区"以及对社区治理的早期思考

20世纪初以来,随着工业化进程的推进和城市化的加快,欧美工业城市的规模不断扩大,将社区视为郊区和乡村并将之与城市社会进行比较的学术探讨逐渐被城市建设的议题所掩盖,尤其随着芝加哥社会学系有关城市建设和社区问题的研究声名鹊起,学术研究中的"社区"概念逐渐和城市社会的群体组织与内部分工等议题关联起来,社区也逐渐被视为城市中的微型单位。

1860—1912年,大量欧洲人为了逃离战乱和经济困境而向美国迁徙,这批移民中有很多困在了迅速城市化的工业城市中的贫民窟,那里环境脏乱、犯罪率高。这些问题在芝加哥大学的所在地——芝加哥市南部清晰可见,使芝加哥成为芝加哥社会学系天然的试验场。而且,受芝加哥社会学系第一任系主任阿尔滨·W. 斯莫尔(Albion W. Small)的影响——斯莫尔是齐美尔的学术追随者,其领导芝加哥社会学系的最初构想就是要"扩展德国的社会学理论,将它们运用到城市社会问题的研究中"[①],但相比齐美尔书斋式的研究风格,斯莫尔希望芝加哥社会学系更加关注社会问题——对城市议题保持密切关注,并且持有浓重的社会改良倾向。在斯莫尔的倡导下,芝加哥社会学系确实形成了这样的研究取向。从1923年到1932年,芝加哥社会学系出版了84本著作和120篇文章,这些研究成果中很多都是具有广泛影响的名作,并最终形成了彼此关联的城市研究成果系统。

---

① 罗杰斯.传播学史:一种传记式的方法[M].殷晓蓉,译.上海:上海译文出版社,2012:146.

在这些成果中,改良主义的芝加哥学派接合了社区与社会的语义鸿沟,认为社区是更大的社会中的一个组成部分。例如,帕克、欧内斯特·W.伯吉斯(Ernest W. Burgess)等于1925年出版了其城市研究的合集《城市》,在帕克为之撰写的《社区组织和浪漫情绪》一章中如此定义社区:

> 对一个社区所能做的最简单扼要的说明是:占据着一块被或多或少限定了的地域上的人群的汇集。但是一个社区还不止这些。一个社区不仅仅是人的汇集,也是组织制度的汇集。社区与其他社会群集的最终的、决定性的区别是组织制度,而不是人。
>
> 社区的组织制度中总要包括家庭和另一些机构:教会、学校、运动场、社区政厅、地方剧院,当然也许还有一些工商企业。我们可以从社区所拥有的组织机构的数目和种类上——文化的、政治的、职业的——对诸社区加以分类。这种分类可以指示出它们自治的程度;另一方面,也可以指示出它们共同的功能相合并,并且共同构成一个更大的社区的程度。
>
> 在各个地方社区的基础上,往往还存在着一个更大的社区。每一个单一的社区往往是一些较大的、包容更广阔的社区的一个组成部分。完全独立、隔离的社区已不复存在;所有的社区都在经济上、政治上与另一些社区相互依赖。最大的社区就是广阔的世界。①

芝加哥学派的学者们不仅将社区从滕尼斯等主张的乡村生活共同体的原始含义中抽离出来而强调其与社会的关联,而且开始将之与"社区效能"进行勾连,从而讨论如何去评判社区治理的成败。② 这种观点将有关社区的思考从书斋研究中对前工业社会乡村生活的浪漫想象引向了实证的、改良的角度。随着芝加哥学派在美国乃至世界社会学研究领域获得广泛声誉,这种研

---

① 帕克,伯吉斯,麦肯齐.城市社会学——芝加哥学派城市研究[M].宋俊岭,郑也夫,译.北京:商务印书馆,2012:104-105.
② 如帕克认为社区效能可以通过对该社区进行社会统计资料的对比而获得,比如通过分析社区的贫穷、疾病、青少年犯罪等的发生概率来测定"社区向其成员提供生活环境的能力,或者从相反的角度来说,以此测定组成该社区的人们适应社区提供给他们的环境的能力"。帕克,伯吉斯,麦肯齐.城市社会学——芝加哥学派城市研究[M].宋俊岭,郑也夫,译.北京:商务印书馆,2012:107.

究路径逐渐成为社区研究的主流,社区也不再被视为一种天然的历史存在物,而开始被视为社会的一个微型单位、一个社会改良的着力点,以及一个基于共同利益和努力的建设过程。正如萨特尔所说,"社区被强调于它应当是什么,而不是它本身或已经是什么。"①

(三) 建设阶段:复兴社区共同体

当社区被视为社会的微型单元而用以思考城市改良的问题时,其本身所具有的共同体意涵就再次获得了广泛关注(但是不同以往,这种共同体并非滕尼斯所说的受"本质意志"支配的类生物存在体,而更贴近于涂尔干笔下基于"功能性相互依赖关系"②而形成的"有机团结")。这是因为,随着大型工业城市的增多和增大,人们逐渐从其本来属于的集体中脱离出来而成为原子化的个体,这个过程有很大可能会给社会带来失序的危险,就如帕克所言:

任何形式的改变,只要是对社会生活常规的任何可以衡量出来的改变,都会导致习惯的破坏;而任何对习惯的破坏,都会导致组织本身的破坏,因为习惯是社会组织赖以生存的基础。③

在这种背景下,如何改造社区,使民众复归于一个有所联结的共同体,进而通过社区治理来维持社会秩序、促进公共利益的更好实现等,成为摆在执政者和社会学者面前的一个重要题目。

面对这一议题,芝加哥学派的学者们较早提出了他们人类生态学的观点,提倡将社区建设视为生态学力量、文化力量和政治力量"三种决定性影响因素的合成运动"④,在此基础上,他们提出社区的生态学特征是社区工作更

---

① STAMM K R. Newspaper use and community ties: toward a dynamic theory[M]. Norwood, NJ: Ablex Pub. Corp, 1985: 18.
② 汪玲萍.从两对范畴看滕尼斯与涂尔干的学术旨趣——浅析"共同体""社会"和"机械团结""有机团结"[J].社会科学论坛,2006(12): 8-11.
③ 帕克,伯吉斯,麦肯齐.城市社会学——芝加哥学派城市研究[M].宋俊岭,郑也夫,译.北京:商务印书馆,2012: 108.
④ 帕克,伯吉斯,麦肯齐.城市社会学——芝加哥学派城市研究[M].宋俊岭,郑也夫,译.北京:商务印书馆,2012: 135.

好地开展的基础,认为社区工作应该将这些隐性的生态学力量纳入考虑,并在实际工作中与它们相配合而不是相抵触。约在同一时期,美国社会学家 F. 法林顿在《社区发展:将小城镇建成更加适宜生活和经营的地方》(1915 年)中提出了"社区发展"(community development)的学术概念之后,J. 斯坦纳撰写了《美国社区生活》(1928 年),桑德森等撰写了《农村社会组织》(1939 年),从不同视角对社区发展的理论和实践路径进行了阐述。①

实践方面,20 世纪初,欧美等国家和地区先后发起了影响广泛的"睦邻运动"(Settlements and Neighborhood Movement)和"社区福利中心"(Community Welfare Center)运动,尝试培育社区成员的自治和互助精神,共同进行社区建设。第二次世界大战后,动员社区的民间资源进行战后重建成为许多国家和地区的发展思路,发展社区自治力量的构想拥有了很多拥趸者。另外,联合国成立之初就提出在落后地区同步发展经济和社会的方针,并开始推动以社区为单位的社会发展。1951 年,联合国经济社会理事会审议通过 390D 号议案,"社区发展运动"的倡议正式发出。1952 年,联合国正式成立"社区组织与社区发展小组"以负责向全球推广社区发展运动。1957 年,联合国开始研究社区发展运动在发达国家的推行情况,并开始尝试以此为切入点解决后工业化与城市化带来的诸多社会问题。①而且,值得关注的是,在将社区视为生活共同体的实践中,农村社区逐渐获得关注——联合国发起的社区发展运动首先在不发达国家的农村地区获得推广,之后才逐渐扩散到发达国家的都市社区。在这个过程中,除了发展的方法、重点等方面的差异之外,社区建设的城乡分野逐渐消失,"城乡社区"逐渐成为社区建设工作中的一个常见概念,"社区"一词的城乡偏向逐渐淡化,不再像其产生初期那样被置于城市社会的对立面,作为一种对前工业时代田园牧歌式的田园生活的象征而存在,也不再像 20 世纪初那样更多地被用以指代城市中的社会单元,而是在经历否定之否定的循环之后复归到城乡生活共同体的意义上来。

治理逻辑方面,从第二次世界大战结束到现在,欧美等资本主义国家和

---

① 陈涛.社区发展:历史、理论和模式[J].中国人口·资源与环境,1997(1):22-27.

地区的政府力量对于其社区治理大多走过了一条"全面干预、高福利→降低干预、多元管理"的发展之路。以英、美两国为例,战后英国盛行凯恩斯主义,在"加大政府干预,以国家为主导力量进行收入再分配"的理念指导下,英国建立了以"福利国家模式"为核心的社会治理体系①,20世纪80年代后,随着经济全球化的开展和全球竞争的加大,这种"福利国家模式"逐渐难以为继,英国开始鼓励更多社会主体共同参与社会治理,提供公共服务。美国的社会治理本有多元共治的传统,然而20世纪30年代在经济危机的影响下,政府对社会管理的放任难以缓解美国的"大萧条",在这种情况下,政府开始提高税收,干预社会治理,第二次世界大战后,在政府全面干预的情况下,美国的"社会福利体制逐渐完善,公民参与社会活动、政治活动的积极性也有进一步的提升",但随着国内种族矛盾、阶级矛盾的加剧,美国也无力继续这种"全面干预"的社会治理方式,因而联邦政府逐渐从"全面干预"中撤退,政府的部分角色与作用也逐渐被社会团体、社会组织与公民个人取而代之。②

二、从统治到治理:中国基层治理的理念变迁

相比于西方社区治理在工业城市发展、移民潮到来、两次世界大战的影响、国家政治经济政策变迁等的影响下多呈现出的复杂轨迹,中国的基层治理则遵循了一条相对比较清晰的发展之路。虽然秦汉以来我国的基层治理③也实行过乡里制度、乡都制、保甲制、粮长制等多种基层管理制度,但是因为在历史上的大部分时间,中国的乡土社会都未受到工业化等的影响,社会结构较为单一,长期以来中国乡村社会大都维持着一种熟人社会的总体形态。④

---

① 王薇.英国推进社会治理现代化的主要历程、特点及启示[J].当代世界与社会主义,2015(2):9-12.
② 郑亮.县级融媒体中心和基层社会治理研究[M].广州:暨南大学出版社,2020:44.
③ 在中国古代的语境下,"治理"主要指治国理政,与当前强调多元共治的"治理"概念意义迥别。任剑涛.奢侈的话语:"治理"的中国适用性问题[J].行政论坛,2021,28(2):2,5-18.
④ 这一情况在近年来的城市化进程中发生了改变,如贺雪峰认为中国的广大乡村社会开始呈现出"半熟人社会"的特征,下文对此会有详细讨论。

正如费孝通在《乡土中国》中的描述：

> 无论出于什么原因，中国乡土社区的单位是村落，从三家村起可以到几千户的大村。我在上文所说的孤立、隔膜是就村和村之间的关系而说的。孤立和隔膜并不是绝对的，但是人口的流动率小，社区间的往来也必然疏少。我想我们很可以说，乡土社会的生活是富于地方性的。地方性是指他们活动范围有地域上的限制，在区域间接触少，生活隔离，各自保持着孤立的社会圈子。
>
> 乡土社会在地方性的限制下成了生于斯、死于斯的社会。常态的生活是终老是乡。假如在一个村子里的人都是这样的话，在人和人的关系上也就发生了一种特色，每个孩子都是在人家眼中看着长大的，在孩子眼里周围的人也是从小就看惯的。这是一个"熟悉"的社会，没有陌生人的社会。①

在这种社会形态下，总体而言，中华人民共和国成立前历朝历代实行的大同小异的基层治理制度可以基本被概括为一种单中心的"权威秩序"，这种权威秩序"建立在政治权力和政府权力的支配关系上"，源于国家权力支配社会的统治观念，并最终体现为一种以代理治理模式为主的"单中心的权威秩序"。② 在这种单中心的权威秩序下，作为权威代理人的地方官僚行使统治权力，在发生突发事件时予以处理，社会秩序则主要依靠礼俗习惯和地方精英（如乡绅）予以维持。

中华人民共和国成立后，面对百废待兴的乡土中国，中国共产党开始探索基层治理的新道路。具体而言，中华人民共和国成立后我国基层治理的发展大致历经了以下三个阶段。

（一）"全能主义治理"时期

尽管中华人民共和国成立后我国进行了一些确立乡村政权前的准备工作，但到 1956 年时，"人民公社运动"兴起导致乡村政权被取消，农村地区逐渐

---

① 费孝通.乡土中国[M].上海：上海人民出版社，2007：9.
② 周庆智.中国基层社会自治[M].北京：中国社会科学出版社，2017：1.

形成了经济和政治高度一体化的人民公社,因此新中国第一个阶段的基层治理制度是从人民公社开始的。① 约同一时期,1954年,第一届全国人民代表大会常务委员会第四次会议审议通过《中华人民共和国城市居民委员会组织条例》,自此,城市的社区组织也相继成立,中国基层社会的内涵开始扩大到城市社区组织。

因为政府对基层社会的全方位管理,学者们通常将这一时期的中国基层治理情况概括为"全能主义治理模式"。② 具体而言,这一阶段的中国基层社会较为明显地呈现出社会主体性丧失、基层治理完全依附于国家的特点:城市地区实行单位制与街道制,乡村实行人民公社制度,整个社会被纳入国家权力的管理体系当中。③

(二) 自治制度的探索时期

改革开放后,因为人民公社制等逐渐不再适应社会发展的需要,新一轮的基层治理模式改革势在必行。1982年,"人民公社"制度被废除,党和国家开始在全国范围内建立村民委员会,组织村民自治组织,开始尝试通过促进村民的自我管理实现基层治理。1987年,《中华人民共和国村民委员会组织法》颁布,村民自治委员会的职权范围得以明确。1989年,《中华人民共和国城市居民委员会组织法》审议通过,城市居民委员会开始与村民委员会一起成为中国基层治理的重要的自治组织。

这一时期,在经济社会发展和制度改革的多重作用下,中国基层社会的治理情况与上一阶段有了明显区别,大量农民开始离开原来的户籍所在地进城务工,单位制解体后很多国企职工"下海"经商,中国基层社会开始呈现出明显的流动性。不过,因为基层社会的公共服务尚不完善,也有学者认为这一时期"基层政府治理目标是追求自身政治经济利益最大化而非公共利

---

① 沈费伟,刘祖云.发达国家乡村治理的典型模式与经验借鉴[J].农业经济问题,2016(9):93-102.
② 周庆智.中国基层社会自治[M].北京:中国社会科学出版社,2017:1.
③ 周庆智.中国基层社会自治[M].北京:中国社会科学出版社,2017:3.

益最大化"。①

（三）自治制度的完善时期

2012年,党的十八大以来,特别是2013年党的十八届三中全会通过了《中共中央关于全面深化改革若干重大问题的决定》(以下简称《决定》)以后,中国进入全面深化改革的决定阶段。《决定》对自治制度做了进一步的肯定和完善的建议,并对城乡基层自治作出了新的阐述和强调:

畅通民主渠道,健全基层选举、议事、公开、述职、问责等机制。开展形式多样的基层民主协商,推进基层协商制度化,建立健全居民、村民监督机制,促进群众在城乡社区治理、基层公共事务和公益事业中依法自我管理、自我服务、自我教育、自我监督。②

此外,《决定》还指出要进一步发挥社会的力量改进治理方式:

改进社会治理方式。坚持系统治理,加强党委领导,发挥政府主导作用,鼓励和支持社会各方面参与,实现政府治理和社会自我调节、居民自治良性互动。②

自此,中国基层治理正式进入一个全新的历史时期,在党的领导下,"自治"成为基层治理的主要手段和方式。与新中国成立前单中心的权威主义相区别,自治秩序是建立在个人自治权和社会自治权基础上的,它遵循的是源于法律的公共规则和源于契约的社会规则,其主要特征是在民主治理结构和社会共同体治理模式基础上形成一个多中心的自治秩序。③ 也就是说,在自治的基层治理模式下,社会共同体在维系基层秩序方面的作用再次得到了强调。正如周庆智所说,基层治理从权威治理模式向自治秩序过渡的过程包括三个必不可少的工作内容:第一是确立个人自治权与社会自治权,以法律保

---

① 赵书凯.乡镇治理与政府制度化[M].北京:商务印书馆,2010:8-12.
② 中共中央关于全面深化改革若干重大问题的决定[EB/OL].(2013-11-15). https://www.gov.cn/zhengce/2013-11/15/content_5407874.htm.
③ 周庆智.中国基层社会自治[M].北京:中国社会科学出版社,2017:1.

障个人和社会在基层社会自治中享有的权利;第二是型构多中心公共治理体系,即构建"政府—社会—市场"多方合作的治理形态;第三是建构社会主体性,即在国家与个人之间的领域建构基于"公民社会"和"能动社会"的理念所形成的家庭组织、学校团体、社区和村社组织等"次级社会共同体",从而建构社会的主体性。① 在多元合作的基层治理转型中,基于新的地域联系的共同体意识得到强调。这种治理逻辑与西方社区治理演变的最近形式"社区共同体"治理实现了某种意义上的殊途同归。

三、"城乡生活共同体":东西方治理理念的交融与基层文化比较

明者因时而变,知者随事而制。在经济全球化、媒介融合等的深刻影响下,当今世界各国所面临的政治、经济、社会命题越发相似。在这个过程中,在对中华民族的治理智慧保持文化自觉的基础上,也应以更为开放的视野评判和研究国外的社会治理之道。正如俞可平认为,在走向"善治和善政"的过程中,"既要继承和发扬我国传统治国理政的经验,也要学习借鉴国外政府治理和社会治理的经验"。② 一方面,中国传统有许多优秀的治理经验,特别是在基层治理方面,如何将德治、自治和法治有机结合起来,传统治理已经积累了相当多的经验;另一方面,政府治理和社会治理的改革创新,是一种世界性的趋势,各国在这方面既有经验值得我们借鉴,也有教训值得我们反思。

经过对中国和西方基层治理历史的梳理,不难发现双方治理逻辑在"城乡生活共同体"这一方向的融合趋势已经十分明显。在西方国家致力于复兴城乡生活共同体、探索基层社会多元治理方法的同时,2000 年,我国将社区定义为"聚居在一定地域范围内的人们所组成的社会生活共同体"③,开始了以

---

① 周庆智.中国基层社会自治[M].北京:中国社会科学出版社,2017:12.
② 俞可平.中国如何治理? 通向国家治理现代化的道路[M].北京:外文出版社,2018:174.
③ 民政部关于在全国推进城市社区建设的意见[EB/OL].(2020-12-12).http://www.cctv.com/news/china/20001212/366.html.

社区为单位进行基层治理的探索,并强调构建社区的共同体意涵;2013年,《决定》强调要健全城乡发展一体化体制机制,形成以工促农、以城带乡、工农互惠、城乡一体的新型工农城乡关系,让广大农民平等参与现代化进程、共同分享现代化成果[①];2015年7月,中共中央办公厅、国务院办公厅印发《关于加强城乡社区协商的意见》,倡导发展基层民主,畅通民主渠道,开展形式多样的基层协商,推进城乡社区协商制度化、规范化和程序化;2017年6月,中共中央、国务院发布《中共中央 国务院关于加强和完善城乡社区治理的意见》,提出"城乡社区是社会治理的基本单元"[②]的论断,正式开启了我国城乡社区协同治理的新时代。[③] 种种迹象表明,未来我国基层治理的发展逻辑将与城乡社区发展紧密相关,在这一方面,西方社区治理在应对工业城市发展、人口流动加大、社会异质性上升所带来的社会问题时积累的经验和教训可为我国基层治理的发展提供一些借鉴。然而,在对西方的基层治理经验和教训进行分析之前,也应认识到由于地理环境、历史上发生的战争、人口迁徙,以及在各种必然和偶然因素综合作用下确立的政治制度等原因,东方和西方的社区具有明显的区别。

外在地看,东、西方社区的差异主要表现为社会政治、经济发展阶段的不同所导致的社区公共设施、公共服务完善程度的不同,以及政治逻辑、国家组织形式的不同所导向的社区治理形式的差异。前者如欧美在"社区福利中心"运动的影响下建设得较为完善的社区活动中心和国内较为初级的社区活动广场的对比[④],后者如西方国家更强调社会力量的社区自治与我国社区在

---

① 中共中央关于全面深化改革若干重大问题的决定[EB/OL].(2013-11-15). https://www.gov.cn/zhengce/2013-11/15/content_5407874.htm.

② 中共中央 国务院关于加强和完善城乡社区治理的意见[EB/OL].(2017-06-12). http://www.gov.cn/xinwen/2017-06/12/content_5201910.htm.

③ 张雷.专家解读:我国社区发展进程中的一座新里程碑[EB/OL].(2017-06-20). https://www.mca.gov.cn/zt/history/perfectCountry/20170600891687.html.

④ 这段话源自笔者在加拿大访学期间所写的社区观察日记。在笔者当时所在的社区中,藏书量可观的公共图书馆、配备有完善的健身器材、游泳馆、操房等的社区活动中心只需要标识有当地社区住址的个人身份证明和十分低廉的价格就可进入,而在笔者查资料时获知,这样的公共图书馆、社区活动中心在加拿大各个社区已基本普及。WILSON V. Public libraries in Canada: an overview[J]. Library management,2008,29(6-7):556-570.

党和政府的领导下建立的基层治理之间的对比。

内在地看,由于历史和文化方面的差异,东、西方社区中的人也呈现出不同的文化特征,当人的差异呈现在社区层面就会导致社区呈现出不同的样态。在这一方面,文化人类学和跨文化传播研究领域中对于文化维度的研究可为我们提供一些参考。具体而言,影响社区建构的文化维度主要包括以下几方面。

(一) 集体主义—个体主义

跨文化传播研究对"集体主义—个人主义"的文化维度对于思考个体对于群体的态度和行为的遵从度有着明显影响,在个体主义的文化中,个人目标比群体目标得到更多的强调,而在群体主义的文化中,群体的目标比个人目标更受重视。① 集体主义—个体主义的区别既存在于较为宏观的社会文化层面,也存在于较为微观的个人层面(如个人的价值观)。可以说,任何文化和个人价值观中都具有集体主义和个人主义的成分,但是,很多跨文化分析的研究成果均表明东方文化更为注重集体主义,而西方文化更为注重个人主义。②

(二) 水平文化—垂直文化

这个文化维度是在"集体主义—个体主义"维度的基础上被提出的。特里安第斯(Triandis)认为,是个体主义文化还是集体主义文化,会影响到个人之见在文化中的关系——呈水平关系还是呈垂直关系。在水平文化中,人们倾向于个人与其他成员保持一致,期望个人不突出于内群的其他成员,这种文化取向相对强调平等价值;而在垂直文化中,人们倾向于认为自己与其他成员不一致,更倾向于追求自己的独立性。③ 将水平文化—垂直文化的维

---

① 古狄昆斯特,李.国际传播与文化间传播研究手册[M].陈纳,胡特,陶文静,等译.2版.上海:复旦大学出版社,2016:28.

② KIM M S. Cross-cultural comparisons of the perceived importance of conversational constrains [J]. Human communication research,1994(21):128-151;KIM M S,WILSON S. A cross-cultural comparison of implicit theories of requesting[J]. Communication monographs,1994(61):210-235.

③ TRIANDIS H C. Individulaism & collectivism[M]. Boulder,CO:Westview,1995:12.

度引入东、西方社区比较,有利于更好地理解社区,并在此基础上选择更为恰当的社区治理策略。

(三)低语境传播—高语境传播

霍尔的高—低语境理论常被应用于对东西方文化的比较研究中。其中高语境传播发生于"大多数信息要么是处于物理语境中,要么是为个人所内化,仅仅有少数作为编码的、明确传输的信息部分"①,而低语境传播发生的情况则是"大多数信息处于明确的编码中"②。低语境传播和高语境传播在所有文化中都有所体现,但相比较而言,西方文化的成员更倾向于低语境传播,并用直接的方式表达自我,而东方文化的成员则更为重视内群的和谐,因此更倾向于运用高语境和间接的方式传播信息。对于东、西方社区比较而言,低语境传播—高语境传播维度的引入有利于思考基层治理相关信息传递中的噪声和认知偏差问题。

(四)权力距离

权力距离是霍夫斯泰德文化维度理论的一个重要成果,所谓权力距离,是指"机构和组织里的弱势成员对于不平等分布的权力的接受程度"。③ 高权力距离文化中的成员将权力看作社会的一个基本事实,强调强制性或指示性的权力,被管理者对于管理者命令的接受呈现出遵从或者反叛的两极化的态度;相比之下,低权力距离文化中的成员相信权力只有在当其具有合法性的时候才能运用,这种文化更倾向于认可专家权威或合法化权力。④

将这些文化人类学和跨文化传播学的研究角度应用到对基层治理的分析中不仅有利于更好地区分基层社会类型、理解其转型的方向和规律,而且有利于更好地制定基层治理策略,提高治理效率。

---

① HALL E T. Beyond culture[M]. Garden City,NY:Doubleday/Anchor,1976:79.
② HALL E T. Beyond culture[M]. Garden City,NY:Doubleday/Anchor,1976:70.
③ HOFSTEDE G, BOND M. Hofstede's culture dimensions[J]. Journal of cross-cultural psychology,1984(15):417-433.
④ HALL E T. Beyond culture[M]. Garden City,NY:Doubleday/Anchor,1976:39.

媒介融合背景下基层治理的媒介化方法

综上所述,本节对东西方基层治理的历史流变及其现状进行了梳理和分析,并在此基础上分析了东西方社区的文化差异。某种意义上,"社区"这一概念与本书语境下的"基层社会"指向相近,这为本书突破"方法论的民族主义",以全球视野思考我国基层治理的相关问题提供了更多理论和文献参考的可能,不过,因为community在英语中的多义性,本书对"社区"的概念在西方语境下的流变进行了梳理,并明确了本书语境下的"社区"指的是芝加哥学派研究脉络下的,作为社会微型单元的社区。只有以对社区、基层社会等概念的东西方所指为"前理解",才有可能导向对基层社会媒介化治理深入和全面的分析。

第二节　作为时代背景的媒介融合

美国学者亨利·詹金斯(Henry Jenkins)在《融合文化:新媒体和旧媒体的冲突地带》中讲述了一个发生在媒介融合时代来临初期的故事:

2001年秋天,一名名叫迪诺·伊格纳西奥的菲律宾裔美国中学生用Photoshop制作了一张《芝麻街》主人公伯特和本·拉登互动的拼贴画,这是他的恶搞漫画"邪恶的伯特"中的一幅,做来聊以玩笑,伊格纳西奥本人也没有当真。但巧就巧在,"9·11"事件后,为了制作反美标语和海报,一名来自孟加拉国的出版商在互联网上搜索本·拉登的肖像画。因为孟加拉国并没有引入《芝麻街》的漫画,所以这个出版商并没有认出伯特是《芝麻街》的主人公,或许他以为伊格纳西奥的漫画可以代表本·拉登的形象,所以他将这幅漫画和其他有关的画拼贴在一起,印制了成千上万份海报派发到整个中东地区。之后,美国有线电视新闻网(CNN)拍下了这让人难以置信的一幕:一群愤怒的抗议者呼喊着反美口号、挥舞着印有伯特和本·拉登头像的大张海报走过街道。《芝麻街》系列电视节目的创作者看到这段视频画面后,声称要诉诸法律,反对以这种"令人厌恶的方式"将其动画人物和本·拉登置于一起,但他们实在不知道究竟应该起诉谁——是那个最初盗用其作品形象的年轻人,还是那些利用了这些图案的恐怖分子支持者。那些旁观的粉丝在开心之余,也积极加入了这场闹剧,他们开办了很多新网站,把《芝麻街》中其他的人物都与恐怖分子联系了起来。而那个最初制作恶搞漫画的年轻人,他制作的图片不断在世界范围内被传播和分发,有时借助于商业媒体,有时通过草根媒体,到最后,他甚至还拥有了自己的追随者。随着知名度的提高,迪诺·伊格纳西奥不得不撤销网站,在网站关闭声明中,伊格纳西奥说:"我感觉这样下去离现实生活太近了……'邪恶的伯特'主页及其追随者总是被大众媒体所遏制和疏远,但争论却把它置于大庭广众之下。"①

至此,这个让人哭笑不得的故事才算正式画上了句号。但回顾这个故事的始末——一个美国中学生在自己的卧室轻点鼠标就引发了一场国际性的闹剧,而后随着中东地区的反美游行、CNN 等媒体的报道,以及网民们的"推波助澜",这个故事波及全球,并最终影响了这个中学生本人的生活。这仿佛是一种隐喻——技术的发展牵动着传播速度的快速提升,普通网民的声音可以影响世界,全球化与本地化的风潮交织,赛博空间与真实生活的界限被一再打破……这么多革命性的"事件"交叠在一起,媒介融合的时代来临了。

第一章第二节描述了"作为时代背景的媒介融合"下的传播图景——计算机技术、网络技术、人工智能技术等的不断发展正在重构着人们的生活,信息在全球范围内的快速流动让地球村的感觉更加强烈,也推动着人们对"本地"的重新认识,媒介与社会的互构作用增强,人们已经越发难以区分现实与虚拟的边界。本节将详细阐述媒介融合的时代背景所包含的深层意味及其对基层治理的媒介化方法所产生的影响。

一、技术演进:信息发散与统合的并行推进

虽然有关媒介融合的讨论已经呈现出越发明显的多元化倾向,但正如这

---

① 詹金斯.融合文化:新媒体和旧媒体的冲突地带[M].杜永明,译.北京:商务印书馆,2012:28-29.

个概念出现并被视为媒体业内变革的重要力量可追溯至20世纪70年代学者提出的"计算机和通信系统融合"①、尼古拉斯·尼葛洛庞帝（Nicholas Negroponte）所提出的三圆融合，以及普尔的《自由的技术》一书，这个概念最初就是作为一个有关媒介技术的概念出现的，因此，传播技术的迭代是其最核心的含义之一。从这个角度，我们可以说媒介融合的时代背景就意味着新媒介与旧媒介的融合。那么，何谓"新媒介"？目前比较通行的观点是将基于计算机、互联网以及与之相关的促进信息广域快速分发的媒介视为新媒介，如网络媒介、手机媒介、数字电视等。因为学术的概念化过程相比于媒介技术的现实发展常常具有一定的延后性，所以"大数据"等因其在信息采集等方面具有的革命性力量而被冠以"智能媒介技术"之名相对游离于有关"新媒介"的讨论之外。但是，对"新"的定义显然应该建立在与"旧"进行区别的基础上，本书认为，随着智能媒介技术的高速发展及其与我们生活之关联的日益加深，当前形势下诸如大数据、虚拟现实等智能媒介技术也应被作为新媒介技术予以考量。因此，正如约瑟夫·R. 多米尼克（Joseph R. Dominick）的媒体时间轴所揭示的，媒介技术发展的进程是新旧媒介之间一个共存的过程，是新媒介技术系统不断渗透到旧媒体系统的过程，在本书语境下的作为一种时代背景的媒介融合意味着包括大数据等智能媒体技术在内的所有新媒介技术与传统媒介技术的融合。

媒介融合的时代背景下，作为信息传播过程中的"点"的普通网民、"草根"媒体在空间分布上呈现为一种更加原子状的形态。如果说计算机、互联网等技术的发展大幅提高了信息从点到面的快速传播的话，大数据技术的发展则提高了信息由面到点的高速收集和统合。对于基层治理而言，前者带来了风险信息大面积传播的可能，后者则明显提升了治理者获取有关治理的社会信息的便捷性。

（一）风险的扩散能力大幅提升

贝克等学者认为现代社会发展的自身逻辑是风险社会形成的根本原因。

---

① 郑亮.县级融媒体中心和基层社会治理研究[M].广州：暨南大学出版社，2020：12.

比如在《风险社会：新的现代性之路》一书中，贝克提出了工业社会"自反性的现代化"①这一概念，认为正是工业社会所包含的自反性推动了个性化的进程并最终导致了风险的产生和增加。但是，这些观点招致了另一些学者的反对。玛丽·道格拉斯(Mary Douglas)、斯科特·拉什(Scott Lash)等学者认为"风险不是某种秩序，而完全是一种认知结果和文化现象"。② 在道格拉斯等学者的观点中，风险社会研究的重点不在于评价环境风险的真实与否，而在于"解释社会行动者如何创造以及确定什么是危险的界限"。③ 在这一研究脉络下，大众媒介被视为影响风险感知和扩散的重要因素之一。④ 而随着媒介融合的时代来临，不仅信息的传播更为快速，而且由于传统的信息把关人机制在网络传播情境下的失效，风险的产生和全球扩散能力大幅提升，这向基层治理提出了挑战。

（二）信息统合能力的革命性跃升

大数据技术是指对海量信息的快速抓取、存储、管理和分析技术。维克托·迈尔-舍恩伯格(Viktor Mayer-schönberger)将其特点概括为"采用全体数据，取代抽象数据；强调数据的混杂性，取代数据的精确性；通过关注相关关系，取代对因果关系的分析挖掘"⑤，大数据技术的运用将大幅提升基层治理中对信息的统合能力。

由于大数据技术在信息统合方面的卓越表现，基层治理的能力将获得显著提高：一方面，大数据技术的应用可使对基层社会的风险治理从结果导向转为过程导向，促进风险的全流程动态防控机制健全和发展；另一方面，大数

---

① 贝克.风险社会：新的现代性之路[M].张文杰,何博闻,译.南京：译林出版社,2018：189.
② 王庆.环境风险的媒介建构与受众风险感知[M].北京：中国传媒大学出版社,2017：10-11.
③ CLARKE L, SHORT JR J F. Social organization and risk: some current controversies[J]. Annual review of sociology, 1993, 19: 75-99.
④ WAHLBERG A, SJOBERG L. Risk perception and the media[J]. Journal of risk research, 2000(1): 31-50.
⑤ 迈尔-舍恩伯格,库克耶.大数据时代：生活、工作与思维的大变革[M].盛杨燕,周涛,译.杭州：浙江人民出版社,2012：12.

据技术的应用可促进风险管理从"基于经验分析向基于数据分析转变"[①],从而进一步提升基层社会风险治理的准确性。

二、时空压缩：全球化与本地化的双重机遇

媒介技术的发展一直在刷新着人们对于距离的认知。20世纪的学者们就已经意识到了这一点——20世纪30年代,芝加哥学派的学者罗德里克·邓肯·麦肯齐(Roderick Duncan McKenzie)在《大都市社区》中提出人际交往所需要的距离和时间会随着交通和通信技术的进步而缩短;1948年,美籍华裔社会学家杨庆堃结合中国的实际发表了《中国近代空间距离之缩短》一文,并在其中绘制了"中国近代空间缩短形势图",提出交通和通信的发展使得人与人之间的交流更为便捷,社区的凝聚力因而得以提升[②];此后,大卫·哈维(David Harvey)等结合后现代等议题进一步探讨了时空压缩的概念和影响等。而在媒介融合的时代,借由媒介技术的力量,人们在其生活中更加深切地体会到了全球化和本地化的脉搏;就前者而言,互联网使得发生在其他国家的新闻也如同发生在自己的街区一样被人熟知,跨越国界的即时通信成为寻常,人际交往的空间距离和所需时间被无限压缩;就后者而言,在习惯了全球图景的风云变幻后,人们最终发现"太阳底下没有新鲜事",发生在自己家门口的事情未必就不是新闻。正如贝克所言,社会的发展逐渐具有了一种"两地性"：

在各类媒介的帮助下,我们过着空间和社会意义上的双重生活。我们既在此地,也在别处;我们孤身一人,但享受着纽约爱乐乐团的同一场音乐会;或者,我们在这里独自享用美餐,却见证了千里之外黎巴嫩的恐怖场景。

媒介融合时代,全球化和本地化同时进行着,这为基层治理提供了新的机遇和挑战。

---

① 刘秦民.大数据时代的社会风险治理研究[J].学术研究,2017(8)：23-28.
② 杨庆堃.中国近代空间距离之缩短[J].岭南学报,1948(1)：151-161.

（一）治理全球化推动基层治理转型发展

发生在经济领域的全球化对于国家治理职能的转变发挥着重要作用。由于新自由主义的冲击，以及国际性的经济竞争，国家的社会职能出现了一种"向下看齐"的现象，其主要表现就是各国的社会服务与社会福利出现了某种被削弱的趋势。[1] 意即，在经济全球化和新自由主义的冲击下，那些采用了放松管制、降低税收以及收缩福利政策的国家的竞争会迫使那些在社会管理中付出更多经济成本（如在基层治理方面的投入）的国家不得不降低标准、向下看齐，为了提高经济竞争力而不得不放松对基层的管理，而在媒介融合以及信息加速流动的时代背景下，不同国家间的经济、文化、社会发展等的对比和竞争会加强，这使得社会治理领域劣币驱逐良币的情况越发明显。应该说，这一情况对很多国家（尤其社会职能相对不完善的发展中国家）的基层治理提出了非常严峻的挑战，但是，另一方面这种情况也为基层治理中社会力量的成长带来了新的契机。正是在这种情况下，各种社会组织、地方媒体、普通民众作为主体参与到了基层治理的进程中来。

（二）超本地新闻浪潮的形成

超本地新闻浪潮是指新闻媒体专注较小地理区域，提倡原创新闻、公民报道、当地事务参与，尝试填补传统主流媒体的报道空隙，且依托网络进行传播的一种报道倾向。21世纪初，伴随博客等自媒体的兴盛，新媒体评论家杰夫·贾维斯（Jeff Jarvis）开始以"超本地"来形容公民记者在当地新闻报道中的作用和潜力[2]，简·谢弗（Jan Schaffer）将2005年、2006年称作超本地公民媒介运动年[3]，学界对超本地新闻的关注持续上升。整体而言，在21世纪第

---

[1] 唐士其. 全球化与地域性——经济全球化进程中国家与社会的关系[M]. 北京：北京大学出版社，2008：252.

[2] JARVIS J. Who's devil？[EB/OL]. （2004-02-27）[2020-05-01]. http://buzzmachine.com/2004/02/page/6.

[3] SCHAFFER J. Citizen media: fad or the future of news？[R/OL]. Baltimore: J-Lab. https://library.unitediversity.coop/Media_and_Free_Culture/Citizen_Media-Fad_or_the_Future_of_News-The_rise_and_prospects_of_hyperlocal_journalism.pdf.

一个十年尚未结束之时,以欧美为主的业界人员和研究者已经将超本地新闻视为重构新闻业的一种重要尝试,很多学者认为如果新闻不能超本地化,那么很可能将走向灭亡。①

超本地新闻其实是一种对于本地新闻价值的再发现,对于基层治理而言,超本地新闻浪潮的兴起带动着一批传统媒体和新型媒体探索本地新闻,关注本地公共事务作为自己的核心诉求,当地民众的意见在这些媒体中被重点强调,媒体参与基层治理的倾向越发明显。

三、认知变迁:媒介化社会与融合文化的同期演进

媒介融合的时代背景的第三层意味是其给个体认知带来的革命性转变。一方面,媒介融合全方位地延伸了个体的感官,人们对社会和文化的感知不断地被媒介影响甚至重构,媒介化社会到来了;另一方面,随着技术对普通公众的赋权(empowerment),强调参与的融合文化得以形成。

(一)媒介化社会的形成

正如本书在第一章中的阐释,媒介融合进程的推进为媒介化社会的形成提供了技术推动力②,无所不在的媒介及其信息开始直接作用于人的感知,媒介化社会形成。其实,在"媒介化社会"这个概念产生前,甚至在本书所论述的媒介融合时代开始之前,有关媒介化社会的预言就已经吸引过我们的眼球。比如,在20世纪90年代让·鲍德里亚(Jean Baudrillard)的论著里,这位后现代理论家就通过对媒介建构"超现实"的讨论为我们绘制了一幅媒介化社会的图景:

这是一种信息的伪装:被包装的面孔延续被图片的滥用,而图片则充满莫名其妙的悲痛。没有战场的图片,只有面具、盲目的或落败的表情的图片,

---

① BUNCH W. Forgetting why reporters choose the work they do[J]. Nieman reports,2007,61(4):28.
② 童兵.科学发展观与媒介化社会构建[M].上海:复旦大学出版社,2010:9.

虚假的图片。①

这是鲍德里亚对1990—1991年的海湾战争的极端化的讨论,在鲍德里亚的观点里,媒介的符号世界已经取代真实的世界,"媒介化并非来自日常报纸、电视或广播,而是对符号形式的重新解读,其被整合形成特定模式,并被'符码'所操控。"②

雪拉·布朗(Sheila Brown)支持鲍德里亚在后现代主义立场上对媒介化社会的阐述,并进一步从本体论的角度阐发了其对媒介化社会的看法:

尤其重要的是,当代意义上的媒介化特指一个世界,其间本体论的分野正在这个世界中崩塌,即事实与虚构、自然与文化、全球与地区、科学与艺术、科技与人之间的差异。③

这一说法更加详细地为我们描摹了媒介化社会的图景,即在媒介化社会中,没有人可以真实地感受这个世界,这个世界也不再像前媒介化时代一样存在诸多边界。不过,应该说鲍德里亚和布朗的观点一定程度上还是站在对后现代社会的预言的立场上提出的,虽然随着人工智能技术的发展以及虚拟现实、增强现实等技术的普及,由"符码"所建构的世界与现实生活的距离正在逐渐缩小,但其毕竟并未完全融合。在本书看来,媒介化的相关研究中最发人深省的是丹麦学者夏瓦的观点。在夏瓦看来,媒介化正在对文化和社会转型产生深刻的影响,而且我们对文化和社会的理解也越来越依赖媒介及其逻辑。④ 这种观点强调了媒介与社会制度和文化的融合,而且也强调了其自身的制度化,这对我们思考媒介化社会中的政治、经济、社会议题均具有一定的参考意义。在夏瓦的"二元性"媒介化观点的影响下,我们对媒介融合时代中基层治理的媒介化方法具有了更多的思考维度。

---

① BAUDRILLARD J. The gulf war did not take place[M]. Bloomington: India University Press, 1995: 40.
② BAUDRILLARD J. Simulacra and simulations[M]. Ann Arbor: University of Michigan Press, 1994: 175.
③ BROWN S. Crime and law in media culture[M]. Buckingham: Open University Press, 2003: 22.
④ 夏瓦. 文化与社会的媒介化[M]. 刘君, 等译. 上海: 复旦大学出版社, 2018: 21.

(1) 媒介如何融入基层治理的制度发展和实际运作中?

(2) 媒介所控制的及所提供的资源如何影响基层治理的发展和基层文化的演变?

(3) 媒介逻辑如何影响社会的本质与功能,以及传者、内容和受众的关系?

(二) 参与式媒介文化的形成

媒介融合时代给公众认知带来的另一层影响来自其塑造了一种不同以往的参与式媒介文化。在这种文化中,公众因为技术赋权而具有了更大的能动性,更加倾向于参与公共事务的讨论,而且其观点汇聚起来的力量正日益受到重视。

在《融合文化:新媒体和旧媒体的冲突地带》一书中,詹金斯这样描述他所观察到的"参与文化":

参与文化一词与被动型媒体观看行为的概念相对照。与此前把媒体制作人和消费者当作完全分立的两类角色不同,现在我们可能会把他们看作是按照一套新规则相互作用、相互影响的参与者……融合的发生并不是依靠媒体设施,无论这些设施变得如何高度精密复杂。融合发生在每个消费者的头脑中,通过他们与其他人之间的社会互动来实现。我们每个人都是借助于零碎的、从媒体信息流中获取的信息来建构个人神话,并把它转换成我们赖之以理解日常生活的资源。由于在任何问题上每个人头脑中所存储的信息知识都很有限,因此我们总是有额外的动力去相互交流讨论所消费的媒体。这种交流讨论所产生的舆论信息正日益被媒体业所重视。①

这种观点是在美国的媒体所有权日益集中化的背景下提出的。在詹金斯看来,罗伯特·W.麦克切斯尼(Robert W. McChesney)等媒体批评家的观点未免太过悲观,他们"常常夸大那些媒体巨头的权力,以便吓唬读者起来采取行动",与之相反,詹金斯认为公众应该采取参与文化视角去看待这一问

---

① 詹金斯.融合文化:新媒体和旧媒体的冲突地带[M].杜永明,译.北京:商务印书馆,2012:31.

题,通过参与以及因为很多人的广泛参与所实现的集体智慧去"介入娱乐体系或政治过程"。① 而如果跳脱出美国媒体集中的话题框架而从基层治理的视角,詹金斯谈到的参与文化依然具有很高的参考价值。在这一视角下,媒介融合的历史进程正在塑造一种参与式的媒介文化,这种文化建立在技术赋权的基础上,推崇公众对公共事务、"政治过程"的主动参与,而且这种参与所产生的集体智慧正在对基层治理发挥越来越重要的作用。需要注意的是,不同于詹金斯以一个"批判型的空想家"②的身份对公众参与文化的倡导和呼吁,公众已经在参与式媒介文化的影响下提升了其对本地新闻报道的参与度。对此,千禧年后公民新闻、超本地化新闻的产生和发展就是最好的例证。

综上所述,在媒介融合的时代背景下,技术所带来的机遇与挑战并存,社会力量在基层治理中开始充当更重要的角色,地方新闻和公众意见获得更多关注,人们眼中的社会和其对待公共事务的参与热情都与以往大不相同了。在这种背景下,本节从技术变迁、距离感的变化,以及人们的社会感知等方面分析了作为时代背景的媒介融合的深层意味,为本书的研究划定了边界。

第三节　媒介化基层治理方法的产生

经历了各自的历史变迁后,中国和欧美西方国家近年来的基层治理走上了主导力量不同,但总体逻辑相似的治理改革,即在基层治理中还政于民,倡导社会、市场等力量对基层治理的参与。在这样的背景下,2020年10月29日,中国共产党第十九届中央委员会第五次全体会议通过《中共中央关于制定国

---

① 詹金斯.融合文化:新媒体和旧媒体的冲突地带[M].杜永明,译.北京:商务印书馆,2012:356-359.
② 此为亨利·詹金斯的自称。詹金斯.融合文化:新媒体和旧媒体的冲突地带[M].杜永明,译.北京:商务印书馆,2012:358.

民经济和社会发展第十四个五年规划和二〇三五年远景目标的建议》,将"基本实现新型工业化、信息化、城镇化、农业现代化,建成现代化经济体系;基本实现国家治理体系和治理能力现代化,人民平等参与、平等发展权利得到充分保障,基本建成法治国家、法治政府、法治社会"列为我国社会主义现代化远景目标的重要内容,并对"加强和创新社会治理"予以强调,提出在"十四五"期间以及实现二〇三五远景目标奋斗的过程中,中国将:

完善社会治理体系,健全党组织领导的自治、法治、德治相结合的城乡基层治理体系,完善基层民主协商制度,实现政府治理同社会调节、居民自治良性互动,建设人人有责、人人尽责、人人享有的社会治理共同体。发挥群团组织和社会组织在社会治理中的作用,畅通和规范市场主体、新社会阶层、社会工作者和志愿者等参与社会治理的途径。推动社会治理重心向基层下移,向基层放权赋能,加强城乡社区治理和服务体系建设,减轻基层特别是村级组织负担,加强基层社会治理队伍建设,构建网格化管理、精细化服务、信息化支撑、开放共享的基层管理服务平台。加强和创新市域社会治理,推进市域社会治理现代化。①

由此,党在对中国最新的发展规划中明确指出了未来一段时间内中国基层治理的大政方针。之后,不同学科的学者围绕基层民主协商制度、政府与社会的互动、社会治理共同体、赋权基层等议题展开了讨论,提出了基于各自学科立场的基层治理建议。在信息技术不断发展、媒介融合深度推进的时代背景下,媒介已经成为影响社会发展、重构人们社会认知方面不容忽视的一股力量。因此,在当前环境下思考基层社会建设,有必要思考如何从"媒介"的角度去改良和重构基层。对此,本书基于传播学的立场提出媒介化的基层治理方案。

第一章第二节将"基层治理的媒介化方法"界定为一种新型的基层治理理念和方法,这种理念和方法不仅更为强调媒介技术和逻辑在基层生活建构

---

① 中共中央关于制定国民经济和社会发展第十四个五年规划和二〇三五年远景目标的建议[EB/OL].(2020-11-03).http://www.gov.cn/zhengce/2020-11/03/content_5556991.htm.

中的能动作用，而且将媒介作为基层社会改良的实际工具。那么，这种媒介化的基层治理理念和方法如何实现呢？这里让我们首先看一个社区新闻平台的例子。

"北青社区报昌平融媒站"是基于我国知名社区报品牌"北青社区报"成立的社区新闻平台。当地社区成员不仅可以利用该平台获取当地社区的新闻信息，而且可以在其中开放的"互动社区"中讨论公共事务或者发表闲谈（该平台截图见图2.1）。

图 2.1 "北青社区报昌平融媒站"页面截图

据笔者于 2024 年 6 月 25 日对"北青社区报昌平融媒站"的观察，其头条包括"开启'向往的生活'，小菜园种出满满大幸福""聚焦基层治理 赋能实干争先——昌平区举办社区'两委'主要负责人专题培训班""沙河万达广场开业倒计时""中考首日，直击昌平 13 个考点全家福!"等聚焦本地的图文报道，每条点击量多在 5 000~8 000 次之间。而在"互动社区"部分，留言区的讨论内容包括居民反映河道杂草众多等情况、分享假期孩子作业太多等，内容多与寻求本地信息、监督本地管理有关。总体来看，这一平台较为贴近北京昌平区民众的生活，一定程度上延伸了民众现实中的社区生活，起到了联结民众、促进社区参与等作用，尤其其"互动社区"更具有基于地理位置的虚拟社区的特点。

虚拟社区是"通过特定的媒介，由一群基于共同爱好和目的的个体组成的基于互联网的社会网络"①，最初，虚拟社区多由一些基于兴趣组建的线上论坛、BBS(公告板系统)社区等构成，而随着技术的普及和本地新闻受到越来越多的关注，城乡社区已经开始呈现出一定的虚拟社区特征。而且，"北青社区报昌平融媒站"及其"互动社区"板块并不是个例，纵观全球，类似的基于地理位置的线上新闻平台及虚拟社区已经有很多，如英国伦敦北部哈林盖社区(Haringey Community)居民自发组建的"民主社交网络"(civil social network)Harringay Online，其创办目的是鼓励当地群众就民主和社会事务等进行广泛讨论②。截至 2021 年 2 月 15 日，该网站有 12 000 余名注册用户，每月有 30 000 余人次的访问量，已一定意义上被当地社区成员视为日常交流的线上平台。③ 从本书的角度来看，这些线上新闻平台和虚拟社区的建立一定意义上代表着基层治理媒介化方法的日臻成熟。在媒介融合的时代背景下，本地

---

① HAGEL J, ARMSTRONG A. Net gain: expanding markets through virtual communities [M]. Boston, MA: Harvard Business School Press,1997; 周军杰,左美云. 线上线下互动、群体分化与知识共享的关系研究——基于虚拟社区的实证分析[J]. 中国管理科学,2012,20(6): 185-192.

② RADCLIFFE D. Here and now: UK hyperlocal media today[EB/OL]. (2012-03-29)[2020-05-01]. https://papers.ssrn.com/sol3/papers.cfm?abstract_id=3041668.

③ 哈林盖社区在 2016 年时的人口数是 27 万，且这一数据包括数量不明的低网络论坛使用频率的少年儿童。About Harringay Online[EB/OL]. [2020-05-01]. https://www.harringayonline.com/page/about-harringay-online-1.

新闻平台、基于地理位置的虚拟社区等将在基层治理方面发挥日益重要的作用,基层治理的媒介化方法已渐露轮廓。在对基层治理媒介化的议题进行"案例研究—功能探析—路径探索"的综合性思考前,本节将首先从必然性和必要性两方面对这一方法产生的原因进行分析。

一、必然性:媒介融合与多元参与治理理念的历史交集

通过第二节对媒介融合时代背景下的社会转型与东西方基层治理的历史与现状进行梳理和分析后,不难发现诸如上述"北青社区报昌平融媒站"等媒介化手段发挥其基层治理效用的历史必然性:一方面,经历了长期历史发展之后,东西方在基层治理方面形成了相近的实践逻辑,即注重多元参与,同时将社区共同体的建设视为基层治理的关键点之一;另一方面,在媒介融合的时代背景下,当前在基层治理实践中可供运用的媒介技术日趋成熟,注重参与的媒介文化逐渐形成,媒介化社会中媒介已经成为社会和文化建构的重要力量之一,超本地化新闻浪潮的兴起为基层治理中公众和媒介的入场提供了机会,而且众声喧哗的基层舆论生态也向媒介化治理手段的应用提出了诉求。这样,在当前基层治理的工作需求与媒介融合时代媒介的功能演变之间出现了一个历史交集。换言之,当前的基层治理需求与媒介技术发展所赋予媒介的社会功能之间形成了一种互相匹配的关系。在这种情况下,不论是从媒介发展还是从基层治理理念发展的角度去探索,均会发现媒介化基层治理方法的出现是水到渠成的事情。

二、必要性:社会发展和传播生态演变的客观需要

在当前形势下倡导基层治理的媒介化方法不仅是一种历史的必然,也是一种基于当前国内基层社会发展的必要改革。对这种必要性的理解可从以下三方面进行。

媒介融合背景下基层治理的媒介化方法

（一）传统在地化基层治理手段不再适用于流动社会

20世纪90年代中叶以来，伴随全球化和城市化进程在我国的逐渐展开，广泛的人口横向流动在我国出现。权威数据显示，2017年我国流动人口规模为2.45亿，占我国总人口的六分之一略多。① 很多学者将这种现象和相应形成的社会结构形式称为"流动社会"，即人口在地区间大规模移动的社会。② 而依据流动周期长短的区别，这种横向的社会流动又可分为长期性流动以及短期性流动，前者如因为职业发展、教育需求等原因发生的个人和家庭在城镇间或者由乡村到城镇的搬迁，后者如农民工短期地在某座城市务工或大学生跨城市就读等。"流动社会"的形成是经济和社会发展的自然结果，但"流动"却是社会失序的重要原因之一③，对于基层治理而言构成严峻挑战。比如，曹锦清等曾描述了其在调研过程中发现的社会横向流动所导致的"规则导向的科层制度"与"问题导向的弹性治理"之间的博弈：

在东部中国的调研中，机关单位负责流动人口相关工作的人员最头疼的事情，就是涉及流动人口的诸多工作不知道应该归口到哪一个部门负责。而这些工作的数量又多，高层级机构的几句姿态性的话根本无法解决。原先以户籍人口为对象的整个治理和服务体系，面对一个相当大规模的流动人口群体时，工作常常显得力不从心。因为此前在人口流动性不强的时候，"属地管理"和"属人管理"基本上不冲突，事随人走，人都已经附着在地上，属地同时也就意味着属人。而在流动的背景下，人地分离的同时也就意味着人的信息无法为属地的机构所掌握。但是掌握被服务对象的真实可靠的信息本就是

---

① 《中国流动人口发展报告2018》内容概要[EB/OL]．(2018-12-22)[2021-01-05]．http：//www.nhc.gov.cn/wjw/xwdt/201812/a32a43b225a740c4bff8f2168b0e9688.shtml.
② 曹锦清,刘炳辉.郡县国家：中国国家治理体系的传统及其当代挑战[M]//汪晖,王湘穗,曹锦清,等.新周期：逆全球化、智能浪潮与大流动时代.沈阳：辽宁人民出版社,2017：161-193；张静.流动社会下的基层治理[M]//汪晖,王湘穗,曹锦清,等.新周期：逆全球化、智能浪潮与大流动时代.沈阳：辽宁人民出版社,2017：194-202.
③ 帕克,伯吉斯,麦肯齐.城市社会学——芝加哥学派城市研究[M].宋俊岭,郑也夫,译.北京：商务印书馆,2012：98.

办事单位提高工作质量和效率的基本保障……①

曹锦清的这段话指出了社会的横向流动与基层治理之间的两个关键问题：一方面，流动社会的背景中有一大批人背井离乡进入新的"属地"工作和生活，而这个新的"属地"难以高效地处理涉及他们的很多事务，这个问题不论是对于长期流动人口还是对于短期流动人口均十分复杂；另一方面，在人已经发生"流动"的时候，与其社会身份相关的社会信息却仍在其原来的"属地"管理中，那么这些流动人口能否真正融入他们新的生活和工作地点也是一个值得商榷的问题。

而对这两个问题的解决均可仰赖媒介化基层治理的方法：一方面，利用大数据、互联网等新兴媒介技术，可以有效化解"属人管理"和"属地管理"不同步的问题，因为无论人口如何流动，其信息都可随其移动；另一方面，诸如本节开头所介绍的"北青社区报昌平融媒站"等地方新闻平台和基于地域联系所建立的虚拟社区等均可有效提升流动人口的社区融入，这一点也已经在很多研究中被证明。②

（二）风险社会的来临与基层风险的频发

与流动社会形成相伴的，是风险社会的来临。第一章以及上面的论述中，已经阐述过帕克认为传统社区解体、原子化社会形成会为社会带来潜在危险的观点。相似的观点在德国社会学家贝克的《风险社会：新的现代性之路》中被再次详细地论及。在讨论了"发达现代性"中人们因为教育、社会流动、竞争的互相补充和巩固所引发的"个体化进程"的推进和"个体化雇员社会"的来临后，贝克写道：

个体化社会的典型特征以及其中蕴藏的危险变得愈发明朗。界定阶级社会的主要是传统和文化，而界定雇员社会的必定是劳动法和社会政治范

---

① 曹锦清，刘炳辉. 郡县国家：中国国家治理体系的传统及其当代挑战[M]//汪晖，王湘穗，曹锦清，等. 新周期：逆全球化、智能浪潮与大流动时代. 沈阳：辽宁人民出版社，2017：161-193.

② MCLEOD J M, DAILY K, GUO Z, et al. Community integration, local media use, and democratic processes[J]. Communication research, 1996, 23(2)：179-209.

畴。日益加剧的传统不平等和去传统化、个体化的后阶级社会(与马克思的无阶级社会完全不一样)的某些要素并驾齐驱,它们共同构成一个特殊的过渡阶段。这个过渡社会的独特性体现于各种典型的结构与变化。①

贝克认为,个体化雇员社会的产生引发了一系列连锁反应:

(1)个性化进程从人们的社会认同中剥离了阶级属性;

(2)不平等并没有消失;

(3)为应对社会问题,人们被迫结成各种政治和社会联盟,但这种联盟并不需要遵循如阶级模式一般的单一模型;

(4)持续的冲突易于针对"先赋特征"②而起。③

也就是说,随着人们在个体化的雇员社会中挣脱其原有的阶级和群体属性并进入更为广阔的社会,因为社会的不平等并未消失甚至明显增多,所以人们需要再次集结成新的联盟以对抗社会的不平等和实现个人诉求,但是,相比于过去的阶级和群体,现在的各种"政治和社会联盟"呈现出更为临时化和分散化的特征,这就意味着社会冲突的领域急剧增多并日益明显。与此同时,因为人们脱离了其原先属于的群体而投入更为多元、流动性也更大的社会,其先赋特征就可能成为其异于其他人的特点,又成为持续的社会冲突的一个重要来源。

相比芝加哥学派的学者们对于人们从传统社区中脱离而不断"个性化"的观察,贝克的观点更加侧重于"风险"的视角。那么,什么是风险?风险何以形成?在风险社会中基层治理又会面临什么挑战?为了更好地理解媒介化风险治理方法产生的必要性,有必要对风险的相关概念、风险的成因,以及基层社会的风险防控情况进行梳理和思考。

1. "风险""风险社会"和"社会稳定风险"

英国社会学家安东尼·吉登斯(Anthony Giddens)认为"风险"的概念产生于16世纪和17世纪,最早主要是空间方面的含义,指代航行到未知的水

---

① 贝克.风险社会:新的现代性之路[M].张文杰,何博文,译.南京:译林出版社,2018:119.
② 贝克所指的"先赋特征"主要包括种族、肤色、性别、族群、年龄、同性恋和残疾等(笔者注)。
③ 贝克.风险社会:新的现代性之路[M].张文杰,何博文,译.南京:译林出版社,2018:120-121.

域,后来转向时间方面,表示一种可能的结果,并泛指各种各样的不确定性的情况。吉登斯将风险分为外部的自然风险和"被制造出来的风险"两类。[①] 贝克认为,"风险"的内涵不止于已经发生的影响和损害,它更多的是一种潜在的可能。风险"本质上同预测有关,同虽未发生但已发出的威胁的破坏有关。"[②]在我国,国家质量监督检验检疫总局和国家标准化管理委员会于2013年底发布了《风险管理 术语》等国家标准,将风险界定为"不确定性对目标的影响"。[③] 可见,当前各界均将不确定性、危险或灾难的可能性视为"风险"的主要内涵。随着工业现代化的成熟和全球化进程的推进,社会的不确定性提高,风险社会来临。

在对风险和风险社会的学术讨论之外,应关注到我国有关风险防控的政策话语中的一个重要概念——"社会稳定风险"。社会稳定风险是指有可能引发群体冲突或社会失序的风险。这种常被各种法规所界定的风险与学术讨论中经常提及的各种风险(如气候变化、核电站、环境污染等)有所区别,但就其风险特点和形成机制而言,社会稳定风险与其他风险是一致的。[④] 本书所关注的风险主要指这种社会稳定风险,但因为其与一般性社会风险所具有的机制共性,本书将之置于对一般性社会风险的讨论中进行思考。

2. 风险的成因以及基层潜在的高风险

在贝克等学者的观点里,风险的产生和增加是现代社会发展的自身逻辑所引起的,这个观点为风险的成因提供了社会学视域下的一种解释。另外,还有一些来自其他学科的声音也探讨了风险(尤其社会稳定风险)的成因,有学者将其概括为"挫折—攻击理论""规范定向运动理论""相对剥夺理论"和"现代化动乱论",这些理论认为,社会风险基本"是由社会成员或团体反叛社会

---

① 吉登斯.失控的社会:风险社会的肇始[M]//薛晓源,周战超.全球化与风险社会.北京:社会科学文献出版社,2005:46.
② 贝克.风险社会:新的现代性之路[M].张文杰、何博文,译.南京:译林出版社,2018:33.
③ 国家质量监督检验检疫总局,国家标准化管理委员会.风险管理 术语:GB/T 23694—2013 [S].北京:中国标准出版社,2023.
④ 徐亚文,伍德志.论社会稳定风险评估机制的局限性及其建构[J].政治与法律,2012(1):71-79.

行为所引起的",因此社会风险的产生原因就可以用这四种理论予以解释。①

(1) 挫折—攻击理论。约翰·多拉得(John Dollard)等耶鲁大学的学者从心理学的角度对社会风险的产生原因进行分析,提出了"挫折导致攻击"的观点,认为当个人和其追求的目标之间出现障碍,额外的能量就会被发动起来,这种能量如果持续下去并且未得到有效的疏通,就可能更严重地爆发出来,产生更大的破坏性影响。②

(2) 规范定向运动理论。尼尔·斯梅尔赛(Neil Smelser)认为,从反叛、恐慌等心理活动到大范围社会风险的形成是一种规范定向的理论。这个规范定向的过程包括六个前后相继的过程,即"适于反叛性行为产生的社会结构或周围环境形成→社会产生结构性压抑→人们相信自己的反叛行为会有效→突发性事件→意见领袖的行动动员→社会控制机制的失效"。③

(3) 相对剥夺理论。这一理论是社会心理学领域的学者们对早期多拉得等提出的"挫折—攻击"理论的发展,该理论认为,当人们实际被满足的需要和其期望被满足的需要之间,或者自己被满足的需要与他人被满足的需要之间存在较大的差距,人们就会产生"相对剥夺"的感觉,这种"相对剥夺感"会导致挫折的产生,进而可能引发社会风险。

(4) 现代化动乱论。这个理论源自塞缪尔·亨廷顿(Samuel Huntington)的著名观点"现代性产生稳定,但现代化却会引起不稳定"。亨廷顿在《变革社会中的政治秩序》一书中指出,现代化过程导向了社会动员和经济发展的增长,前者提高了人们的期望,后者提高了社会满足人们期望的能力。然而,现代化本身难以保持社会动员和经济增长的同步,而且通常社会动员的速度要快于经济增长的速度,这就导致人们的需求和需求被满足的情况之间产生了落差,这种落差又会导致普遍的挫折感的产生。此时,如果社会为人们横向和纵向的流动留有足够的机会和可能,那么这种社会挫折感有可能会得到缓解,否则可能导致人们对其政治经济制度产生不满,进而引发社会风险。

---

① 冯必扬.社会风险:视角、内涵与成因[J].天津社会科学,2004(2):73-77.
② DOLLARD J. Frustration and aggression[M]. New Haven: Yale University Press,1939:52.
③ SMELSER N J. Theory of collective behavior[M]. New York: Free Press,1963:168-169.

从这些观点来看,个人目标实现的挫折感、"适于反叛性行为产生的社会结构或周围环境"、社会的结构性压抑、人们与他人的收入差距,以及人们的需求和需求被满足之间的落差均是风险产生的重要原因。而我国历史上长期存在的城乡二元结构以及当前"农业基础还不稳固,城乡区域发展和收入分配差距较大"①等现实问题的存在均使基层社会更加容易滋生风险。正如郑永年所说:"中国现在的'高风险社会'其最大的风险并不是国家的存亡或者经济的崩溃,而是市场化所带来的,涉及基本生活质量和生活环境方方面面的风险。"②在这样的现实环境下,基层社会的风险治理就成为基层治理工作的一个重点问题。然而,观察我国当前通行的风险治理方法,却发现其仍具有前媒介融合时代的种种特征,尚未很好地适应当前信息传播能力急剧提高、信息传播速度更快的社会现实。

3. 基层风险防控手段的相对滞后

党和政府极为重视社会风险的防控问题。2013年1月,习近平总书记在《求是》发表《落实党的十八大精神要抓好六个方面工作》一文,强调"对涉及群众切身利益的重大决策,要认真进行社会稳定风险评估,充分听取群众意见和建议,充分考虑群众的承受能力,把可能影响群众利益和社会稳定的问题和矛盾解决在决策之前"。2015年4月13日,中共中央办公厅、国务院办公厅印发了《关于加强社会治安防控体系建设的意见》,要求各地区各部门结合实际落实重大决策社会稳定风险评估制度,切实做到应评尽评,着力完善决策前风险评估、实施中风险管控和实施后效果评价、反馈纠偏、决策过错责任追究等操作性程序规范。落实矛盾纠纷排查调处工作协调会议纪要月报制度,完善人民调解、行政调解、司法调解联动工作体系,建立调处化解矛盾纠纷综合机制,着力防止因决策不当、矛盾纠纷排查化解不及时等引发重大群体性事件。党的十九大报告中,习近平总书记提出要"坚决打好防范化解重大风险、精准脱贫、污染防治"等"三大攻坚战"。2019年1月21日,省部级

---

① 中共中央关于制定国民经济和社会发展第十四个五年规划和二〇三五年远景目标的建议[EB/OL].(2020-11-03).http://www.gov.cn/zhengce/2020-11/03/content_5556991.htm.
② 郑永年,黄彦杰.风险时代的中国社会[J].文化纵横,2012(5):50-56.

主要领导干部坚持底线思维着力防范化解重大风险专题研讨班在中央党校开班,习近平总书记在讲话中指出,当前我国形势总体是好的,但是面对波谲云诡的国际形势、复杂敏感的周边环境、艰巨繁重的改革发展稳定任务,我们必须始终保持高度警惕,既要高度警惕"黑天鹅"事件,也要防范"灰犀牛"事件;既要防范风险的先手,也要有应对和化解风险挑战的高招;既要打好防范和抵御风险的有准备之战,也要打好化险为夷、转危为机的战略主动战。可见,为了应对风险社会中可能出现的各种风险、危机、重大突发事件,党中央、国务院都给予了极高的关注。

然而,具体到风险管理的实践中,现有的常规办法如何呢?目前,我国在风险管理和突发事件应急管理方面有两个通行的管理规定:其一是国务院于2006年1月8日出台的《国家突发公共事件总体应急预案》,这一预案将突发公共事件分为自然灾害、事故灾难、公共卫生事件以及社会安全事件四类,规定我国的应急管理体系建设主要在中央、省、市、县(区)四级开展。其中县(区)级应急管理系统是国家应急系统最靠近人民群众的一层,对基层政府高效应对突发公共事件、降低危害、维护社会稳定具有重要作用。其二是由国家质量监督检验检疫总局和国家标准化管理委员会于2016年12月30日联合发布的《公共事务活动风险管理指南》(国家标准 GB/T 33455—2016),将公共事务活动风险管理过程分为明确环境信息、风险评估、风险应对、监督和检查等环节,对于防控社会危机和社会风险具有重要意义。然而,分析这两个规定和标准,不难发现其风险识别环节十分依赖对信息的及时和全面掌握,而在不借助新兴媒介技术的前提下,基层的风险识别工作只能依靠工作人员的人为判断,这一定程度上降低了风险识别的效率和效果,给风险防控的事前预防和事中管理带来困难。

(三)众声喧哗的基层舆论生态亟须治理

就基层治理的媒介化方法的必要性而言,与当前在地化社会管理失灵、基层风险防控方式滞后等并行的另一个问题是当前基层舆论生态的失衡。这主要表现为:

1. 网络媒体、自媒体大量出现

在媒介融合的时代背景下,计算机、互联网的发展推动"人人都有麦克风"的局面形成,这在导向基层舆论多元化、多样化特征的同时,也导向了基层舆论不可控的因素增多。另外,随着算法推送技术在网络媒体平台中的应用,人们常常陷入信息茧房和"信息孤岛"的情境中而不自知[①],基层社会、组织机构、基层部队等的治理均面临新的挑战。

2. 县级主流媒体影响力下降

大量网络媒体、自媒体的出现和生长打破了传统的线性传播局面,传统媒体在传播生态中的优势地位被取代,继世纪之交的报业寒冬之后,广电人才的大量离职也使传统广电媒体被唱衰。而且,在以往的传播系统中,县级媒体本就处于相对边缘或弱势的地位,不仅受众数量有限、自制内容常被批对官员的报道过多、节目的多样性无法和其他电视台竞争,而且在历年来的新闻改革中(如县级报被撤停),发展形势也一再遇阻,这使得县级主流媒体亟须提升其传播力、引导力、影响力和公信力。

3. 传播监管的困难提升

因为前媒介融合时代媒体形式的相对单一,在过去的传播格局中,党通过对党报、电台、电视台等主流媒体的管制即可实现"党管媒体"的目的[②],而在当前"体制外"媒体大量出现的情况下,如何合理地引导和管理其他媒体已经成为传播监管的一个重要挑战,传播监管的困难明显提升,一定程度上加重了基层舆论生态的失衡。

---

① 陈磊,刘怀兴.智能时代需破"茧"而出[N].学习时报,2020-10-16(3).
② 刘伯高.新媒体条件下党管媒体的环境适应性研究[J].山西大学学报(哲学社会科学版),2012,35(4):139-144.

第三章
媒介化基层治理方法的典型案例

媒介影响的重要性一部分源自下述两方面的发展：一方面，媒介已成为所有机构运作的一个组成部分；另一方面，媒介又具有一定的自决权和权力，这迫使其他机构或多或少地需要遵从媒介的逻辑。[①]

——施蒂格·夏瓦

随着媒介融合的不断深入，媒介日益渗透到人们的日常生活中，建构着人们对世界的想象。媒介作为一种主体、工具，或平台参与基层社会建设已经在国内、国外产生了很多实践，如中国县域媒体融合进程的纵深发展、大数据技术对基层社会"属地管理"与"属人管理"分隔所带来的不便的减弱、英美等西方国家的超本地新闻浪潮的不断演进，以及新加坡电子政务系统的建成与完善等都已取得累累硕果，不断刷新着人们对媒介在基层治理方面所能发挥的功用的认知。本章将以三种参与基层治理的代表性媒介为例，力图分析近年来国内外在媒介化基层治理方面取得的进展、积累的经验与尚存的不足，以为后续章节对媒介化基层治理内在机理的分析和对未来实践路径的探索提供经验材料。

中国基层是一个多种媒介共同存在的复杂的媒介生态系统，这一媒介生

---

① 夏瓦.文化与社会的媒介化[M].刘君，等译.上海：复旦大学出版社，2018：5.

态系统中既有作为主流媒体末梢单位的县级融媒体中心,又有与UGC(用户生成内容)关联紧密的民间网络论坛、社区报,还有关注地方内容的微信公众号、微博、抖音、快手等。其中,县级融媒体作为主流媒体的县一级单位,本身即与官方行政权力保持紧密关联,因而天然地具有参与基层治理的基础条件;社区报则因其在近年来媒体融合转型中逐渐获得发展的基层社交平台的功能定位而在促进基层社会整合方面具有较高潜力。因此,本书选取这两种媒介,通过对其现有发展历程中与基层治理有关的实践经验进行分析来探索媒介化方式在基层社会治理方面所发挥的作用。另外,因为我国社区报的发展历程较短,且其在当下仍处于转型发展的历程之中,为了探索社区报这一媒介形式可能具备的功能取向,本书也选择了加拿大社区报,力图通过对其进行分析来为我国社区报的发展提供一个时空坐标。对于中国媒体融合的案例,本书的研究主要通过对相关文献资料的整理、分析和归纳完成,对于中国城市社区报和加拿大社区报的案例,主要采取基于扎根理论的反复比较法进行研究。为了保持篇章结构的清楚和简洁,谨将本章对研究过程的阐述附于文后附录,正文部分的阐述以三种案例研究的结论为主。将三种案例媒介并置于此章,并不为对其进行横向的比较(因为中、加两国政治制度、文化传统等差异颇大,纯粹的比较意义不大),而是力图探索三者各自的经验与不足,并为后文更加全面地思考基层治理的媒介化方法提供不同的切入点与着力点。

第一节 "媒体+政务":中国县级融媒体与城乡电子政务的结合

尽管1983年美国学者普尔就已正式提出媒介融合这一概念,但因为对这一概念研究视角的多样,以及英文单词media本身所具有的丰富意涵,迄今为止对于这一概念的具体所指,学界却并无定论。有的学者以之指代不同媒介技术在同一传播平台中的融合,有的学者以之定义传媒集团的所有权兼并,或者如本书所指,将媒介融合定义为一种媒介技术发展、人们生活图景大幅转变的时代背景。不过,在这一概念被蔡雯等引进中国后,伴随国内相关研究的开展、国家媒介政策的推进与革新,以及媒体改革实践的发展,与"媒介融合"有所关联但又意义独立的"媒体融合"的概念却越发清晰起来。目前,"媒体融合"的概念指向"新兴信息技术推动下的传统媒体在组织架构、生产流程、传播形态、呈现方式、营运模式方面的变革,是具有中国特色的新闻传播领域术语"。[1] 自 2013 年习近平总书记在全国宣传思想工作会议上提出"加快传统媒体和新兴媒体融合发展,充分运用新技术新应用创新媒体传播方式,占领信息传播制高点"以来,媒体融合逐渐成为国家媒体战略的顶级设计而在中央级主流媒体的改革实践中不断推进。

中国的县级媒体是中国主流媒体系统在县一级行政区划中设置的基层新闻宣传单位。随着媒体融合进程的纵深发展,中国县级媒体的融合改革开始了。2018 年习近平总书记在全国宣传思想工作会议上指出"要扎实抓好县级融媒体中心建设,更好引导群众、服务群众"[2]后,当年 9 月 20 日至 21 日,中宣部在浙江省湖州市长兴县召开了县级融媒体中心建设现场推进会,中国的县级媒体融合进程轰轰烈烈地拉开帷幕。经历了两年时间的发展,随着有关县级媒体融合的实践经验和理论探讨不断积累,这一在全国范围内大规模开展的实践探索所具有的基层治理意义逐渐浮现,本节将从其历史演变、发展模式,及其与基层治理相关联的实践进展方面对之进行详细阐述。

一、中国县级媒体融合进程的开始与发展

虽然中国县级媒体融合于 2018 年夏季正式拉开序幕,但其实质上萌芽于

---

[1] 刘光牛.中国传媒全媒体发展研究报告[J].科技传播,2010(4):81-87.
[2] 张丽萍.加快推进县级融媒体中心建设[EB/OL].(2019-02-19). http://media.people.com.cn/n1/2019/0219/c40606-30804054.html.

中国县级媒体的长期发展及其在近年来的网络化改革的基础之上,并在这两年的快速发展中逐渐走向深度融合的历史新时期,因此应将其置于这一历史坐标轴中来理解。

(一)早期的县级媒体及其网络化发展

依据政策规定、发展态势等的区别,县级媒体的发展大致可分为以下三个时期。

1. 新中国成立初到改革开放的探索期

新中国成立之初即已开始了县级媒体的布局和发展。20世纪50年代,大量县级报纸作为社会和政治动员的重要工具而纷纷创刊,这一时期县级报纸发展繁荣,如浙江在1956年底几乎每县都已有报纸[①];三年困难时期,大量县报纷纷停刊,直至1979年11月8日中共中央宣传部新闻局发出恢复县报的通知。

2. 改革开放到21世纪初的发展期

1983年,各地在"四级办电视"的政策指导下开始搭建县级广播电视,县级广播电视媒体开始蓬勃发展。据统计,2007年底全国广播电视播出机构有2 587个,其中县级广播电视播出机构有1 916个,约占全国广播电视播出机构的74.1%。[①]另外,在这一时期,2003年,中共中央办公厅、国务院办公厅下发《中共中央办公厅、国务院办公厅关于进一步治理党政部门报刊散滥和利用职权发行,减轻基层和农民负担的通知》,县级党报被大范围裁撤,四级办党报的历史终结。

3. 21世纪初以来的网络化发展期

21世纪初以来,随着网络媒体等新兴媒体的强势发展,包括县级媒体在内的我国主流媒体开始了网络化转型。2012年,县级媒体开始实施"两微一端一号"媒体平台建设。2013年,党的十八届三中全会明确提出了推动媒体融合发展的重大任务。2014年,中共中央办公厅、国务院办公厅印发《关于推

---

① 陈国权.中国县级融媒体中心改革发展报告[J].现代传播,2019(4):15-23.

动传统媒体和新兴媒体融合发展的指导意见》,将媒体融合提升到了国家战略的高度。到 2017 年,全国 1 756 个县至少拥有一种新媒体平台,1 637 个县入驻微信公众平台,579 个县拥有新闻客户端。①

(二)县级媒体融合进程的开始与发展

中国县级媒体融合是在中国共产党领导下的基层主流媒体的全方位融合改革,其历史进程的推进与党的政策制定密不可分。2018 年至今,党中央和习近平总书记多次颁布重要文件和发表重要讲话,直接对县级媒体融合改革予以倡导。2018 年 2 月 6 日,党中央印发《关于加强和改进党的新闻舆论工作的意见》,强调"县域媒体要强化服务功能,整合资源,充分利用互联网,重点发展新媒体,建设综合信息服务平台";8 月 21 日,习近平总书记在全国宣传思想工作会议上发表讲话正式提出"要扎实抓好县级融媒体中心建设"。9 月,中宣部在浙江省湖州市长兴县召开县级融媒体中心建设现场推进会,对在全国范围推进县级融媒体中心建设作出部署安排,要求 2018 年先行启动 600 个县级融媒体中心建设,2020 年底基本实现在全国的全覆盖;11 月 14 日,中央全面深化改革委员会第五次会议通过《关于加强县级融媒体中心建设的意见》,提出"要深化机构、人事、财政、薪酬等方面改革,调整优化媒体布局,推进融合发展,不断提高县级媒体传播力、引导力、影响力"。这些文件和重要讲话指明了我国建设县级融媒体的必要性和实践方式,是我国开展县域媒体融合的纲领性文件。2019 年 1 月 25 日,习近平总书记在十九届中共中央政治局第十二次集体学习时指出,推动媒体融合发展"要形成资源集约、结构合理、差异发展、协同高效的全媒体传播体系",关于全媒体传播体系的研究随之成为学界业界关注的热点议题,而"全媒体传播体系"正是对近年来全媒体和媒体融合理论与实践的发展,是对我国媒体融合行进至深水区的实践倡议和理论研究方向。2020 年 9 月,中共中央办公厅、国务院办公厅印发《关于加快推进媒体深度融合发展的意见》,从重要意义、目标任务、工作原则三个

---

① 陈国权.中国县级融媒体中心改革发展报告[J].现代传播,2019(4):15-23.

方面明确了媒体深度融合发展的总体要求,要求深刻认识全媒体时代推进这项工作的重要性紧迫性,推动传统媒体和新兴媒体在体制机制、政策措施、流程管理、人才技术等方面加快融合步伐,按照资源集约、结构合理、差异发展、协同高效的原则,完善中央媒体、省级媒体、市级媒体和县级融媒体中心四级融合发展布局,逐步构建网上网下一体、内宣外宣联动的主流舆论格局,建立以内容建设为根本、先进技术为支撑、创新管理为保障的全媒体传播体系。

在中央政策指引下,中国县级媒体融合取得明显进展,目前已涌现出浙江长兴、浙江海宁、河南项城、四川富顺等多个优秀案例,形成了包括合作共建模式(省市级媒体与县级媒体共同搭建系统)、自主建设模式(由县级媒体独立投资建设,以购买成熟技术服务或量身定制平台系统的方式搭建融媒系统)和共享平台模式(与中央或省市级媒体共享资源,将运营交由省市级平台托管)在内的多样化县级媒体融合模式。①

(三)县级政务与县级融媒体的协调联动

在县级媒体深入推进媒体融合改革的同时,作为国家治理体系和治理能力现代化有机组成部分的基层改革也在不断取得新的进展。因为县级媒体的官方主流媒体属性,国家得以将二者的改革进程同时推进,以追求"1+1>2"的效果。

2018年至今,国务院办公厅多次发布文件,强调了政务新媒体建设与县级融媒体建设的重要关联,倡导建立和完善县级政务新媒体与县级融媒体的协调联动,以推进国家治理体系和治理能力现代化。相关的文件主要如下。

(1) 2018年12月,国务院办公厅印发《国务院办公厅关于推进政务新媒体健康有序发展的意见》,指出县级政务新媒体要与本地区融媒体中心建立沟通协调机制,共同做好信息发布解读回应工作,建成以中国政府网政务新

---

① 郑亮.县级融媒体中心和基层社会治理研究[M].广州:暨南大学出版社,2020:66-67.

媒体为龙头,整体协同、响应迅速的政务新媒体矩阵体系,全面提升政务新媒体传播力、引导力、影响力、公信力,打造一批优质精品账号,建设更加权威的信息发布和解读回应平台,更加便捷的政民互动和办事服务平台,形成全国政务新媒体规范发展、创新发展、融合发展新格局。这一文件指出了发展县级融媒体对于政务工作有效开展的重要意义,为我国县域媒体融合与电子政务的有机结合指明了方向。

(2)2019年4月,国务院办公厅印发《2019年政务公开工作要点》,着力推进整体协同、响应迅速的政务新媒体矩阵体系建设,倡导加快办事大厅线上线下融合发展,推动更多服务事项"一网通办",积极向县级融媒体中心开放政务服务入口,让企业和群众办事更明白、更便捷。

(3)2019年12月26日,国务院办公厅发布《国务院办公厅关于全面推进基层政务公开标准化规范化工作的指导意见》,倡导推进基层政务公开平台规范化,建立完善基层政务公开工作主管部门与宣传、网信、政务服务、大数据管理、融媒体中心等单位的协调联动机制,形成推进政务公开标准化规范化的工作合力。

在中央政策的指引下,基层政务改革与县级媒体融合改革逐渐交汇,县级融媒体中心成为基层政务的有力补充,"融媒+政务"逐渐成为中国县级媒体融合改革中的一种常见模式。

二、县级融媒体参与基层治理的两个典型案例

随着县级媒体融合进程的不断深入和国家对县级融媒体与基层政务协同发展的规划和推动,县级媒体参与基层治理的功能逐渐凸显。有学者将县级融媒体中心参与基层治理的方式区分为"参与主体论"和"枢纽中介论"两种。① 其中参与主体论是指县级融媒体中心以参与主体的身份参与基层社

---

① 郑亮.县级融媒体中心和基层社会治理研究[M].广州:暨南大学出版社,2020:3.

的共治共享过程①;"枢纽中介论"则将县级融媒体中心视为基层治理的枢纽以及实现社会"善治"的基础设施,提议构建"互联网+媒体+智慧政务+政府数据公开"的基层治理体系②,将融媒中心作为"智慧端口",有效提升基层治理的能力和效果。③ 在媒体融合改革中,四川省富顺县融媒体中心和浙江长兴县的融媒体中心正是这两种媒体参与基层治理的典型案例,本书通过对其相关文献材料等进行梳理、对其播发的内容进行分析来试图探索其在基层治理方面所积累的经验。④

(一)四川省富顺县:县级融媒体作为基层治理的参与主体

自投入运营以来,富顺县融媒体中心在基层治理方面的工作主要围绕电子政务、舆情引导和民生服务开展。比如开设网民互动的"回音壁",让网民充分表达意见、提出建议,收集归类后,以"派单"方式交由县级有关部门及时进行处理回应,得到了群众的一致好评;成立网评员制度,在充分过滤和分析网络信息的基础上,针对网络关注的热点、难点问题,进行专题研判,提出对策措施,及时发声关注,做好舆情引导;建立网络舆情管控机制,建立网络"大V"管理库,不断加强网评员队伍建设,切实发挥网评员舆论引导作用;突出政务服务民生,专门开设县级部门、镇乡窗口通道,授权各单位自行管理账号,上传各类政策信息和办事流程;为方便群众的日常生活需要,要求已经开通网络办件的单位通过融媒体平台实现网上办事,水电气缴费、医院挂号、机动车违章查询、社保医保查询、住房公积金查询、移动电信缴费等均已实现网上办理,有效地打通服务群众的"最后一公里"等。

---

① 王炎龙,江澜.社会治理视阈下县级融媒体中心建设探究[J].南京政治学院学报,2018,34(6):97-101.
② 邹军,荆高宏.社会治理视域中的县级融媒体中心:意义、路径及进路[J].传媒观察,2019(10):30-36.
③ 张磊,张英培.县级融媒体中心建设的邳州经验[J].新闻与写作,2019(7):99-102.
④ 除了新闻报道、论文成果等一般性的研究材料之外,本部分的资料来源主要包括由富顺融媒体中心一线工作人员编撰的《县级融媒体中心运营案例——四川省富顺县实践》、长兴县人民政府网公开的有关长兴县智慧政务的发文,以及刊载于《县级融媒体中心建设理论与实践》一书第八章,由北京大学谢新洲教授研究团队实地调研和长兴县融媒体中心官方提供的材料和数据。

下面分别从富顺县概况、富顺县融媒体中心的发展历史与现状,以及基层治理视域下富顺县融媒体中心的实践亮点三方面对富顺县融媒实践进行阐述。

1. 富顺县概况

富顺县地处我国四川省,全县面积1 342平方千米,辖26个乡镇,总人口108万,是国家新型城镇化综合试点县和全省首批扩权强县试点县,中国西部县域经济百强和全省县域经济50强。①

就县级媒体融合改革而言,四川拥有183个县的县域组织体量,还拥有全国第二大藏族聚居地、最大彝族聚居地等多民族聚居特征,县级融媒体中心建设在打通媒体融合、连接群众、基层治理"最后一公里"功能的实现方面,面临的难度相对较大。

2. 富顺县融媒体中心的发展历史与现状

早在2015年,富顺县广播电视台就申请开通了微信公众号"最富顺",并组建了新媒体部开展工作,实现内容的每天更新,但当时尚处简单在新媒体上发布信息的状态,还谈不上真正意义上的运营。直至2017年年初,"最富顺"微信公众号关注人数接近4万,在县域内有了一定的影响力,于是开始思考筹建开发移动客户端。2017年10月,移动客户端"富顺眼"正式上线,2018年7月,富顺县启动融媒体中心建设,将"富顺眼"App作为融媒核心平台进行了全面优化,将之打造为一个集信息发布、民生服务、网络互动于一体的综合性可移动平台。发展至今,富顺县融媒体中心已初步建成包括"富顺网"官方网站、"富顺融媒""富顺融媒锐观点"微信公众号、"富顺融媒"微博、"富顺眼"App、"富顺融媒"今日头条和"富顺融媒"抖音等的融合媒体矩阵。②

目前,富顺融媒体中心的工作主要包括:建立融视频工作室,为媒体融合提供适合网络传播的视频内容;打造和推广以"富顺眼"为核心的融合媒体矩

---

① 高仁斌. 县级融媒体中心运营案例——四川省富顺县实践[M]. 成都:四川大学出版社,2019:12.

② 高仁斌. 县级融媒体中心运营案例——四川省富顺县实践[M]. 成都:四川大学出版社,2019:45.

阵,以渠道拓展为融媒体引流;成立舆情研判委员会,建立舆情管控机制;以及积极向社会征稿,倡导公民新闻等。

3. 基层治理视域下富顺县融媒体中心的实践亮点

就基层治理而言,富顺县融媒体中心的工作主要包括视频节目改革、融合媒体矩阵、舆情管控,以及采用公民新闻四方面。

1) 视频节目改革:发展问政类栏目

为了更好地利用原广播电视台频道资源和现有设备,富顺县融媒体中心形成了"跳出电视做电视,融合思维做视频"的思路,充分盘活利用电视台现有的人员、设备,利用专业优势,在融媒体中心下成立融视频工作室,由资深电视新闻工作者担任负责人,与具有采访、拍摄、制作、播音、主持等专业能力的人员组成团队,专业从事融媒体环境下的视频生产。

目前,富顺县融媒体中心融视频工作室承担的工作主要包括生产融媒体视频内容、利用电视优势做节目,以及制作"西湖问政"节目等方面。富顺县融媒体中心自组建开始,就着手传统电视媒体与新媒体的内容融合,策划生产适合新媒体传播的微视频,融视频工作室工作人员自编、自导、自演的短剧"富顺人还在排队挂号缴费吗?"等,运用年轻人熟悉的视角、语态、场景等进行拍摄制作,为推广介绍"富顺眼"App及其功能起到了很好的作用。融视频工作室制作的微视频主要通过电视、App、微信、户外大屏等各种平台播放,收到了良好的效果。与此同时,工作室注册了"富顺融媒"抖音号,专门制作各类短视频,用于全网传播,以提升"富顺融媒"的知名度。

相对于重装投入的大型电视节目而言,适合演播室生产的访谈节目以其投入少、成本低的制作,成为融视频工作室的首选。富顺访谈资源较多,融视频工作室通过对访谈对象进行梳理分类,分别列出部门和乡镇负责人、富顺文化名人、富顺商界精英、群众意见领袖(网络"大V")等几大类访谈嘉宾,针对嘉宾类别,确定访谈主题,如政策解读、发展规划、文以化之的故事、创新创业的历程、回报社会的担当、热点事件的评析等,围绕主题精心设计问题,通过访谈讲好富顺故事,形成完整节目在电视媒体播出,同时拆分成短视频在新媒体推送。

以这两方面的改革为基础,富顺县融媒体中心的节目的关注度逐渐升高。在这样的基础上,富顺县融媒体中心开始将全力打造"西湖问政"栏目作为其在基层治理方面的工作重点。目前,该节目可以通过电视、手机、户外大屏进行同步直播,对富顺廉政工作的深入开展起到了重要作用。

2)融合媒体矩阵:提高民生服务质量与效率

"富顺眼"App是富顺县融媒体中心建设的重点。在"富顺眼"App的打造方面,富顺县融媒体中心的工作主要集中在打通平台视听节目资源共享端口、开设信息发布专栏、聚合生活服务类实用功能,以及设置处理网民咨询诉求的通道四个方面。

首先,移动客户端开设"电视电台"栏目,链接电视频道和交通音乐广播,确保用户通过客户端实时收听(看)地方广播电视节目,并可根据节目单实现回看,从而实现了本地广播电视节目可移动化。

其次,移动客户端首页专门设置了"政务服务"和"聚焦乡镇"两个栏目,县级部门和乡镇管理人员可以自行登录发布各类动态信息,确保每周更新1~2次。这个栏目还可以帮助人们了解各乡镇的基本情况,如历史沿革、重大事件、文化资源、本土人才等,已成为当地历史文化知识的百科全书。为了提高各部门工作人员的积极性,富顺县融媒体中心一方面对各单位管理人员进行业务培训,另一方面也形成专项报告提交县委、县政府进行专题研究,明确将此项工作纳入县委、县政府对部门和乡镇的年度综合目标考核,从制度层面提出了明确要求。

再次,"民生服务"一栏开通了本地水电气缴费、社保医保查询缴费、医院挂号缴费、通信运营商缴费,以及行政审批、订餐电话、宾馆预订、各类维修等生活服务功能。

最后也是最重要的是,富顺眼App开设了"回音壁"栏目(图3.1),方便网民反映各类问题、咨询了解各类政策,这一创新举措使得富顺县融媒体中心在基层治理方面的效能更加凸显。具体到"回音壁"栏目的运营方式,融媒体中心平台要及时将问题交办到县级有关部门和乡镇,要求相关部门单位在5个工作日内回复,最大限度地将网民留在当地、将舆情化解在当地。为了保证用户的诉求和意见建议得到及时的回应和解答,富顺县融媒体中心将工作人员划分为多个对口联络组,与相关部门单位、乡镇形成定点专人联络机制,并组建微信群,将固定联络人员纳入其中,以确保收到用户互动信息后及时与相关人员进行沟通。此外,为了加强保障督促机制,县融媒体中心向县委、县政府做了专题请示,将县级各部门、各乡镇对网民反映问题的及时回复与办理纳入县委、县政府对部门、乡镇的年度综合目标考核。

图 3.1 "富顺眼"App 的页面和回音壁、民生服务栏目截图

随着"富顺眼"客户端用户数量的增长,用户在"回音壁"留言的数量也日益增多,目前已有千余条已处理或正在处理。"富顺眼"客户端用户进入"回音壁"后,可在页面上端单击"文明随手拍""咨询求助""意见建议""环保问题收集""报料"等按钮,分类查看留言及回复情况。"回音壁"对网友留言的处理和回复及时、认真、严谨,切实做到了事事有回音、件件有着落,实实在在地为用户解决了实际问题,这不仅为"富顺眼"客户端带来了大批忠实用户,也有效推动了"把网民留在本地,把舆情化在基层"的目标实现。

3)舆情管控:成立基层网评员和宣传员制度

富顺县于 2017 年 2 月建立了基层网评员制度,旨在密切关注网络舆情动向,收集研判网络舆情线索,做好信息报送和网评队伍建设管理工作。其具体实施办法是要求各乡(镇)、县级部门设立1~2名骨干网评员,负责涉及辖区内及行业的网络舆情管理工作。其后,2017年8月,富顺县又建立了基层宣传员制度,持续对富顺县经济社会发展的成就进行关注。2017年10月,"富顺眼"移动客户端正式运营,为进一步增强联动,丰富客户端内容,对相应舆论进行及时报送、及时疏导,在县委宣传部的组织要求下,基层乡镇及部门网评员、账号管理员、基层宣传员进行了大整合,建立了一支日趋专业的评论员队伍。县委宣传部要求,各乡(镇)、县级部门应按照不低于正式在编在岗人员20%的比例建立一支网络评论员队伍。网络评论员在县委宣传部的指导下开展工作,基本职责是掌握网上动态,开展网上宣传、网上评论,引导互联网舆情,针对重大突发事件、重大典型案例,尤其是负面舆情积极评论、回复,进行正面引导。其具体任务主要包括以下三方面:第一,积极报送网络舆情信息。每名网络评论员每月至少报送网络舆情信息5条,重点是本市、本县的网络舆情,积极在中央、省、市级重点新闻网站和论坛刊发一定数量的网络评论文章,内容与富顺有关,从正面宣传推介富顺。第二,积极开展系列网络评论。县委宣传部不定期发布网络宣传主题或重大舆情引导任务,全体网络评论员要围绕主题,按任务要求积极开展网络评论。第三,本单位若有突发事件,或者发现重大涉县舆情信息,要第一时间报告县委宣传部,以便县委宣传部迅速组织全县网络评论员进行正面引导。应对重大突发事件时,要按照县上的统一要求,及时跟进,发表正面观点,批驳错误言论,把事态保持在可控范围。

4)采用公民新闻:聆听公众意见

随着媒体融合改革的深入,富顺县融媒体中心的工作人员感觉到其节目和内容获得关注的可能性日益增大,新闻资源匮乏、本地节目质量不高的问题充分暴露出来①,为此,如何革新传播内容成为改革的重要内容之一。

媒体融合之前,作为《富顺宣传》副刊的文化言论栏目"雒原新声"就县域内的文化现象、活动、事件进行评论,反响很好。富顺县融媒体中心沿袭了这

---

① 高仁斌.县级融媒体中心运营案例——四川省富顺县实践[M].成都:四川大学出版社,2019:31.

一传统,在"富顺眼"App 上重新开设了"雒原新声"栏目,倡导读者以公民身份发言,鼓励独立思考与判断,让时评走出狭义的新闻工作者视野,也让更多关心社会时事、心系国计民生的普通人加入时评写作的队伍。据富顺县融媒体中心的工作人员介绍,这个栏目设置的目的是"不论是媒体人士,还是学校教师,不论是县域业余文字工作者,还是有业余写作习惯的党政干部,让大家都对时评及其背后呈现的社会万象、深度思想和广泛的知识视野充满兴趣。"①对于节目开设的效果,富顺县融媒体中心的工作人员也十分欣慰,说:"在新媒体上开办的'雒原新声'栏目,从文化言论扩展到社会生活的方方面面。这一栏目收到了很好的传播效果,可以让群众更好地表达自己的诉求,让政府部门更好地倾听群众声音。"②

(二)浙江省长兴县:融媒体中心与智慧政务的有机结合

2018 年 9 月 20—21 日,中宣部在浙江省长兴县召开全国县级融媒体中心现场建设推进会,"长兴模式"在中宣部的现场会上亮相并推向全国。作为国内最受瞩目的融媒体中心,长兴县融媒体中心的奠基可追溯至 2011 年 4 月,经历了 10 年的发展历程之后,目前长兴县已拥有 3 个电视频道、2 个广播频率、1 份报纸、2 个网站,"两微一端"的用户超过 65 万,有线电视用户近 18 万户。③

下面分别从长兴县概况、长兴县融媒体中心建设的历史、现状和实践特色等方面来阐述长兴县媒体融合的实践,并探索长兴县融媒体中心参与当地智慧政务改革的情况。

1. 长兴县概况

长兴县地处浙、皖、苏三省交界,是浙江省的北大门,经济发展水平较高,下辖 9 镇 2 乡 4 街道,县域面积 1 430 平方千米,户籍人口 63.2 万。2018 年 10 月,长兴县入选"综合实力百强县""全国新型城镇化质量百强县市"和"全

---

① 高仁斌.县级融媒体中心运营案例——四川省富顺县实践[M].成都:四川大学出版社,2019:186.

② 高仁斌.县级融媒体中心运营案例——四川省富顺县实践[M].成都:四川大学出版社,2019:187.

③ 谢新洲,等.县级融媒体中心建设理论与实践[M].北京:电子工业出版社,2019:134.

国绿色发展百强县市";同年11月,长兴县入选"2018年工业百强县(市)",并被科技部确定为首批创新型县(市)。作为东部地区经济实力较强的县级基层单位,长兴县媒体资源相对丰富。据较近数据,其融媒体中心共有员工438人,总资产达9亿元,2017年营业收入达到2.09亿元,2018年1—8月主营总收入为1.160 4亿元,同比增长3.42%。①

2. 长兴县融媒体中心建设的历史和现状

长兴县对媒体融合的探索始于2011年。该年4月,长兴广播电视台、长兴宣传信息中心、县委报道组、"中国长兴"政府门户网站新闻板块融合组建长兴传媒集团。该集团是全国第一家整合广播、电视、报纸、杂志、网站、"两微一端"、数字电视网络公司、大数据公司等于一体的县域全媒体传媒集团。2011年下半年,长兴传媒集团设立了全媒体采访部,开启融媒体报道模式的初步尝试。2012年,全媒体采访部升级为全媒体采访中心,融媒体报道团队建设逐渐成熟。2014年,集团搭建了全媒体新闻集成平台,并于2015年升级为融媒体平台。2016年12月,长兴传媒集团和长兴县国资委共同出资1亿元,按7∶3的比例注册成立长兴慧源有限公司。该公司承接政府社会投资类信息化项目,负责建设运维云数据中心,形成了全县"智慧枢纽",使大数据建设成为媒体融合的"新引擎"。2017年4月,长兴传媒集团进行架构重组,组建了融媒体中心,下设10个部室,进一步整合媒体资源以打通各媒体平台。重组后,集团实行"积分制考核体系",进一步细化和完善五级贯通升降制,并且深化分配制度改革,从而充分调动了聘用人员的工作积极性。11月,由集团自主研发的"融媒眼"系统上线启用,强化了"一次采集、多种产品、多媒体传播"的内部产制模式,促进了长兴融媒体中心管理扁平化、功能集成化、产品全媒化的实现。②

3. 长兴县融媒体中心的特点

1)利用"融媒眼"协调新闻传播

"融媒眼"是长兴传媒集团联合多家第三方公司共同研发的拥有自主知

---

① 谢新洲,等.县级融媒体中心建设理论与实践[M].北京:电子工业出版社,2019:134.
② 谢新洲,等.县级融媒体中心建设理论与实践[M].北京:电子工业出版社,2019:135.

识产权的融媒体系统。这一系统类似于《人民日报》中央厨房的"县域版",即集中指挥、采编调度、信息沟通、稿库资源共享、热点收集、传播效果反馈等功能于一体,既是一套中央厨房指挥系统,又是一套办公系统,更是一套融媒体生态系统。

"融媒眼"系统的最大特点在于其开放性。正是在这种开放性的基础上,融媒眼可与多个平台进行合作,从而实现"集百家长,为我所用"的目的。其平台集成情况包括:入驻《人民日报》的"全国党媒公共平台",共享《人民日报》部分功能及数据,如新闻热点汇聚、新闻线索抓取、选题(舆情)定向分析等;与新华社现场云合作,由其提供直播平台;与参与浙江省政务系统研发的南京大汉合作,由其研发"掌心长兴"移动客户端3.0版本;与旗下慧源公司合作,由其推进智慧服务功能建设;与浙江广电集团合作,对接中国蓝云,拓展外宣通道等。其与技术合作方的互动关系如图3.2所示。

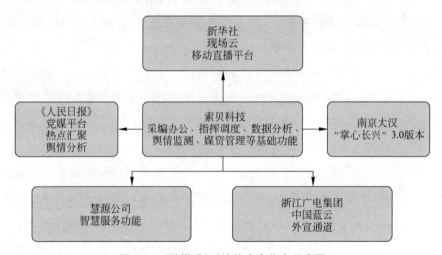

图3.2 "融媒眼"系统技术合作方示意图

资料来源:谢新洲,等.县级融媒体中心建设理论与实践[M].北京:电子工业出版社,2019:137.

2) 实行集团化运营

长兴传媒集团由党委会领导,归县委宣传部管理,以事业单位企业化的形式运作,内部设立董事会、编辑委员会(编委会)、经济管理委员会(经委会),形成了重大决策、舆论宣传、经营创收三大系统统一运行、互助发展的组织架构。

其中,董事会负责组织管理和后勤保障,包括办公室、人力资源部、纪检监察部、计划财务部、行政管理部。编委会主要负责内容生产和建设,下设1个融媒体中心,该中心包括10个科室,分别是综合部、制作部、技术部、采访(图片)部、大型活动(专题)部、广播部、报刊部、电视部、新媒体部、外联部。经委会负责集团经营性业务,包括网络公司、慧源公司、科技公司、品牌营销中心、产业发展中心。其中,品牌营销中心和产业发展中心主要负责经营管理,统筹规划集团经营目标,对接具体经营业务,监管业务流程规范;网络公司、慧源公司、科技公司则在为融媒体建设提供技术支持的基础上,通过承接信息化项目实现创收,成为集团最主要的营收渠道之一。①

3) 信息采集、采访、编审、刊播四大平台的有序联动

长兴县融媒体报道模式强调信息采集、采访、编审、刊播四大平台的高效有序联动:全媒体信息采集平台在获取和集中信息之后,第一时间作出判断,把有效信息准确提供给采访平台和编审平台,并跟进该信息在各平台刊播后的社会反响。全媒体采访平台需做好与信息采集平台和编审平台的对接工作,确保新闻采访的及时、准确。全媒体编审平台在遇到需要补充采访或更改选题等问题时,需与采访平台联系;完成当天的编审工作后,要把编审过程中出现的差错及改进和提升建议上报中心综合部;如发现值得深挖或关注的新闻线索,第一时间告知采访平台;针对从信息采集平台获取的社会反响形成处理建议,提供给采访平台,并由后者安排跟进采访事宜。全媒体刊播平台需将新闻成品中的问题或发现的新闻线索反馈给采访平台和编审平台。

4) 以"媒体+"为核心的多元化产业经营模式和以智慧项目带动的产业转型

在经营模式上,"媒体+"是长兴传媒集团创新营收模式、提升造血能力的突破口,旨在通过媒体内容生产与产业发展相结合,立足自身媒体优势,释放媒体融合衍生项目的活力和影响力,实现"1+1>2"的成效。

---

① 谢新洲,等.县级融媒体中心建设理论与实践[M].北京:电子工业出版社,2019:137.

其中，"媒体＋活动＋服务"模式通过为乡镇、部门、企业等客户量身定制活动或生产媒体产品，与新浪微博、今日头条等合作扩大宣传影响力，实现活动和营销的高度融合。借助"媒体＋互联网＋项目"的模式，辐射会展、金融、车险、教育等多种业态，展开跨界合作。同时，按照"搭平台、输模式"的理念，将全国县级融媒体建设模式中相对领先的"长兴模式"输出到其他地区，在帮扶其他地区探索融媒体发展的同时促进自身创收。"媒体＋资本＋项目"模式重点将旗下慧源公司打造为一家科技创新板上市企业。慧源公司是长兴传媒集团布局未来智慧发展、重建商业模式和盈利模式的重要一步，其数据涵盖多个行业和业务职能领域。比如作为智慧项目的主要平台，其与航天五院展开合作，统一管理政府投资的信息化项目。政府通过购买服务的方式享受信息化服务，最终实现政务资源的整合和共享。

长兴的智慧项目主要基于以下两个技术点：云计算数据中心和城乡信息栅格平台。由上述技术框架形成的长兴政务大数据，将为各类智慧应用提供数据支持。目前，长兴最具代表性的智慧项目有政务服务建设领域的"最多跑一次"（即"浙里办"的长兴拓展平台）、服务亩产提升的大数据平台、生态文明建设领域的"智慧河长"、平安城市建设领域的"雪亮工程"四项。智慧政务不仅是融媒体工作与智慧城市建设的契合点之一，而且是长兴县融媒体建设的发展方向之一。

5）多元的人才激励机制

在激励机制方面，长兴传媒集团通过加强动态监测评估、强化绩效考核评价、完善薪酬体系和晋升机制等方式，实现了按岗定薪、同岗同酬、量化考核、多劳多得的分配模式，从而打破了编制内外人员身份的差异。不仅调动了聘用人员和体制内人员的工作积极性，逐步建立起注重能力、实绩优先、标准统一、科学量化、跟踪监测的分配激励机制，而且有效地激发了工作人员的潜能，遏制了"干多干少一个样儿"的消极怠惰心理，逐步实现了人才管理的科学化、系统化和规范化。

4. 智慧政务：长兴传媒集团与当地政务综合服务能力的提升

在长兴县进行媒体融合改革的过程中，由长兴传媒集团和长兴县国资委合资组建的长兴慧源有限公司承接了大量政府社会投资类信息化项目,负责建设运维云数据中心,形成了全县"智慧枢纽"。这使长兴在全国县域智慧政务实践中成为佼佼者,而且也为长兴融媒体中心的发展提供了一个主要方向。

2020年5月,长兴县人民政府办公室印发《长兴县2020年度加快政府数字化转型打造现代智慧城市建设工作推进计划》,强调将"进一步推进智慧城市建设,努力打造'整体协同、智慧高效'的数字政府,助力长兴高质量赶超发展。"①在具体的工作安排中,长兴传媒集团参与负责的工作包括"深入推进社会治理协同化专项行动""深入推进民生事业便利化专项行动"两项。其具体安排如下。

(1)推进乡村治理微应用联动。聚焦新时代乡村治理存在的困境和难点,进一步夯实基层基础,打通治理"神经末梢",以"指尖微村务"为载体,以"村务e点通"和"掌心长兴"为主平台,建设和推广"智慧党建""文明诚信档案""文化礼堂""户主大会""乡贤荟萃""云上律师""一家亲"农村家宴服务等一批"关键小事"的数字化应用,着力打造乡村数字治理新典范。

(2)加快完善便民生活应用。强化"掌心长兴"生活服务功能,汇聚上线更多便民应用,力争注册用户突破30万。推进智能公交建设,建设掌上公交及二维码扫码系统,完善电子站牌布局。深化智慧人社工作,全面归集全县企业招工信息和群众求职信息,利用大数据手段,精准服务企业招工群众就业。加快推进智慧人力资源市场二期项目建设,进一步提升企业招工、群众就业服务水平。推动学校场地对外开放、体育中心管理服务智慧化。推进智慧商圈、智慧步行街建设。①

由此,长兴传媒集团不仅作为资方直接参与了长兴智慧城市的建设和管理工作,而且通过提供公平开放的沟通和聚合服务,开拓了民意渠道、助力了基层治理。

---

① 长兴县人民政府办公室关于印发长兴县2020年度加快政府数字化转型打造现代智慧城市建设工作推进计划的通知[EB/OL].(2020-05-11)[2021-01-12]. http://www.zjcx.gov.cn/hzgov/front/s257/xxgk/zcwj/xzfwj/20200604/i2707234.html.

三、县级融媒体的基层治理功能

在对四川省富顺县、浙江省长兴县融媒体中心的基层治理实践进行综合分析的基础上,县级媒体融合与基层治理的关联得以凸显。概括而言,县级融媒体主要在以下四方面发挥其基层治理的功能。

(一)舆论引导

县级媒体是中国全媒体传播体系的末梢组织,在主流话语的基层传递中承担着关键任务。在县级媒体融合的过程中,舆论引导一直被视为县级融媒体中心的最重要工作之一。

(二)提供本地服务

媒介融合的时代背景下,媒介与人们生活之间的关联越发紧密。基于信息技术所提供的便利,县级融媒体中心与当地事业单位的办事窗口进行了融合,开始在其平台搭建常态化的办事入口,方便当地民众。

(三)了解民意与风险防控

自梁启超、康有为、严复等掀起国人第一次办报高潮起,"去塞求通""通上下之情,通中外之故"即被视为媒体的重要职责。对于普通民众,媒体可以广泛传播中央政令;对于执政者,媒体可以反映民意。伴随媒体融合改革的深入开展以及深度媒体融合时代的到来,县级融媒体中心可以基于民众在其平台的言论、流量动向,以及相关的大数据监测了解民意,这对于更好地防范控制舆情风险、发现社会危机,从而引导基层社会有序发展具有重要意义。

(四)智慧政务

在中央推动县级媒体融合与基层电子政务改革协同发展的理念和行政

引导下，县级融媒体与智慧政务实践的交汇将是必然。在这样的背景下，县级融媒体中心可以运用现代信息技术提高自身参与基层治理的能力，更好地联通政府与民众，促进基层政府治理能力现代化。

四、县级融媒体在基层治理方面存在的不足

不过，尽管随着我国县级媒体融合进程的深度发展，县级融媒体在基层治理方面所发挥的功能逐渐凸显，也应看到因为种种因素的掣肘，当前县级融媒体在基层治理方面仍然存有一些问题。

（一）规范性不足的问题

我国县级媒体融合的开展经历了先在各地试点，然后进行全国推广的历程，这一方面有利于试点时期各地结合自身情况探索媒体融合的发展之路，但另一方面也在全国推广阶段为后来者选取适宜自身发展的媒体融合路径留置了一定困难。这一情况虽然随着2019年初《县级融媒体中心省级技术平台规范要求》等国家标准的发布而有所缓解，但却并未从根源上解决在媒体融合进程中相对落后的县域媒体如何着手的问题，如何加强县级媒体融合发展的规范性论述，进而推动媒介化基层治理的规范化是值得思考的问题。

（二）与群众生活仍有隔阂

县级融媒体在中央与地方的信息互联中承担着"最后一公里"信息传播的重要作用，因此能否嵌入、怎样嵌入普通民众的日常生活是其履行职责的关键。但观察当前县级融媒体中心的发展，不难发现其与群众生活之间仍有一定隔阂，未能完全嵌入民间舆论场，这也是县级融媒体未来深化改革的一个重要方向。

第二节　社区综合信息服务平台：中国城市社区报与社区服务的结合

在"人人都有麦克风"的时代里，众声喧哗的基层不可控因素逐渐增多。在探索媒介化基层治理的过程中，县级媒体一直作为我国主流媒体传播体系的基层单位在引导舆论、防控社会风险等方面发挥着重要作用，并在近年来的县级媒体融合进程中不断探索其新的功能取向，不断为城市之外的基层治理提供着新的思路。那么，城市之中的基层治理可有媒介化的治理方案？

不同于县级媒体融合面对的情况，市域基层社会受城市化进程和现代社会分工情况的影响更为明显，外来人口更多，人与人之间的关系更为疏离，民众社区融入不足的现象更为明显，同时其媒介素养也相对更高。而且，与县域民众在更为紧密的社会网络影响下可更多地通过县级媒体获取本地信息相比，市域民众所获取的新闻资讯较多地来自国家级或市级媒体，以及相对不强调本地属性的网络媒体和自媒体，因此市域民众对本地新闻资讯的接触度更低，与其生活的基层社会空间的关联更弱。依据芝加哥学派、贝克等学者的观点，流动人口与社区之间的弱关联隐含着社会失序的风险。因此，如何联结新移民与城市，让流动人口更好地融入当地，同时进一步提升本地民众对当地事务的关注成为基层治理者所关注的议题。

2000年，随着我国官方文件将社区定义为"聚居在一定地域范围内的人们所组成的社会生活共同体"①，开始以社区为单位进行基层治理的探索，构建社区的共同体意涵开始被强调；2004年，中共中央办公厅转发《中共中央组织部关于进一步加强和改进街道社区党的建设工作的意见》，我国社区建

---

① 民政部关于在全国推进城市社区建设的意见[EB/OL].（2000-12-12）. http://www.cctv.com/news/china/20001212/366.html.

设从民政部主导的以社区服务工作为主要内容,上升到基层政权建设的高度,社区服务业逐渐成为地方政府为居民提供的一种普遍的基本公共服务。在这样的背景下,我国城市社区报的实践探索开始萌芽了。本节将结合案例分析法和基于扎根理论的反复比较法对我国城市社区报的发展历史与现状、基层治理视野下我国城市社区报的功能定位等进行探索。

一、中国城市社区报的发展概况与本部分研究的缘起

以2001年《南山日报》的创刊为标志,千禧年之后中国的城市社区报逐渐起步并获得发展。有学者将中国城市社区报从2001年到2015年的发展区分为三个阶段。①

(1) 2001—2005年的个别实验期。这一时期的社区报开始于国家对社区建设进行强调的背景之下,有一定的社会实验的意味。但是,因为这一批最早的试水者对于社区报定位和内涵的把握不尽准确等,除创办于2005年的《法制晚报社区版》之外,这一时期的社区报很快都偃旗息鼓,以失败告终了。

(2) 2006—2010年的集体探索期。这一时期,随着网络媒体的崛起和报业"寒冬"的到来,很多都市报都开始探索新的发展方向。在这种背景下,《新民晚报社区版》《广州日报社区报》《新闻晨报社区报》纷纷创刊,社区报的早期实验转为报业的集体探索。

(3) 2011—2015年的全面开花期。这一时期,原有的许多报纸的"社区版"开始独立发行,全国社区报的数量迅速增多。2012年,《新闻晨报社区报》获得国家新闻出版总署批准的国内第一个社区报刊号,标志着社区报由报业中的边缘地位走上舞台,开始获得业内的认可。2013年,《北京青年报》旗下的《北青社区报》开始发行,其凭借优秀的发行数据和多元化的传播渠道迅速获得业界关注。另外,除传统纸媒的社区报办报实践之外,这一时期许多街道、物业、个人等开始加入社区报的办报主体中来,诸如《东方社区报》②《帝华

---

① 孟书强.我国社区报的发展态势及前瞻:2001—2014年[J].重庆社会科学,2014(12):65-73.
② 2012年创刊于上海,是由政府部门创办并运营、持续发展的社区报,收费售卖。

社区报》①获得关注,国内有关社区报的办报实践呈现全面开花的形势。

这样,从 2001 年到 2015 年,中国的城市社区报从星星之火开始探索并逐渐铺开局面。不过,值得关注的是,千禧年之后的 10 余年时间正是媒介融合不断推进、纸媒等传统媒体经历大浪淘沙的时期。在这 10 余年时间中,中国城市社区报中的很多"弄潮儿"已经在时间的淘洗中被湮没了,而与此同时,也有一些社区报抓住了媒介融合的历史机遇期,不断进行传播内容、发行渠道、运营模式等方面的改革,从而取得了更加长足的发展。

2018 年起,出于对基层媒体发展情况的研究兴趣,笔者对国内社区报的发展情况一直予以关注,并重点关注了包括《北青社区报》《社区晨报》《宝安日报》等在内的多家社区报及其媒体融合改革。两三年的时间内,其中的一些社区报暂停或停止发行(如前述《帝华社区报》),一些转为其他形式继续存在(如《东方社区报》),还有的已经在网络中难觅踪迹(如《珠江时报》系列社区报),而《北青社区报》《社区晨报》《宝安日报》则保持着规律的发行周期,并不断改良新闻产制和发行方式,取得了良好的效果。以这些历时性的观察为基础,本书对这三家社区报的办报模式及特点进行探索,并试图从中发掘其对于基层社区这一"社会生活共同体"的治理意义。

二、对中国城市社区报特点与功能定位的扎根分析

(一)研究设计及案例选择

本书选取基于扎根理论的反复比较法,力图通过对我国社区报发展过程中较有代表性的三家社区报(表 3.1)的办报实践进行深入的分析、比较和归纳,从中探索我国社区报的办报模式及功能。具体而言,本书将以哈罗德·D. 拉斯韦尔(Harold D. Lasswell)5W 传播模式为基础,从传播者、传播内容、传播渠道、受传者,以及传播效果等方面探索我国社区报的办报模式及其功能。

---

① 2017 年创办于河北省,由帝华物业集团与《燕赵晚报》联合主办。

表 3.1　三家社区报的概况

报 纸 名 称	入 选 原 因	所在地	创办时间
《北青社区报》	业内最成功的社区报之一	北京市	2013 年
《宝安日报》	采取"机关报＋社区报"的办报模式	深圳市	2007 年
《周家桥社区报》(《社区晨报》系列社区报之一)	学界关注较多,有较为丰富的研究材料	上海市	2009 年

(二) 研究材料和研究步骤

本研究围绕我国社区报的办报模式与功能选取相关的各案例电子报数据库、新闻报道、学术论文等权威出版物(或其电子版)作为资料来源。另外,本研究的过程包括以下步骤。

(1) 对所有研究资料均进行较为全面的阅读,并对其进行逐事件编码。

(2) 在编码的第一阶段采取"厚描"策略,不设立场地阅读和编码材料。

(3) 对于同一案例,尽量选取不同来源的研究材料对其进行三角/多角验证,并审慎对待研究材料背后的权力关系。

基于上述原则,本书将所采用的研究资料汇总见表 3.2,因报纸版面总量巨大,本书所选案例均选一个月(2020 年 6 月)的版面作为研究样本,另因篇幅所限,部分资料仅标示数量及种类,不一一列出具体篇目。

表 3.2　研究资料汇总

社 区 报	主 资 料	三 角 资 料
《北青社区报》	《北青社区报》电子报 2020 年 6 月 4 期共 32 版	关于《北京青年报》办报模式、功能研究学术论文 29 篇
《宝安日报》	《宝安日报》电子报 2020 年 6 月 13 期共 520 版	《宝安日报》办报模式、功能研究等学术文章 14 篇
《周家桥社区晨报》	《社区晨报》旗下《周家桥社区报》电子报 2020 年 6 月 1 期共 8 版	《社区晨报》办报模式、功能研究学术论文 7 篇

(4) 依据初始编码→聚焦编码→理论编码的顺序对所有研究材料进行编码和反复比较,逐层深入地依次形成"初始编码""尝试性类属"和"类属",并归纳总结形成结论。具体而言,各个步骤的逻辑如下(为了保持正文部分的

简洁和结构的清晰,本书谨将具体的编码过程列于附录 A)。

① 初始编码是编码的第一个阶段,要求用最贴近事实的编码为报道中具体的词、句子或片段命名,从而形成初始类属,以为后续的研究作出指引,初始编码停止于编码饱和之时(即难以再提炼出新的初始编码时)。

② 聚焦编码是扎根理论编码的聚焦和选择的阶段,目的是"使用最重要的或出现最频繁的初始代码来对大部分数据进行分类、综合、整合和组织"。①聚焦编码的过程是对初始编码的二次凝练,这一步将形成尝试性类属。

③ 理论编码是对聚焦编码的进一步凝练,这一步将形成理论编码,即依据研究问题的不同形成模式图、框架图等,并在此基础上归纳总结形成结论。

(5) 初步得出分析结论。

在多案例分析之后,本书最终归纳总结出当前我国社区报的办报模式。如图 3.3 所示,当前我国主流的社区报办报模式通常是由主流媒体独立出资或与企业、区域政府部门合作开办,且呈现出明显的平台化发展取向,即综合运用 App 客户端、纸质和电子社区报、微信公众号、微信小程序,以及线下活动等形式,以信息、社交、服务等方式接触社区居民,进而构建全方位覆盖目

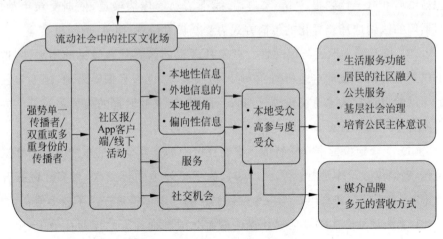

图 3.3　三家社区报的办报模式

---

① 卡麦兹.建构扎根理论:质性研究实践指南[M].边国英,译.重庆:重庆大学出版社,2009:5.

标城市的社区入口和服务平台,其功能定位一方面呈现为对居民的生活服务需求的满足、帮助居民融入社区、协助政府提供公共服务、进行基层治理,并培育社区居民的公民主体意识,这将十分有助于在流动社会的背景下营建社区文化场,使社区居民产生社区归属感;另一方面,这种平台式的办报模式也有利于社区媒体建设自己的媒体品牌,并拓展自身营收能力,进而加强社区报的传播能力,有利于社区报与社区居民的互动保持良性循环。

具体而言,《北青社区报》《宝安日报》《周家桥社区晨报》的办报模式呈现出以下五个特点。

(1) 强势单一传播者与双重或多重身份的传播者。强势单一传播者指由兼具资本与传播能力的传媒集团独立出资创办的社区报,如《北青社区报》由上市公司北青传媒投资设立的北青社区传媒公司主办;双重或多重身份的传播者指由具有传播能力和资源的两个或两个以上部门共同主办的社区报,如《社区晨报》的创立即《新闻晨报》通过与基层政府合作,重新改造原有的基层党政社区报纸而成。①

(2) 多元一体的差异化传播渠道。多元一体的差异化传播渠道指开拓了包括纸质和电子社区报、App 客户端、线下活动等传播渠道,依据受众年龄、习惯等的区别选择差异化的传播方式为受众提供信息、服务、社交机会等。

(3) 信息的本地性与偏向性。三家社区报的内容具有显见的本地性,这不仅指它们偏爱报道本地新闻、本地人物故事等,也指它们对外地、国家等新闻信息的报道常从本地视角进行切入。同时,三家社区报的内容中对其主办方或合作方通常有更多关注。

(4) 受众定位的窄众化特征。案例社区报的受众定位是非常明确的窄众定位,即高度注重本地社区居民,同时,为了更好地贴近受众,很多社区报开通了"读者来信""热线电话"等,为社区居民参与媒体报道提供了较多便利。

(5) 流动社会中的社区文化场。城市化浪潮推动下的流动社会中,单位制的逐渐解体和社区的逐渐形成正在同时发生。社区文化场即指在这个过

---

① 倪杰.渠道创新开拓蓝海——新闻晨报创办社区报的成功运作及几点思考[J].新闻战线,2012(7):33-35.

程中逐渐形成的一个为本社区居民所共享的文化场域。社区报组织和居民自发的文化、社交活动是社区文化场形成的重要推动力。

三、中国城市社区报的特点

基于对三家案例社区报的相关材料进行扎根理论的反复比较以及对其他多家社区报的非程序化分析①，本书归纳总结了我国社区报当前呈现出的平台式办报模式倾向性——集 App 客户端、社区报、线下服务等于一体的，以社区信息、服务、社交提供等为功能诉求的一体式社区生活服务移动互联平台。这一办报模式具有以下四个显要特征。

（1）社区报的平台化办报模式突破了传统报纸作为"提供信息的新闻纸"的传统定位与边界，将信息、服务、社交提供功能集于一身，这不仅突破了传统报纸只能覆盖具有阅报习惯的受众的渠道局限，而且有利于因服务、社交而与社区居民生活建立起紧密关联，平台式社区媒体一改之前外在于社区的媒体定位，转而具有"内嵌"于社区内部的可能，成为社区生活的一部分。

（2）这一办报模式的主体通常表现为具有较丰富的资金储备和办报经验的主流媒体，或主流媒体与政府部门、企业合作创办的形式，这使得其在报纸内容的采编、版式的设计、广告的营销等方面具有较强的专业性、趣味性和风格的延续性，但其内容最核心的定位仍是其明显的本地性特征。

（3）这一办报模式呈现了社区报在传播渠道、产品形式、区域取向方面的平台化特征，如更关注社区生活的《北青社区报》和具有"社区报＋机关报"特征的《宝安日报》虽然在报纸风格定位方面大异其趣，但均具有明显的平台化办报取向，平台内容十分丰富。②

---

① 自 2019 年夏季以来，笔者对我国社区报的发展态势予以密切关注，即首先在百度、谷歌、微博、微信公众号等平台检索较受关注的社区报媒体，从中选出多家按期发行的社区报，并在此后的观察中不定期追踪观察其发行情况。这一不定期但周期较长的观察并未遵循特定的研究程序，但对于笔者加深对我国社区报发展情况的了解十分有益。

② 卞灏澜.打造综合性社区生活服务平台——深圳《宝安日报》社区报转型发展模式探析[J].中国记者，2013(7)：78-80.

（4）在平台化的办报模式中,社区居民不仅是社区报的受众,也是社区报平台所提供的服务、社交等的用户和采用者,多重的身份属性要求社区报平台不仅关注其阅读信息的"注意力",而且将其在日常生活、社交中的需求置于显要位置予以关注。

四、中国城市社区报的基层治理功能

通过对《北青社区报》《宝安日报》和《周家桥社区晨报》的报道内容和办报特点进行详细的归纳与分析,本书发现当前主流的中国城市社区报在加强社区居民社会交往、促进居民社区参与、赋权基层民众等方面表现上佳,对于基层治理具有一定助益。

首先,城市社区报为居民提供了多样而丰富的便民服务,为民众的生活带来了便利。

其次,社区报在线上平台提供的社交渠道,通过社区驿站等发起组织的线下活动等有助于加强社区内部的人际交流,这些均会促进社区的形成与居民的社区融入,有利于形成社区文化场。

再次,社区报为居民提供了一些参与社区管理的机会,且提高了社区相关公共信息的曝光量,这一定程度上有利于基层社会的治理。

最后,平台式社区报的发展为社区居民提供了表达自我的机会,这使得受众在传播格局中处于弱势的局面有所松动,同时,社区居民间文化、社交活动的开展,以及社区报为居民提供的政务信息、其逐渐增多的参与政治讨论的机会等也有利于赋权的实现以及公民主体意识的形成。

五、中国城市社区报在基层治理方面的不足

然而,虽然上述中国城市社区报在基层治理方面的功能已经凸显出来,但也应看到因为发展历史尚短等,目前中国城市社区报的发展仍然有一些不足。具体而言,这些不足主要体现在两个方面。

（一）商业模式尚不成熟

在多年的发展历程中，限制中国社区报发展的一大桎梏是其商业运营模式的不成熟。成熟的商业模式是社区报获得长久发展的经济基础，而不成熟的商业模式不但会影响和限制社区报的长久发展，而且也会限制其在参与基层治理方面的效能发挥。

（二）自身定位不够清晰

因为着重关注社区、邻里等基层生活空间，社区报与其他种类的报纸相比往往更加"接地气"，也更加侧重于"低空飞行"。在具体的传播格局中，社区报的这一特性其实有利于其在主流媒体、网络媒体与民众面对面的话语空间之间的夹层中谋求发展机遇。但是，纵观当前中国社区报的发展情况，却发现其或者与侧重由上至下传播的主流声音保持高度一致，或者在其日常报道中完全走"草根"路线，而少有着力于在上下之间谋求构建更具意义的社区舆论场，这也不可不谓为一种不足。

第三节 超本地化新闻与基层治理：以加拿大社区报为例

如前所述，过去的 20 年时间是国内社区报在跌宕起伏中谋求发展的 20 年。除个别社区报改革成功并推动了市域基层社会的治理外，大部分的社区报都在短暂的光华后偃旗息鼓，湮没于历史的尘埃中了。这背后的原因是什么？什么是影响社区报能否长久发展的根本力量？鉴于我国社区报的发展时间尚短，那么其他国家是否有一些已被时间验证过的社区报发展模式可供我们参考？

媒介融合背景下基层治理的媒介化方法

纵观世界各国的相关尝试,有一个国家的社区报实践可为我们提供参照——加拿大。这个坐落于北美洲,濒临大西洋和太平洋的国家,北靠北冰洋,南接美国,拥有世界第二的国土面积和发达的工业生产体系。但也正因为与美国接壤,加拿大的广播电视、互联网信息传播长期受制于美国,本土国家级媒体发展较为中庸,鲜受国际社会关注。而与此同时,处于加拿大社会基层的社区报却在强韧地生长,在加拿大人民的生活中发挥着重要作用。据News Media Canada 统计,2019 年加拿大社区报发行量近1 600 万份,广告收益近7亿加币。① 考虑到加拿大全国人口只有3 797 万②,这样的发行数据是非常可观的。另外,据笔者在加拿大温哥华地区的实地观察,当地图书馆等公共服务设施利用率较高,公共事务参与度、讨论度较高,居民间关系较为友善。加拿大在社会治理,尤其基层治理方面的经验有值得我们借鉴的地方。在这样的背景下,立足基层治理的媒介化方法,本书想要探索加拿大社区报在其基层治理方面所发挥的作用,以及有哪些发展经验可为我们所借鉴。

近几年,News Media Canada 开始在年报中使用一个概念 hyper-local 来定义当下的加拿大社区报,这个概念实际是两个概念的结合,其中 local 强调的是它们立足于地方性社区,而 hyper 则强调它们突破了媒体的边界,用更加网络化的手段连接了社会交往层面。我们姑且将它定义为超本地化,但不是更加本地化,而是 hyperlink 的 hyper,是超链接式的本地化。这种超链接式的本地化对于我们有何意义,我们可以透过加拿大社区报的新闻实践来做一番观察。本节我们将对加拿大社区报的产生与发展、超本地化转型后的发展情况进行一个整体性的分析,并力图从基层治理的角度对其发展予以思考。

一、加拿大社区报的发展概况及特点

在加拿大,社区报是指以当地社区民众为目标读者的报纸。

---

① News Media Canada. Snapshot 2019[R/OL]. https://nmc-mic.ca/wp-content/uploads/2020/01/Snapshot-2019-Fact-Sheet-12042019.pdf.

② Canada's population estimates, first quarter 2020[EB/OL]. (2020-04-01). https://www150.statcan.gc.ca/n1/daily-quotidien/200618/dq200618b-eng.htm?HPA=1&indid=4098-1&indgeo=0.

第三章
媒介化基层治理方法的典型案例

（一）超本地化转型之前的加拿大社区报

对加拿大社区报的产生与发展进行探索，需要将之置于加拿大报业发展宏观的坐标轴中。尽管加拿大第一份报纸是诞生于1788年的德语报纸《哈利法克斯每周世界报》(*Halifax Die Welt*)，加拿大独立报纸产生的第一波高潮却是之后的19世纪上半叶。这一时期，英属北美立法机构的发展促进了加拿大政治派系的建立，贸易的发展使得商人对商业情报和广告的需求上升，政治和商业信息在人们的生活中开始扮演越发重要的角色。另外，印刷机应用所导致的报业经营成本的降低和识字率上升所导致的公众对信息的需求量的提升都对独立报业的萌芽产生了影响。这一时期的报纸都是由"印刷编辑"(printer-editors)经营的，他们为客户出版年历、书籍和各种小册子，随着读者对新闻阅读兴趣的提升，他们又开始印刷报纸。①

整体而言，19世纪初期加拿大的大多数报纸均与党派关系密切，它们要么与自由党（时称改革运动党）保持同盟关系，要么与保守党保持同盟关系。它们不仅充当政党的宣传工具，而且近似于这些政党或政党领导人所拥有的一个部门。② 这种紧密的关系几乎贯穿了整个19世纪，这可能源于当时加拿大的社会文化普遍注重政治，人们看重党派关系，同时也希望报纸能有党派观点。当时甚至有一个特有的名词叫"一镇两报"(two-newspaper town)，意指所有按人口数量来看可以供一份报纸生存的城镇基本都有两份报纸，一份属于自由党，而另一份属于保守党。这种传统虽然在日后逐渐消失，但加拿大人爱读本地报纸的传统却很好地传承了下来。

19世纪中叶后，伴随电报的广泛使用、跨大西洋电报电缆的铺设和第二次工业革命的浪潮席卷北美洲，加拿大报业开始广泛采用高速滚筒印刷机，报纸发行量快速增长。伴随19世纪下半叶报业的勃兴，加拿大的日报数量从

---

① POTTER J, WALKOM T, CREERY T. Newspapers in Canada：1900-1990s[EB/OL]. (2018-03-02) [2020-12-31]. https://www.thecanadianencyclopedia.ca/en/article/newspapers-in-canada-19001990s.

媒介融合背景下基层治理的媒介化方法

1873 年的 47 家增长为 1900 年的 112 家。① 与此同时，大城市里价格低廉的报纸因为工人阶层的形成而纷纷创刊和逐渐风行。这类报纸通常售价只有 1 分钱，其风格类似于美国商业报纸时期的便士报，多侧重于报道当地新闻、广告和花边消息，如《多伦多电报》(Toronto's Telegram)(1876)、《新闻》(News)(1881)、《世界》(World)(1880) 和《星报》(Star)(1892) 等。据在线版的《加拿大百科全书》记载，1872 年在多伦多，每个家庭平均订阅一张报纸，而到了 1883 年，每个家庭平均已经订阅两份报纸了。①

20 世纪初，随着越来越多的人涌入城市以及识字率的上升，报纸的竞争在出售多份日报的大、中型市场中变得更加激烈。结果，许多报纸关闭、与其他报纸合并或被不断增长的媒体集团收购。另外，广播电视的发展在 20 世纪下半叶给报业带来了巨大的竞争压力，相比之下，不论是从报纸种类、发行数、覆盖范围等具体的量化指标，还是从民间的读报文化、对报纸的喜爱程度等相对不易量化的指标来看，这一时期加拿大报业的发展一定程度上陷入停滞状态，大城市日报数量锐减，而其余报纸倾向于减少无利可图的市外发行。正是在这样的背景之下，具有高度本地性、以小型市场读者为目标受众的社区报开始蓬勃发展，从 1968 年到 1978 年，加拿大社区报的发行总量增长了 1 倍以上。②

可能由于加拿大地广人稀，大型媒体无意或难以覆盖小型城镇，而且加拿大的广播电视媒体等资源多为美国所遮蔽，所以加拿大人对于关注自己社区的报纸十分偏爱。自产生之日起，加拿大社区报就一直保持蓬勃的发展态势。即使在网络媒体崛起、报业遇冷的时期，相比大型日报等报纸的发展颓势，加拿大社区报的发行数据也一直十分可观。比如，21 世纪初，迫于网络媒体的冲击，加拿大许多大型报业集团进行了包括付费报纸在内的许多探索，

---

① KESTERTON W H. A history of journalism in Canada[M]. Sherbrooke：McGill-Queen's Press-MQUP, 1967：72.

② POTTER J, WALKOM T, CREERY T. Newspapers in Canada：1900-1990s[EB/OL]. (2018-03-02)[2020-12-13]. https://www.thecanadianencyclopedia.ca/en/article/newspapers-in-canada-19001990s.

但这些探索多以失败告终,这一时期加拿大大报的生存显得十分艰难。① 相比之下,加拿大社区报的生存情况要乐观许多。以大报发行态势十分低迷的 2015 年为例,据 News Media Canada 2015 年的统计数据,当年加拿大共有 1 083 家社区报纸(1 186 种版本)。社区报纸每周在核心商业区、城区、郊区以及它们之间的区域共出版 2 097 万份,较上一年度上升 1.9%。②

(二) 加拿大社区报的特点

整体而言,加拿大社区报呈现出以下三方面特点。

1. 加拿大社区报深耕小型市场,其刊登的信息与本地社区和民众关联更为紧密

小型市场指人口基数小于 10 万人的地理区域,如小城镇或大城市的基层社区等。与大中型城市相比,小型市场的面积通常较小,因此常常以"邻里"的性质被生活于其中的居民所认知,在该地理范围内发生的事情也更易因其与人们生活的高关联性而受到重视或对人们产生影响。比如,同样一则关于道路维修的信息,发生在同一个大城市可能只是一则有关市政交通的新闻,而发生于一个小型市场则可能因其与自身工作、出行等的紧密关联而受到当地民众更多的重视,有时甚至可能导致当地民众的抗议行为。也就是说,小型市场的信息通常与本地民众更为息息相关,有时也可能导向民众相关的行为。

---

① 20 世纪 80 年代后期,《环球邮报》(Globe and Mail)基于其多年来的报纸内容数据库建立了"信息环球"(Info Globe)在线服务,并在 20 世纪 90 年代与连锁书店"章节"(Chapters)达成合作关系。这一时期,读者普遍可以免费在线访问报纸内容,这一状况一直持续到 21 世纪。2000 年之后,一些报纸开始尝试将其内容放在"付费专区"后通过在线内容获利,这要求读者在访问内容之前先在线订阅该出版物。例如,《多伦多星报》(Toronto Star)在 2013 年增加了一个付费专区(尽管在 2015 年即由于缺少订阅而将其删除)。其他出版物,如《环球邮报》和《多伦多太阳报》也建立了"计量付费专区",使读者每月可以免费访问指定数量的文章,此后,读者必须为访问付费。一些报纸推出了其出版物的移动版本,包括 La Presse 在 2013 年开发的平板电脑应用程序和 2015 年在《多伦多星报》上开发的平板电脑应用程序。然而,这些尝试可以说是举步维艰的,在网络媒体的新闻报道越来越易得,且建立在免费基础上的网媒报道质量逐渐提高的背景下,付费报纸的模式在加拿大一直很难获得推广。

② News Media Canada. Snapshot 2015:The Strength of Community Newspapers[R/OL]. https://nmc-mic.ca/wp-content/uploads/2021/03/Snapshot_2015_FACT_SHEET_FINAL.pdf.

2. 多数加拿大社区报从属于报团旗下,社区报所有权的兼并严重

几乎从20世纪六七十年代的勃兴之日起,社区报纸的所有权就开始集中于连锁报团手中,这些报团往往除社区报之外另拥有其他报业或商业资本。从较近的数据来看,2022年加拿大社区报中的55%由连锁报团经营,45%独立经营,然而,这45%的独立社区报媒体的全年发行量之和只有246.4万,仅占全国社区报发行量的17.8%,而加拿大前三大报团 Metroland Media Group、Black Press Ltd. 和 Postmedia Network Inc. 当年的发行量之和即有438.6万,占全国发行量的31.7%。①(表3.3)

表3.3　2022年加拿大社区报的产权及发行量　　　　　　　　　份

产权所有者	年发行量
Metroland Media Group(Torstar Corp.)	2 115 305
Metro Media	940 230
Black Press Ltd.	1 295 243
Postmedia Network Inc.	975 723
CFMWS	74 800
Snapd Inc.	733 000
CN2i	40 844
Great West Media L.P.	149 566
Glacier Media Inc.	533 374
SaltWire Network	417 916
Icimedias Inc.	527 973
Brunswick News Inc.	149 715
Lexis Media Inc.	453 682
Alta Newspaper Group L.P.	78 397
Aberdeen Publishing Inc.	93 840
Advocate Printing & Publishing	9 103
FP Newspapers Inc.	257 111

---

① News Media Canada. Snapshot 2022 Canada's Newspaper Industry[R/OL]. https://nmc-mic.ca/wp-content/uploads/2023/02/SNAPSHOT-2022-REPORT_Total-Industry-03.31.2023.pdf.

续表

产权所有者	年发行量
La Compagnie D'Édition André Paquette Inc.	117 900
London Publishing Corporation	75 599
Northern News Services Ltd.	9 871
Post City Magazines	178 561
Okanagan Valley Newspaper Group	98 386
Epoch Times Media Inc.	30 000
Independent Groups	2 023 902
Independent Single Titles	2 464 065
合计	13 844 106

3. 加拿大社区报的发展情况与地域情况紧密相关

2022年的数据显示,拥有最多社区报数量及发行量的分别是安大略省、魁北克省和不列颠哥伦比亚省(BC省),而这三省即为加拿大经济最为发达的地区。[①] 如表3.4所示,2022年加拿大社区报发展最繁荣的三个省所拥有的社区报媒体和数量和年发行量分别占全国71.9%和84.5%,远高于全国其他10个省和地区的总和。

表3.4 安大略等3省2022年的社区报发展情况及其与全国的对比

省份/全国	拥有社区报媒体数量/家	全年发行量/份
安大略省	325	5 154 617
魁北克省	235	4 526 792
不列颠哥伦比亚省	122	2 019 321
安大略、魁北克、BC省的总和	682	11 700 730
全国	949	13 844 106

---

① News Media Canada. 2019 Research: local newspapers: engaged and connected [EB/OL]. [2020-02-02]. https://nmc-mic.ca/ad-resources/local-newspapers-engaged-and-connected/.

二、超本地化新闻浪潮与加拿大社区报的超本地化转型

前面我们已经简单介绍了超本地化这一概念的含义。现在让我们从学术史的角度更为详细地思考一下这一概念。"超本地化"从广义上来说是指一种逐渐精确到较小地理区域的发展趋势，这一概念在消费、计算机程序开发等领域被广泛使用。在新闻传播研究领域，"超本地化"被用以指代专注小范围地理空间的一种报道倾向或新闻实践。这一概念的核心是与之紧密相关的"超本地"概念，后者最初出现于20世纪80年代，被美国电视行业用以指代地方电视的内容特征。[①] 不过，随着互联网等新兴媒体的兴起，这一概念被与公众参与、Web 2.0、社区报道倾向等结合起来，成为一个更具新兴媒体、"草根"倾向意味的概念。

很多学者和机构对超本地新闻的含义进行了探索，其中影响比较广泛的如2011年艾米丽·梅兹格（Emily Metzgar）等归纳出超本地媒体实践（hyperlocal media operation）所应具备的六个要素，即地理因素、社区倾向、原创新闻报道、网络原生、填补现存报道的空隙和倡导民主参与[②]；或如2012年英国慈善机构Nesta发布《此处及现在：今日英国超本地媒体》报告，将超本地媒体定义为"与特定城镇、村庄、单一邮编或其他小的、居于独特地理位置的社区相关的在线新闻或内容服务"，认为尽管超本地新闻有时也可与城市等较大的地理空间相关，但通常它们"报道的是比常规报纸、广播电视所关注的地理范围更小的地理区域，而且它们通常并不尝试对该区域进行事无巨细的报道，而更关注特定类型的行为或新闻信息"。[③] 综合这些观点，不难发现当前语境下超本地新闻的含义主要包括以下六个要点。

---

① KERKHOVEN M, BAKKER P. The hyperlocal in practice[J]. Digital journalism, 2014, 2(3): 296-309.

② METZGAR E, KURPIUS D, ROWLEY K. Defining hyperlocal media: proposing a framework for discussion[J]. New media & society, 2011, 13(5): 772-787.

③ RADCLIFFE D. Here and now: UK hyperlocal media today[EB/OL]. (2012-03-29)[2020-05-01]. https://papers.ssrn.com/sol3/papers.cfm?abstract_id=3041668.

(1) 通常更关注较小的地理区域(如小城镇、社区等)内的新闻。

(2) 填补传统报纸、广播电视等媒体的报道空隙。

(3) 原创新闻报道。

(4) "草根"视角。

(5) 倡导民众对当地事务的参与。

(6) 依托网络进行传播。

总体而言,这六个要点详细地阐明了超本地化新闻的特点。那么,加拿大的社区报的超本地化转型是如何发展的?让我们将之置于超本地化新闻浪潮的全球发展坐标轴中进行观察,并由此探索加拿大社区报超本地化转型为其带来的新的特点,进而从基层治理的角度寻求经验与启发。

(一) 超本地新闻浪潮的全球发展

超本地的新闻报道倾向自 2000 年之后逐渐受到关注,至今已在北美、欧洲等地的发达国家获得蓬勃发展,其他很多地区也正在进行相关尝试。21 世纪初,伴随博客等自媒体平台的崛起,很多博主开始从"草根"视角报道和评论当地新闻,如前述新媒体评论家贾维斯自 2004 年开始以"超本地"来形容公民记者在当地新闻报道中的作用和潜力[1],以及在 21 世纪前十年尚未结束之时,以欧美为主的业界人员和研究者已经将超本地新闻视为重构新闻业的一种重要尝试,很多学者认为如果新闻不能超本地化,那么很可能将走向灭亡。[2]

在这样的思考以致共识之下,很多超本地新闻实践相继开展。比如,2007 年蒂姆·阿姆斯特朗(Tim Armstrong)等创办了美国超本地新闻网站 Patch,该网站 2009 年时被美国在线(AOL)收购,2014 年后,美国在线开始与黑尔国际(Hale Global)合作经营 Patch,之后 Patch 开始实现盈利。到 2018 年,

---

[1] JARVIS J. Who's devil? [EB/OL]. (2004-02-27)[2020-05-01]. http://buzzmachine.com/2004/02/page/6.

[2] BUNCH W. Forgetting why reporters choose the work they do[J]. Nieman reports,2007,61(4):28.

Patch 已拥有近 150 名员工,其中包括 110 名专职记者,每月平均有 2 350 万人次的访问量,截至 2019 年 6 月,Patch 在美国 50 个州和华盛顿特区运营着约 1 227 个超本地新闻网站。① 或如 2007 年在著名社区新闻资助机构奈特基金会(Knight Foundation)的支持下,安德里安·霍洛瓦蒂(Adrian Holovaty)在美国创办超本地新闻网站 EveryBlock,专注于社区、邻里新闻的播发。2009 年,全国广播公司(NBC)收购 EveryBlock 并对其进行整体升级,大幅提升了该网站的用户体验,EveryBlock 在 2018 年 7 月后停止运营,其多数业务由邻里交流平台 Nextdoor 继续经营。2018 年,Google 搜索引擎推出 Bulletin,这是一款基于超本地新闻共享的应用程序,用户可以直接在手机上撰写和发布新闻,其相关内容会即时被收纳进 Google 新闻并实时发布,不过,2019 年 9 月谷歌宣布停止运营 Bulletin。虽然这些超本新闻的尝试并非全都发展顺利,但它们客观上推动了超本地新闻浪潮的形成。

(二)加拿大社区报的超本地化新闻改革及传播渠道

就在这样的背景之下,到 21 世纪第一个 15 年尚未结束之时,加拿大社区报的超本地化改革开始了。正如其他声势浩大的变革一样,加拿大社区报的超本地化转向也是一个逐渐发生、量变引起质变的过程,或许没有谁能指出这场变革开始的具体时间。不过,凭借对前人研究成果和 News Media Canada 等发布的各年度社区报发展数据等进行综合考量,可对这一变革发生的大致时间进行一个总体性的推测。由于与美国毗邻的地理因素、相似的文化背景和频繁的贸易、人员往来等原因,加拿大新闻业的发展很大程度上与美国保持相似的发展节奏。有学者调查了 2006 年的美国社区报发展情况,发现当时有半数以上的社区报已经拥有自己的新闻网站,另有 1/3 正在筹建自

---

① 由《纽约时报》、NPR 等媒体的报道以及 Patch 的官方主页整理所得。参见 KAUFMAN L. AOL Finds a Partner to Run Its Troubled Patch Division[EB/OL].(2014-01-15). https://www.nytimes. com/2014/01/16/business/media/aol-finds-a-partner-to-run-its-troubled-patch-division. html?searchResultPosition=1; KEITH T. AOL Aims High With Hyperlocal Journalism Project[EB/OL].(2010-08-17). https://www. npr. org/templates/story/story. php? storyId = 129238091; Patch. About Patch[EB/OL]. https://patch.com/about.

己的网站①；另外，在 2015 年纳格尔发表的文章中，作者通过对加拿大 776 家社区报纸进行调查②，发现虽然其中 91％家已拥有自己的新闻网站，但这些网站基本没有或只有很少有专人进行运营，且相比于纸质版的社区报纸，当时加拿大社区报的网站运营在其整体业务中并未受到足够重视③；最后，在 News Media Canada 2017 年的统计数据中，全加所有的社区报已经全部拥有了自己的社区新闻网站④，且笔者随机抽取查看了其中 20 家社区报新闻网站在当年的报道，发现不论是从新闻更新的速度、网页内容的丰富程度，还是从普通民众发布的信息和观点的数量来看，绝大多数社区报新闻网站在当时均已呈现出较为成熟的发展态势。据此，本书可以认为加拿大社区报的超本地化进程在 21 世纪第一个 15 年中即已开始，但其起步进程缓慢，直到 2015 年到 2017 年间取得快速发展，并在近年来不断向纵深处发展。

在这个进展迅速的超本地化转型过程中，加拿大社区报的呈现形式、新闻发布渠道、报道取向等均发生了重大变革。其中，其新闻发布渠道的转型最能体现加拿大社区报的改革成果。目前，加拿大社区报的报道渠道主要包括以下四种。

1. 新闻网站

加拿大社区报超本地化发展的一大重要尝试是自己发起建立新闻网站，这些网站融新闻发布、电子报浏览与下载端口、社区广告平台等多种功能于一体，在社区报超本地化发展的多重渠道中类似于一个神经中枢的作用，其纸质报/电子报、社交媒体推文、新闻信、移动客户端播发的新闻均可在其网

---

① ADAMS J W. US weekly newspapers embrace web sites[J]. Newspaper research journal, 2007, 28(4): 36-50.

② 这一数据可占到当年全国社区报总数的 65％，因此其研究结果被视为具有较大的代表性。据 News Media Canada 统计，2015 年全加拿大共有 1 186 家社区报，参见 https://nmc-mic.ca/wp-content/uploads/2021/03/Snapshot_2015_FACT_SHEET_FINAL.pdf。

③ NAGEL T. Online news at Canadian community newspapers: a snapshot of current practice and recommendations for change[J]. Journal of applied journalism & media studies, 2015, 4(2): 329-362.

④ News Media Canada. Snapshot: community newspaper circulation of 2017[R/OL]. [2019-10-20]. https://nmc-mic.ca/about-newspapers/circulation/community-newspaper-snapshot/.

站中找到更及时或更详细的报道。不同于纳格尔2015年调查时认为多数社区报并未意识到自办新闻网站的重要作用,笔者对当前社区报自建网站进行观察和分析后认为,当前自建新闻网站已经成为加拿大社区报最重要的传播渠道之一。

加拿大社区报的电子报是其探索数字出版时的一种尝试。作为纸质报纸的电子版本,加拿大社区报的电子报与其纸质版相比几无差异。尽管社区报自建的新闻网站为其电子报提供了进入的端口,但这一端口更近似于挂靠在网站上的一个边缘功能,其重要性完全不能与网站本身提供的海量信息和多重功能相提并论。以《本拿比即时报道》(*Burnaby Now*)为例,相比于报纸及其电子版,网页端的《本拿比即时报道》可以即时发布突发新闻、提供视频播放,开辟本社区活动日历查询等服务。或如《密西沙加新闻》(*Mississauga News*),因为其母公司拥有Save.ca等优惠券、电子商务网站,其网页版可直接链接到优惠券、传单打印的页面,这样不仅可以为读者提供更为便捷的使用感受,而且也高效地实现了广告引流。正如《密西沙加新闻》的母公司都市传媒集团有限公司(Metroland Media Group Ltd,以下简称"都市传媒集团")的统计数据,该公司的内容更多的是通过在线浏览的方式被看到的,而且因为网页内容可以被便捷地转发到社交网络,这为本地信息的传播提供了渠道,无疑为报社及其母公司甚至总公司的发展提供了更多的发展机遇。

2. 社交媒体

社交媒体是加拿大社区报超本地化的另一个重要传播渠道。据New Media Canada统计,2017年其统计的所有加拿大社区报均已开放网站及社区媒体账号[1],常见的社交媒体账号主要包括Facebook、Twitter和Instagram等。因为社交媒体更强的交互性,公众可以很方便地评论并转发社区报账号的推文,这为其参加公众事务提供了便利。

据笔者观察,很多加拿大社区报的社交媒体账号拥有比较可观的"粉丝"数。通常,加拿大社区报网站所发布的重要本地信息会由编辑转发到社交媒

---

[1] News Media Canada. Snapshot:community newspaper circulation of 2017[R/OL]. [2019-10-20]. https://nmc-mic.ca/about-newspapers/circulation/community-newspaper-snapshot/.

体账号,为了适应社交媒体的传播特点,这些发文通常以大幅图片、醒目的标题为特点,当地民众在看到自己感兴趣的内容后会对其予以评论和转发。

3. 新闻信

新闻信,从其字面上来看,是来源于古罗马时代的一种古老的传播方式。李彬在追溯其起源时曾谈道:

> 如果说"每日纪闻"是"历史上第一份官方的报纸",那么新闻信就是最早的民间"报纸"。新闻信不同于一般的书信,它主要用于向各行省的达官贵人通报罗马的情况,所以它是把地方与中央联为一体的信息纽带。①

而现在的北美,新闻信则被用以指代通过电子邮件发送的新闻、商品等的简报。与微信公众号类似,新闻信可以在其发出时即时实现对读者的完全送达,比起纸质报纸及其电子版、新闻网站等需要读者主动接触,新闻信可以实现在读者不主动接触信息时仍能送达到读者端。

笔者订阅了《本拿比即时报道》《密西沙加新闻》等多家社区报的新闻信,通过观察发现,加拿大社区报均将新闻信视为其向读者推送新闻和广告内容的重要手段。订阅后,社区报会定时向其订户推送信息②,其形式通常是2~3页设计精美的邮件,内容涵盖本周该社区报最重要的几条新闻,内容不多,较为注重排版的美观。最重要的是,这些新闻信上的每一条消息都带有到其新闻网站的链接,读者只要对任意一条新闻感兴趣,就可以即时连接到其网站阅读详细信息。

在加拿大,很多媒体均将新闻信视为其与读者建立联系最直接的手段。通常,读者登录新闻网站时均会接到自动推送的注册新闻信的邀请,读者只需填写邮箱信息,即可快捷、便利地获得之后的新闻推送。相比App客户端的通知,新闻信因为只发送到邮箱,较不易打扰读者的日常工作和生活。

---

① 李彬. 全球新闻传播史:公元1500—2000年[M]. 2版. 北京:清华大学出版社,2009.

② 笔者订阅的多家社区报在2019年夏—2020年夏期间保持每周一封新闻信的发送频率,但这一情况在2020年秋发生了转变,截至2024年6月25日,《本拿比即时报道》等个别运营较好的加拿大社区报的新闻信发送频率是每天一封。

分析加拿大新闻信盛行的原因，笔者认为比较重要的一个背景应是电子邮箱使用的日常化。不同于我国国民的互联网使用习惯中通常更加强调对手机 App、社交网络、网页的使用和对电子邮箱的事务性看待，加拿大人日常生活中很多信息推送、趣事分享等均通过邮箱进行，这为加拿大媒体接近读者提供了一条捷径。

4. 客户端软件

客户端软件是近几年加拿大社区报超本地化实践的最新尝试，很多社区报都对这一传播渠道进行了尝试。如 2020 年 3 月，加拿大知名媒体集团 Torstar 公司与数字平台 Innocode 签署协议启动了针对加拿大社区媒体的项目 Torstar Local，这一项目目前已经在安大略省北湾地区进行内测，推出了名为"The North Bay Local"的手机 App。[①] 作为一款超本地化新闻客户端软件，"The North Bay Local"App 不仅与 the north bay local.com[②] 关联，保留了对本社区新闻的全面报道，而且依托手机的定位功能，可实现对用户精确定位点附近的新闻推送，另外，用户可在该 App 上选择自己感兴趣的社区场所（如社区图书馆、博物馆）以及社区活动，这样在社区组织相关活动或者有相关新闻发生时即可及时通知该用户。

三、基层治理视角下的超本地化加拿大社区报

在超本地化转型的过程中，加拿大社区报逐渐基于其各自特色探索出了适宜其采用的发展路径。为了更好地了解加拿大社区报的发展情况，本书选取了两家具有典型性的加拿大社区报，以之为例探索了加拿大社区报对待公共利益的表达方式和加拿大社区报的商业化运营方式。

---

① Torstar launches digital-only news initiative for local communities[EB/OL]. (2020-03-11). https://nmc-mic.ca/2020/03/11/torstar-launches-digital-only-news-initiative-for-local-communities/.

② 网址为 https://northbaylocal.co/。

第三章
媒介化基层治理方法的典型案例

（一）对《本拿比即时报道》的分析：加拿大社区报注重对公共利益的表达

公共利益的实现是地方善治的基础。只有公众的利益诉求得到满足，对公众进行社会动员使其参与到地方治理的进程中来才具有现实的可能性。在国家与社会高度一体化之下，社会动员是集权体制惯用的群众运动政治方式，而随着现代国家与社会关系的建构，民主法治意义上的社会动员是指各种社会力量参与国家治理的要求和参与行动的结果。① 面对多元化社会，包括政府在内的所有社会力量都是社会动员的主体力量，这是多元治理的现代社会动员目标所在，也是实现国家治理体系和治理能力现代化的基本意义所在。为了建设多元参与型基层治理规则，群众动员需要追求并确立"社会成员共享利益和共享价值"的价值取向。

为了探索加拿大社区报对公共利益的表达和实现所持的态度，本书选取了《本拿比即时报道》为案例，并采用基于扎根理论的反复比较法和内容分析法（具体的研究过程见附录B、C）对其予以分析。

《本拿比即时报道》是克拉西亚媒体集团（Glacier Media Group）旗下的社区报，其在本拿比当地已有46年的办报历史②，每周向其付费订户发行44 000份，是加拿大不列颠哥伦比亚省最大的社区报纸，在本地拥有大量读者。之所以选择《本拿比即时报道》作为本书的研究案例，主要是因为：①《本拿比即时报道》按期出版，办报史长、发行量大，是发展较为成熟的加拿大社区报；②该报的纸质资料较为易得；③《本拿比即时报道》已经进行了成功的超本地化转型，其传播渠道包括官方网站、电子邮件、社交网站，以及在数字出版平台Issuu上按期发布的完整电子版报刊，与之相关的资料也较为齐全；④该报在笔者在加拿大访学时所居住的社区发行，有利于笔者对其报道的广泛度、及时度等进行把握。

研究发现，《本拿比即时报道》对公共利益的追求主要体现在以下三方面。

---

① 周庆智.中国基层社会自治[M].北京：中国社会科学出版社，2017：178.
② 此处未计入其前身《哥伦比亚日报》123年的办报历史。

(1)《本拿比即时报道》以较大版面对本地事务进行报道,有利于本地公众利益的实现。通过对《本拿比即时报道》的报道内容进行基于扎根理论的反复比较,本书归纳出其在日常报道中倾向于报道本地公共事务、本地文化、娱乐和体育信息、公益广告和活动推广等信息,煽情新闻、娱乐新闻、联邦和省的新闻虽然也占据一定数量,但整体上并不影响对本地公共事务的报道,这一点符合本书对报纸体现公共利益的预期。另外,正如赵月枝在其文章《公众利益、民主与欧美广播电视的市场化》中提到的,大众传播媒介需要实现的公众利益应包含全面、多元、平等和不迎合四个维度①,以这一标准为参考,本书认为《本拿比即时报道》在公众利益方面表现较好:①全面——满足不同层次、不同品位的受众的需求。《本拿比即时报道》的日常报道兼顾了不同层次和口味的受众的需求,以其在 2019 年 11 月 28 日的报道为例,当天的《本拿比即时报道》刊登了两则餐厅广告,第一则宣传的是一家有 60 余年历史的豪华餐厅,另外一则则是物美价廉的小餐厅的周年折扣广告,这从一个侧面反映了该报对不同消费水平的读者的重视。②多元——反映不同的观点,照顾少数人的兴趣。《本拿比即时报道》开设有固定的老年人报道专栏,另外其日常报道中也很注重对原住民、青少年等的报道,秉持了多元主义文化观。③平等——受众不分等级享受同样的服务。《本拿比即时报道》的服务向全民开放,除其纸质版报纸因夹有各大商铺的优惠券而收费之外(每月 2 加元的订费非常低廉),其电子版报纸、新闻头条电子邮件、社交账号的新闻推送等均免费向所有公众开放,践行了平等原则。④不迎合——不迎合受众的大多数,而是通过具体的报道致力于培育民主精神,提高公众的文化品位。《本拿比即时报道》虽然刊发了大量商业广告,但在其日常报道中并没有明显迎合高购买力读者的表现,相反,其对法律法案的普及报道、对法案听证会的公告、对艺术活动的报道、评论等均显示出其对培育民主精神,提高公众文化品位的追求。

(2)《本拿比即时报道》的超本地化发展促进了公共文化服务的网络化发

---

① 赵月枝.公众利益、民主与欧美广播电视的市场化[J].新闻与传播研究,1998(2):27.

展,通过推动公共空间的公用和公共文化的供给而促进了公民权和公共利益的实现。

格雷厄姆·默多克(Graham Murdock)认为,公共空间的共享情况和公共文化的供给情况是考察公共利益实现的标准之一[①],通过对《本拿比即时报道》的电子报、网站、新闻信、社交网络等的观察和分析,笔者发现该报不仅对本地公共事务保持密切关注,高频率采用本地读者的来信,而且开设社区活动日历、本地艺术活动日历等固定栏目,为本地民众的生活提供了很大的便利。尤其是网站右上角显要位置设置的社区活动日历栏目,直接、公开地将本社区即将举办的公共文化活动信息和公共空间的开放时间予以公示,用户只要点击具体的日期就能知道当天有哪些公共文化活动可以参加、有哪些公共空间可以使用,这种对公共文化服务的网络化发展直接促进了公共利益的实现。

(3)《本拿比即时报道》超本地化的新闻平台大量采用公民新闻,为公众表达自我提供了便捷。根据对《本拿比即时报道》的内容分析,在笔者开展本项研究的2019年7—11月间,《本拿比即时报道》向其用户推送的新闻信中有32%是由用户直接提供的公民新闻。另外,不同于传统媒体时代信息的单向传播,当前阶段加拿大社区报的新闻网站、社交媒体账号留言板等也为公众表达自身愿景或发表评论提供了更多便捷。UGC被认为具有数字礼物的属性[②],《本拿比即时报道》对其的大量采用为政治参与和民主制度提供了更为多元的渠道,有利于公共利益的实现。

(二) 对《密西沙加新闻》的分析:加拿大社区报的市场化运营模式

从社会治理的角度来看,趋于统一的文化价值观被认为对社会整合有重要意义。[③] 那么,当我们对加拿大社区报进行分析时,其对于主流文化的态度

---

① 默多克.作为道德经济的政治经济:商品、礼物与公共物品[M]//姚建华.传播政治经济学经典文献选读.北京:商务印书馆,2019:88.
② 默多克.作为道德经济的政治经济:商品、礼物与公共物品[M]//姚建华.传播政治经济学经典文献选读.北京:商务印书馆,2019:90.
③ 吴晓林.社会整合理论的起源与发展:国外研究的考察[J].国外理论动态,2013(2):37-46.

就成为本书一个重要的研究角度。加拿大是一个典型的移民国家,这一定程度导致了加拿大文化的多样性特征。据《剑桥加拿大史》的记载:

1986—2010年,加拿大接纳了600万新移民,这一数目使总人口增至3 400万。到2011年,几乎每5个加拿大人中就有1个是移民。这一数据突出表明了这个国家民族构成的重大变化。第二次世界大战后一段时间内,大多数移民来自欧洲,但从20世纪70年代起,大多数移民都来自亚洲国家,主要有中国、印度、巴基斯坦和菲律宾。这使得加拿大成为世界上最具文化多样性的国家之一。①

在多族群散居、文化多样性等的影响下,加拿大没有形成以特定族群及其先赋特征所决定的主流文化,而随着工业化、城市化进程的推进以及新自由主义的传播,"去政治化"的消费主义一定程度上成为加拿大城市地区的主流文化。在这种背景下,加拿大社区报的超本地化报道是否会迎合或构建消费主义的社区文化?本书以加拿大知名社区报《密西沙加新闻》为例,对其运营模式的特征进行分析,并试图发现加拿大社区报与消费文化之间的关联。

《密西沙加新闻》创刊于1965年,至今已发行50余年,现属加拿大最大的社区传媒企业都市传媒集团所有。在网络化发展方面,都市传媒集团表现优异,随着20世纪90年代中期社区报纸报网融合,都市传媒集团较早进军互联网,开始了数字出版的转型期,随后又收购了Save.ca(加拿大知名的优惠券在线领取平台)和gottarent.com(加拿大知名房屋租赁网站)等在线资源,拓宽了其网络经营的业务面。2011年,都市传媒集团为其旗下104家社区报纸创建了500多种智能手机和平板电脑应用程序。

之所以选择这份报纸作为本书的研究案例,首先是因为该报在超本地化进程开始后保持非常优秀且一路上扬的发行数据——据News Media Canada 2016年的统计,《密西沙加新闻》当年每周发行197 547份,是该年度加拿大全

---

① 康拉德.剑桥加拿大史[M].王士宇,林星宇,译.北京:新星出版社,2019:282.

境发行量最大的社区报纸①,之后这一数据仍然保持上升态势,目前,该报纸的发行数据是每周 289 000 份。② 其次,《密西沙加新闻》曾多次获奖,先后被评为安大略省和加拿大的最佳社区报纸等。2013 年,《密西沙加新闻》更是荣获 Local Media Association Awards,被评为北美最佳社区报纸。再次,之所以选择《密西沙加新闻》作为本章的案例也是因为其母公司都市传媒集团在融媒体改革方面居于加拿大前列。最后,由于《密西沙加新闻》与都市传媒集团旗下大多数社区报采取着相近的发展运营方式,且其内容形式、风格等也较为相近,所以很多关于都市传媒集团的研究文献、新闻报道均可作为本书的研究资料被予以分析,这为本书提供了更多的扎根材料。

  本部分的研究也采用了案例分析法和基于扎根理论的反复比较法。另外,在谈及案例研究法的分析策略时,罗伯特·K.殷(Robert K. Yin)提出了逻辑模型和模式匹配两种分析策略。其中,逻辑模型是一定时期内各种事件之间的复杂而精确的链条。这些事件能展现"原因—结果—原因—结果"的重复与循环,而且前一阶段的结果事件往往是下一阶段的原因事件。运用逻辑模型分析策略,需将实际观察到的事件与逻辑预测的事件进行对比,因而该策略也可以看成模式匹配策略的一个变化形式。③ 而所谓模式匹配策略,是将建立在实证基础上的模式预测与建立在预测(或者前人研究成果)基础上的模式进行匹配,从而探索新研究的模式的特点。④ 对于本书所关注的加拿大社区报超本地化的运营模式的问题,综合运用这两种分析策略有利于本书在前人研究的基础上对加拿大社区报的超本地化商业运作方式进行归纳和分析。为此,本书将美国学者麦克马那斯 20 世纪 80 年代基于对北美地方媒体的经验研究所提出的"商业化新闻生产的模式"作为对加拿大社区报商业运营模式的前理解,在对其进行理解和分析的基础上探索加拿大社区报在

---

  ① News Media Canada. Snapshot:community newspaper circulation[EB/OL]. [2019-12-18]. https://nmc-mic.ca/about-newspapers/circulation/community-newspaper-snapshot/.
  ② Mississauga. About us[EB/OL]. [2020-02-09]. https://www.mississauga.com/site/static-pages/about-us.html.
  ③ 殷.案例研究:设计与方法[M].周海涛,史少杰,译.重庆:重庆大学出版社,2017:183-184.
  ④ 殷.案例研究:设计与方法[M].周海涛,史少杰,译.重庆:重庆大学出版社,2017:169.

媒体融合的时代背景下所开展的超本地化转型如何运营。(对麦克马那斯的研究概述及本部分研究过程的相关内容见附录 D)

通过对加拿大社区报进行观察和梳理,本书认为当下加拿大社区报的内容生产方式与 20 世纪 80 年代麦克马那斯的结论具有一定程度上的接近性。不过,由于媒体技术的发展等原因,当前的社区报拓展出更多元的传播渠道,转型为集网页、社交网络、电子出版于一体的社区报。另外,伴随加拿大社区报业所有权集中的不断深化,之前麦克马那斯认为作为媒介企业一个内部组织的新闻部门现在更多地呈现为一个个单独的社区报,其在日常工作中完全依托于母公司运作,负责所属小型市场的新闻报道和母公司下达的广告传播业务。具体而言,当前加拿大社区报的运营方式见图 3.4。

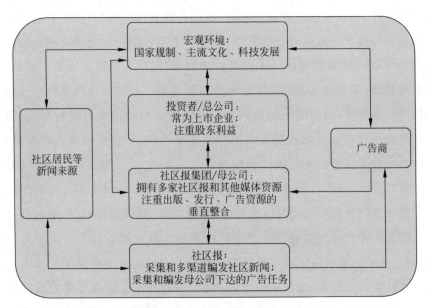

图 3.4　加拿大社区报的运营方式

概括而言,《密西沙加新闻》的运营模式具有以下四方面的特点。

1. 《密西沙加新闻》采取公司化的经营模式,其内容生产仅被视为商业利益获得中的一个环节

通过对《密西沙加新闻》的相关扎根材料进行分析,本书发现《密西沙加新闻》及其母公司都市传媒集团采取的是公司化的经营模式,其发展基本完全遵循市场逻辑。这主要体现为:首先,都市传媒集团的母公司多伦多星公司是在多伦多证券交易所上市的公司,其收益取决于其股票的市值①;其次,都市传媒集团的经营范围涉及社区报、社区网站、电子商务、发行、第三方商业印刷等,这使得其内部实现了从内容产品的设计、生产到销售等的全产业链覆盖,部门内部和各部门之间实现了高度的协同合作;再次,《密西沙加新闻》和其母公司都市传媒集团的所有可视化外观(如报纸页面设计、网站设计等)均体现了对商业广告的极端重视,相比之下,内容产品在都市传媒集团的产业链中却并不被强调。通过对该报纸质版和电子平台内容进行梳理,本书发现其刊登的内容产品呈现出较高的同质化倾向,即主要涉及社区犯罪报道、对即将举办的会议、周末和假期活动进行报道和推荐等,不同刊期之间对比不强烈,创新性较低。

总体而言,《密西沙加新闻》是作为都市传媒集团内部的一个子部门开展工作的。其日常工作联系最紧密的两个群体是新闻来源与读者(二者有时会重合),而为其提供广告收益的广告商虽然会因为关注密西沙加市场而关注《密西沙加新闻》,但具体的广告业务洽谈却往往发生于广告商与都市传媒集团。换句话说,如果一个广告商比较关注密西沙加市场,那么正常情况下他的行动轨迹是关注当地的相关媒体,如果他对《密西沙加新闻》感兴趣,他将需要联系都市传媒集团(《密西沙加新闻》的网页上留有都市传媒集团的广告投放联系方式),咨询都市传媒集团在密西沙加市场的用户数据,并与其商量具体的广告投放策略,如果这位广告商期望在更大的市场投放广告,都市传媒集团也可在其旗下更多的社区报或其电子平台满足其需求。

2. 在市场化的发展逻辑之下,都市传媒集团的规模化发展成为其制胜的关键,这使得媒体所有权的集中对其生存发展具有战略性意义

与在新闻报道方面相对常规的表现相比,都市传媒集团投入了更多的人力和物力用以对读者的信息进行更深入的了解和分析。以专注印刷行业新

---

① 参见多伦多星公司的官网简介、股票价格及各季度财报等。网址:https://www.torstar.com/.

闻报道的网站"印刷行动"(Print Action)发表的一篇报道为例,该文采访了都市传媒集团的营销副总裁,对方将都市传媒集团得以在加拿大保持喜人的市场渗透率归功于他们大力推介都市传媒集团品牌、收购电子商务网站、经营多家印刷厂,以及最关键地,尽一切力量把握受众特点,以方便广告商的广告投放,他说"安大略省没有其他公司在这一方面能取代我们,即根据客户的特定的意向将广告派发到特定的位置。我们的团队包括一个拥有地理信息系统硕士学位的专家,他可以根据人口统计、收入、购买行为、生活方式或心理状况等因素,计算出非常精确的广告投递对象,比如具体的某60户家庭。"①

都市传媒集团的营销人员的这段话不仅透露出都市传媒集团将占有特定区域内的目标受众(即社区报的读者群体)的具体信息视为其核心竞争力之一,而且也从侧面说明了其追求集团化发展的内在需求。如前所述,加拿大报业所有权的集中化程度极高,2017年全国第一大报团邮报媒体公司(Postmedia Network Inc.)占有了市场45%的份额。从历史的角度看,我们已知这种高度的集中化与加拿大历史上较早放松管制有着密切联系,而现在通过对加拿大社区报融媒体的商业模式进行分析,本书发现从其商业利益的角度来看,报业集中化也是社区报融媒体的核心诉求。因为相比于广播、电视,甚至日报、杂志等针对更大市场的媒体,其对市场的占有率往往是以固定人数中的百分比来决定的,而社区报融媒体则不同,由于其内容专注于特定社区等小型市场,而且其通常与当地社区的信息来源保持密切关系,甚至报社内部的很多工作人员就来自当地社区,所以在深耕当地社区一段时间之后,这些社区报融媒体通常能对当地社区读者拥有较高的认知度。但是,在掌握了当地受众这一步进行到一定程度之后,这些专注小型市场的社区报融媒体就必然面临其发展过程中的瓶颈,即市场边界明显,难以突破并需向外扩展。在这样的情况下,合并毗邻社区并占有其市场中的受众就成为其突破发展瓶颈的必然选择。在这个所有权合并的过程中,对比独立经营的小型社区报而言,本身归属于大型报团,拥有专业化的新闻报道人员、商业运营人

―――――――――

① GAITSKELL V. Hyperlocal print media: inside metroland media[EB/OL].(2016-09-12)[2020-01-15]. https://www.printaction.com/metroland-media-3741/.

员,以及更雄厚的财力支持的社区报无疑具有更大的优势,因此,久而久之,独立经营的小型社区报越来越少,而加拿大社区报业所有权的集中化程度则越来越高。但是,一个显而易见的逻辑是,所有权合并的最根本目的是占有毗邻市场的目标受众,而且因为那些发起合并新的社区报的报社本身已有一个新闻报道团队,按其本身重广告轻新闻的逻辑来看,其合并了新的市场后只需有少量的本地记者和编辑负责新闻报道即可满足其日常所需,所以在这个所有权合并的过程中,专业从事新闻报道的记者和编辑常常随着合并而减少。这带来的问题就是新闻的同质化——或者更确切地说,是整个新闻报道页面的同质化,原先差异明显的两份报纸开始被同样的广告商的广告占满,新闻的数量和质量都被削减,而社区报自身,则因为占有了更多的市场,有时甚至垄断了特定的市场而身价上升。所以,在这个报社追求更精准的受众(即广告商的受众消费者)信息分析的同时,社区报业的所有权集中愈演愈烈,而新闻的同质化现象也递增。

3. 新的传播技术的应用使得《密西沙加新闻》等社区报融媒体更易获取广告收入并提升其商业利益

如前所述,作为社区报融媒体的《密西沙加新闻》具备了更多元的广告发布途径,其新闻网站、新闻信中的广告植入、显要位置设置的优惠券平台超链接等均为读者获取广告及购买商品提供了极大便利。而这并非《密西沙加新闻》独有的情况。

据 News Media Canada 2019 年的统计,14%的社区报读者在接触其数字平台的广告时获知了某类商品或服务,24%的读者点击获取了有关该商品或服务的详细信息,14%的读者进一步在线下关注了该商品或服务,15%的读者购买了该商品或服务。[①] 这些数据显示出融媒体平台对于受众商业行为具有明显的促进作用,新传播技术的应用促进了社区报融媒体的商业利益进一步提升。

---

① News Media Canada. 2019 Research:local newspapers:engaged and connected[EB/OL]. [2020-02-02]. https://nmc-mic.ca/ad-resources/local-newspapers-engaged-and-connected/.

4. 在《密西沙加新闻》的内容生产过程客观上塑造并强化了消费社会的景观

通过对《密西沙加新闻》的电子报、社交媒体账号推文等进行梳理，本书发现该报的风格整体上在强化消费社会的文化氛围。以其2014年夏季发行的《挥霍密西沙加》(*Splurge in Mississauga*)为例，其粉红色的封皮上以白色花体字印有"去结识新朋友，去畅玩各处，一切都在等你来尝试、品味和购买"(People to know, place to go, things to try, taste or buy)的文案，之后的扉页、内页也均以一致的风格呈现出丰富的物质与幸福生活的关联。另外，《密西沙加新闻》还不定期出版发行《密西沙加房产资讯》《密西沙加家园》《密西沙加汽车》等特刊，这些特刊均以大幅的广告和煽情的文案"召唤"着读者的物欲。观察《密西沙加新闻》及其一系列特刊，虽然从麦克马那斯市场新闻业的角度来看，这是该报与其母公司获取利润的手段，但如从文化与社会治理的关系的角度看，本书认为，这一定意义上促进了基层社会文化呈现出更为统一的消费文化属性，而"统一"则一定程度上意味着基层治理的难易程度相对可控。

四、加拿大社区报的基层治理经验

通过对加拿大社区报对公共利益的表达，以及其商业运营模式的观察和分析，本书对加拿大社区报的特点进行了归纳和总结，并从中探索了加拿大社区报在基层治理方面所积累的经验。

具体而言，加拿大社区报在基层治理方面有以下三方面的经验可为我们所参考。

（一）关注地方民众的诉求

对于影响本地民众核心诉求的新闻事件，加拿大社区报往往本着严肃、中肯的态度予以报道，尽力促成由上至下的中央信息与由下至上的地方信息之间形成相对平衡的状态，即双方之间的互动均包含一定比例的信息模式报道和故事模式报道。另外,在新闻的发现、选择和报道中,加拿大社区报具有促进本地民众公共利益实现的内在诉求,如促进社区民众的融合互动,促进当地文化多样性的发展和丰富。

(二)注重对公共利益的表达

首先,加拿大社区报的报道往往不局限于报道当地的"软新闻",而是以信息模式的新闻去关注影响当地民众工作和生活的公共事务,从而推动当地公共领域的形成;其次,加拿大社区报致力于推动当地公共空间、公共文化的公有化;最后,加拿大社区报十分注重采纳公民新闻,这不仅为公众的自我表达提供了便利,而且缩短了其新闻产制与普通民众之间的距离,从而有利于其自身的发展。

(三)以市场化运营模式迎合消费文化

经历了半个多世纪的发展,加拿大社区报在商业运营模式方面已经积累起丰富的经验,这一定程度上缓冲了网络媒体发展为传统报业所带来的冲击。另外,面对媒体融合的国际潮流,当前的加拿大社区报仍然十分注重采纳新技术、新思路去谋求发展,而这种商业化的发展与崇尚消费文化的加拿大民众具有较高的契合度,从而在一定程度上有利于社会整合。

第四章
媒介化基层治理方法的功能探析

在为国家服务时，大众传播媒介是社会变革的代言者。①

——韦尔伯·施拉姆

在第三章，我们通过中国和加拿大媒体参与基层治理的案例分析了解到了媒介化方法在基层治理方面所发挥的作用。本章将着力探讨"为什么能"的问题，即通过分析这些媒介化方法在基层治理中所具有的功能来探讨基层治理的媒介化方法的学理基础。此前，已经有前辈学人对这一议题进行了探讨，如郑亮从县级媒体融合参与基层治理的政治学、传播学、社会学等基础的角度切入这一议题，发掘了各学科理论在探讨这一问题时所具有的解释力。②本书将在这些思考的基础上进一步前行，探讨在媒介融合的时代背景下，媒介为何能够融入基层治理的制度发展和实际运作中，从而产生舆论引导、公共服务提供、社会风险防控，以及社会整合促进等效果。

---

① 施拉姆.大众传播媒介与社会发展[M].金燕宁，等译.北京：华夏出版社，1990：121.
② 郑亮.县级融媒体中心和基层社会治理研究[M].广州：暨南大学出版社，2020：7.

第一节 "社会皮肤"：媒介的社会舆论引导功能

沃尔特·李普曼(Walter Lippmann)在《公众舆论》一书中这样定义舆论：

他人脑海中的图像——关于自身、关于别人、关于他们的需求、意图和人际关系的图像，就是他们的舆论。①

这一观点不仅指出了舆论的构成物——人们关于自身、别人、他们的需求、意图和人际关系，也指出了舆论的本质——他人脑海中的图像，也就是说，舆论并非一种本体性的存在，而是基于外在刺激所形成的对于外界的想象。至于这种想象何以产生影响，李普曼将之归结为新闻界的作用："如果舆论想要发出声音，那就必须利用新闻界加以组织，而不是像今天的情况那样由新闻界加以组织。"②由此，李普曼指出了舆论产生之后作用于世界的必经途径——新闻媒介。

在《公共领域的结构转型》一书中，哈贝马斯进一步提出了舆论的形成路径：

一种意见在何种程度上可以说是舆论，取决于该意见是否公众组织内部的公共领域中产生，取决于组织内部的公共领域与组织外部的公共领域的交往程度。③

由此，哈贝马斯将舆论的生成与社会互动相关联。在人际交往为主要互动方式的社会，面对面的信息传播会产生舆论，而在信息技术飞速发展，媒介

---

① 李普曼.公众舆论[M].阎克文,江红,译.上海：上海世纪出版集团,2006：21.
② 李普曼.公众舆论[M].阎克文,江红,译.上海：上海世纪出版集团,2006：22.
③ 哈贝马斯.公共领域的结构转型[M].曹卫东,王晓珏,刘北城,等译.上海：学林出版社,1999：232.

技术高度发达并已渗入人们生活的方方面面的当今时代,舆论的生成与传播无疑与媒介息息相关。

基于李普曼和哈贝马斯对"舆论"的定义与相关探讨,本书将"舆论"定义为人们基于媒介、人际传播等社会互动渠道所产生的对于外在环境的观点、态度和认知的总和。面对媒介融合背景下基层舆论生态的复杂化现实,县级融媒体中心和城市社区报的发展,以及大数据技术在基层治理中的应用已经显示出媒介化方法在基层社会舆论引导中的作用。那么,这背后的学理逻辑是什么?为什么媒介化方法有助于基层社会的舆论引导?本节将在发掘传播学经验学派、公共关系研究和政治学舆论管理研究相关理论成果的基础上思考这一问题。

一、影响舆论是媒介的主要功能之一

以拉斯韦尔的 5W 模式为基础,诞生于第二次世界大战之中的美国传播学经验学派被区分为五大基本类别,即关注传播者的控制分析、关注传播内容的内容分析、关注传播媒介的媒介研究、关注受众的受众分析,以及关注传播效果的效果研究。在这五大研究板块中,尤以关注传播效果的效果研究成果最多,最为引人注目。经验学派的发展先后经历了强调媒介对公众意见(即舆论)具有强传播效果的"靶子论"时期(又称"皮下注射论"或"魔弹论"时期)、认为传播效果受多种因素影响的"有限效果论"时期,以及将宏观社会效果纳入视野,从而再次强调传播效果的"宏观效果论"时期,各个时期所形成的传播效果理论均对思考当前环境下媒介对于基层社会进行舆论引导的学理逻辑有所启发。

(一)"靶子论"时期:新媒介产生初期的舆论影响力更明显

20 世纪二三十年代,随着大众报刊、电影等媒介的普及,以及广播媒介强势深入人们的生活,媒介在影响公众观点时所具有的效力被大肆强调,这一时期的主流观点倾向于认为"传播媒介拥有不可抵抗的强大力量,它们所传递的信息在受传者身上就像子弹击中躯体,药剂注入皮肤一样,可以引起直接速效的反应;它们能够左右人们的态度和意见,甚至直接支配他们的行动。"①

由于对传播效果的太过强调和唯意志论特点,"靶子论"后来受到了颇多批评,如有学者认为这种理论产生于大众社会论的背景之下,与当时心理学的主流观点"刺激—反应"论紧密相关,因此片面夸大了媒介在受众态度改变方面所具有的效力。不过,随着新媒介技术的产生和迅速普及,今天的学者们又重新对"靶子论"的合理性进行了探讨,认为这种理论在新媒介出现和扩散的早期具有很大的解释力②,而且尤为适用于对风险社会背景下群体性事件的产生机制予以研究。③

(二)"有限效果论"时期:公信力影响媒介的舆论引导能力

20世纪40—60年代,随着保罗·拉扎斯菲尔德(Paul Lazarsfeld)对意见领袖的作用和两级传播的发现、库尔特·卢因(Kurt Lewin)团体动力学的提出,人们开始倾向于认为比起媒介,人际传播中的意见领袖、人们的团体归属等对于人们观点和态度的转变发挥着更加重要的作用。另外,这一时期,卡尔·霍夫兰(Carl Hovland)通过在美国陆军部授命下的一系列心理实验,说明了单一的大众传播并不能导致人们观点的改变,传播主体、信息内容、说服方法、受众属性等条件也在制约着传播效果的实现。正如约瑟夫·T.克拉珀(Joseph T. Klapper)在《大众传播的效果》中的概括,这一时期人们倾向于认为大众传播对于人们意见的强化和转变确实有影响:"说服性大众传播更有可能强化既有观点而非改变"④,"由大众传播引起的转变并不经常发生,但它确实存在,而且在某些情境下十分普遍。"⑤

---

① 郭庆光.传播学教程[M].北京:中国人民大学出版社,1999:193.
② 孟俊彦.新媒体形势下的"靶子论"[J].河南科技,2015(22):196.
③ 李新文."靶子论"是一种真实的客观存在——对社会转型期群体性事件的思考(上)[J].采写编,2011(6):13-14.
④ 克拉珀.大众传播的效果[M].段鹏,译.北京:中国传媒大学出版社,2016:36.
⑤ 克拉珀.大众传播的效果[M].段鹏,译.北京:中国传媒大学出版社,2016:72.

不过,尽管传播史的研究者们将这一时代人们对于大众媒介的传播效果的观点冠名为"有限效果论"时期①,但这种"有限效果"其实并不是说大众媒介的传播效果较之前有所减弱,而是强调了影响传播效果实现的多种因素。如克拉珀所言,"显然,众多传播自身的因素和传播情境都与大众传播说服效力有关。"②具体而言,这些"传播自身的因素"和"传播情境",以及它们所发挥作用的情况主要包括:

1. 信息源,或者确切地来讲,受众对信息源的印象影响他们对传播内容的理解和传播的说服效力。具有公信力的、值得信任的或是有声望的信息源显而易见地有助于说服传播,而那些声誉不太好的信息源则会阻碍说服传播。然而,两者之间的差异会随着时间的推移而消失。对于具有专业知识背景的受众来说,高端专业化的信息源比一般信息源更具有说服效力。

2. 大众媒体被广泛认为是能够产生强大而明显的地位授予作用的信息源工具。

3. 对于不同的受众群体,一些媒介通常会产生不一样的说服效力。如在不同的情境中,面对面传播与广播传播产生的效果区别明显。

4. 大众媒介在不同主题领域具有不同的传播说服效力。

5. 媒介技术因素对传播说服效力有着直接的影响。

6. 传播内容与手法也与大众传播的说服能力有关。③

对于本书而言,克拉珀的观点不仅进一步说明媒介对基层舆论有所影响,而且对于我们思考媒介怎样提高对基层社会舆论的影响有所启发,即重视媒体公信力的培育,依据基层受众的特点(如受教育程度)选择合适的传播渠道,以及重视媒介技术的影响和不同传播内容和手法的运用等。

(三)"宏观效果论"时期:媒介可导向人们态度的长期改变

20世纪70年代后,经验学派的学者们对大众媒介的传播效果的考察开

---

① 郭庆光. 传播学教程[M]. 北京:中国人民大学出版社,1999:198.
② 克拉珀. 大众传播的效果[M]. 段鹏,译. 北京:中国传媒大学出版社,2016:72.
③ 克拉珀. 大众传播的效果[M]. 段鹏,译. 北京:中国传媒大学出版社,2016:102-103.

始关注"整个传播事业日常的、综合的信息活动所产生的宏观的、长期的和潜移默化的效果"。① 这一时期最受关注的传播效果理论是议程设置理论、"沉默的螺旋"理论、"培养理论"和"知沟理论"。在社会信息化的现实背景之下,这些理论开始不同程度地强调媒介影响的有力性。从媒介为何能够影响基层舆论这一问题切入,可发现这些"宏观效果"理论从不同角度探讨了媒介对舆论形成影响力的原因。

(1)议程设置理论说明媒介与占统治地位的信息源的结合可以设置具体的报道议程,从而影响舆论。

(2)"沉默的螺旋"理论一方面提出舆论具有社会整合的作用,另一方面提出群众处于"多元无知"的环境之内,因此媒介可以通过强化其选定的"强势意见"来影响舆论。

(3)"培养理论"强调了大众媒介在形成"共识"的过程中所发挥的重要作用。

(4)"知沟理论"则强调接触不同数量的媒介信息可能导致不同群体之间出现知识鸿沟,从而形成不同的社会认知的可能。这种观点不仅强调了媒介在影响基层舆论方面所具有的能量,而且也为我们实事求是、具体问题具体分析地规划城乡社区的媒介化治理方案提供了启发。

综上所述,传播学经验学派在不同时期对传播对态度改变的影响这一议题形成了不同的观点,虽然这些观点的产生有不同的历史背景,也因社会实际、心理学范式等的变迁而具有不同的影响,但它们却不同程度地阐释了媒介在影响舆论这一方面所具有的能量和潜力。

二、舆论的可引导性

在了解了传播学经验学派有关媒介影响舆论的讨论之后,让我们把目光移向一个被传播学术史有意或无意地忽视了的人——爱德华·伯内斯

---

① 郭庆光.传播学教程[M].北京:中国人民大学出版社,1999:200.

(Edward Bernays)。之所以没有在他的介绍中添加"学者"的字样,可能也和他没有在传播学史青史留名的原因近似,就是像伯内斯这类"主要以社会活动而非学术研究著称的"从业人员显得有些"不够学术"。① 但是,正是这个被传播思想史研究中的"学术偏见"所遮蔽了的人,成为我们思考媒介对于舆论的引导意义的关键节点。

伯内斯在公关行业享有"公关之父"的美誉,他于 1920 年开始使用"公共关系顾问"(public relations counsel)来指代自己的工作,"公共关系"后来成为这一行业现行的标准名称。② 在其出版于 1928 年的《宣传》一书中,伯内斯将群体视为接受外界刺激和暗示便会不由自主产生反应的乌合之众,并通过使用"新宣传"的策略成功操控了人们的心灵,创造了大量成功的宣传案例。对于本书的研究而言,伯内斯观点的启示意义主要有两方面。

一方面,伯内斯强调了宣传的"科学性"。对于伯内斯而言,宣传是一个正面的概念,在他看来,世界是一个巨大的机器,人也是这个机器的一个组成部分。所谓宣传只不过顺应了这个机器运行的必然规律。就此,伯内斯把建立在群体心理学基础上的宣传单纯地解释为技术专家解决社会问题的"必然"选择,从而减轻了宣传本身的"道德责任"。③ 而且,伯内斯将混乱与秩序相对立,从而提出宣传简化了选择。在他看来,现代社会的复杂性使得作出理性选择十分不易,而宣传则通过将之化约为二选一的简单游戏而为政治的稳定提供了最简化的选择。在美国的政治体制下,伯内斯的观点为总统选举的宣传进行了正名,这也为我们更好地理解在基层治理中开展舆论引导的重要意义提供了新的启发。

另一方面,伯内斯强调了人们观点和态度的可引导性。他认为:

> 人类的心灵就像独立的机器,神经系统和神经中枢就像无助的缺乏意志的自动机器,对刺激产生相应的机械反应。特定诉求者的功能就是提供刺激,这就会导致自愿上钩的个体产生令人满意的反应。

---

① 刘海龙.重访灰色地带:传播研究史的书写与记忆[M].北京:北京大学出版社,2015:74.
② 刘海龙.重访灰色地带:传播研究史的书写与记忆[M].北京:北京大学出版社,2015:77.
③ 刘海龙.重访灰色地带:传播研究史的书写与记忆[M].北京:北京大学出版社,2015:83.

在这种"新宣传"的逻辑指引下,伯内斯创造了大量成功的案例,即通过引导使接受宣传者自愿地产生某种行为,从而以经验的方法证明了通过合宜的方式实现舆论引导效果的可行性。

三、以媒介化方式收集信息并进行舆论管理

如果说伯内斯对本研究的意义在于其证明了舆论的可引导性,那么政治学研究领域的舆论管理理论则更为直接地揭示了"舆论引导现象在美国的事实存在"①,并且形成了舆论引导的具体的工作流程。

"舆论管理"的概念可追溯至拉斯韦尔1927年的《世界大战中的宣传技巧》。在这篇论文中,拉斯韦尔将"宣传"定义为"通过重要的符号,或者更具体但不那么准确地说,就是通过故事、谣言、报道、图片以及社会传播的其他形式,来控制意见"。② 这篇文章一方面让美国的政治家们看到了左右舆论的希望;另一方面也招致了大量批评,比如有声音认为这篇文章是"马基雅维利式的教科书,应当马上予以销毁"。③ 也许是受这些批评的声音所影响,10年后拉斯韦尔在《舆论季刊》发表的一篇文章中使用了"舆论管理"的概念,随后,"舆论管理"逐渐取代了"宣传"而成为美国政治家和学者们的常用术语。④ 在过去很多年中,随着舆论管理方式方法的成熟,美国的政治家们习惯了用"民意调查"的方式获取民意,"并通过新闻媒介向公众鼓吹总统的政策,以便获得公众舆论的支持"。⑤

由此,政治学研究领域的研究也为我们提供了媒介化手段可以影响舆论的线索和思路。综上所述,传播学经验学派的传播效果研究、伯内斯开创的公共关系研究,以及政治学领域的舆论引导研究等领域的诸多学术成果都向

---

① 刘春波.舆论引导论[D].武汉:武汉大学,2013:94.
② 拉斯韦尔.世界大战中的宣传技巧[M].张洁,田青,译.北京:中国人民大学出版社,2003:22.
③ 赛佛林,坦卡德.传播理论:起源、方法与应用[M].郭镇之,孟颖,赵丽芳,等译.北京:华夏出版社,2000:106.
④ 刘春波.舆论引导论[D].武汉:武汉大学,2013:96.
⑤ 纪忠慧.美国政府的舆论管理与政策制定[J].国家关系学院学报,2008(5):51.

我们揭示了媒介作用于舆论、影响舆论的内在机理。以这些为基础,我国县级融媒体中心在过去几年的实践中得以发挥基层舆论引导作用的内在逻辑就十分清楚了。

第二节 "公共礼物":媒介助力公共服务的内在逻辑

本节伊始,让我们首先来看一个在人类学研究领域广受关注的民族志研究案例——新西兰原住民毛利人的"通家"交换制度。在毛利人的语言系统里,"通家"(taonga)泛指一切意义上的财产,一切能够使人富有、有权力、有影响力的东西,也包括一切可以交换、可以作为补偿物的东西。在《礼物——古式社会中交换的形式与理由》中,马塞尔·莫斯(Marcel Mauss)讲述了毛利人依靠通家交换制度所建立的人际交往规则和社会秩序:

那里的物质生活、道德生活和交换是以一种无关利害的义务的形式发生和进行的。同时,这种义务又是以神话、想象的形式,或者说是象征和集体的形式表现出来的:表面上,其焦点在于被交换的事物,这些事物从来都没有完全脱离它们的交换者,由它们确立起来的共享和联合是相当牢固的;而事实上,这些被交换的事物的持久影响作为社会生活的象征,则是直接转达了使古式环节社会中的那些次群体凝聚起来的方式;正是通过这种交换,各个次群体不断地彼此交换,并感觉到相互之间都负有义务。①

至于为什么被赠予的礼物一定要有所交换或回报,是因为在毛利人看来,通家上面附着着"豪"(hau)——一种被视为事物的"灵力"(esprit)的东西。一个毛利智者解释了其中的逻辑:

---

① 莫斯.礼物——古式社会中交换的形式与理由[M].汲喆,译.北京:商务印书馆,2019:67.

豪不是吹来吹去的风。根本不是。比如说你有一件什么东西,你把它送给了我;你送我的时候,也不必说它值多少,我们这不是在做买卖。但是,当我把它送给了另一个人以后,过了一段时间,他就会想好要回报给我某样东西作为偿付,并把这样东西馈赠给我。可是,他给我的这份通家是你给我而我又转赠的那份通家的灵力(豪)。我应该把因为你给我的通家而得到的通家还给你。我要是留下了这份通家,那将是不"公正的",这份通家会很糟糕,会令人难受。我必须得把它们给你,因为它们是你给我的通家的豪。这份通家如果被我自己留下,它会让我生病,甚至丧命。这就是豪,这就是个人财产的豪、通家的豪、丛林的豪。①

也就是说,在毛利人看来,每一份通家上面都有豪,而豪促成了多人之间的礼物交换,这种交换更进一步促进毛利人之间形成了社会交往的秩序。20世纪20年代之后,随着《礼物——古式社会中交换的形式与理由》的发表以及克洛德·列维-斯特劳斯(Claude Levi-Strauss)、皮埃尔·布尔迪厄(Pierre Bourdieu)等就其中的观点与莫斯展开学术商榷,有关古式社会交往规则的讨论吸引了人类学、社会学等诸多学科的关注。但因为后来者多从经济学主义或者"不存在主义"等视角对礼物逻辑进行阐释,认为礼物是"对经济利益的遮掩,是某种以社会方式建构的虚伪",或只"承认莫斯的礼物仅存在于非常有限的地域和时期"②,所以由莫斯等推展的"礼物范式"慢慢淡出了人们的视线。

而近几年,随着媒介融合进程的不断推进,对信息无偿共享、公众自发提供公共服务有利于实现公共文化服务自循环的讨论迅速增多,以礼物逻辑建构信息传播秩序、推动公共服务发展的讨论再次吸引了学界的目光。如《连线》杂志的创刊主编凯文·凯利(Kevin Kelly)认为,基于网络技术发展起来的社会协同技术正在构筑起一个"为网络世界所特别调试的社会主义",在这种新型的社会主义形态下,所有人进行协同合作,免费分享产品,这"摒弃了

---

① 莫斯.礼物——古式社会中交换的形式与理由[M].汲喆,译.北京:商务印书馆,2019:21.
② 莫斯.礼物——古式社会中交换的形式与理由[M].汲喆,译.北京:商务印书馆,2019:XIV.

之前自由市场个人主义和中央集权之间零和博弈的观点",既忽视协同的企业对数字礼物的阻挠,也无视政府在保障获取社会参与的文化资源方面所起的核心作用。① 换言之,互联网技术所构建的新型传播方式被认为可以通过促进信息共享和礼物馈赠而构建起一种在国家和市场之外更为注重公共服务的社会形态。这一问题可以从两个角度来理解。

一、实行礼物逻辑的媒介有利于本地信息服务的均等化

在富顺县融媒体中心在其"富顺眼"App 上开设的"雒原新声"栏目、加拿大超本地化社区报中采纳的大量公民新闻等案例中,我们看到由公众自主提供的信息产品丰富公共服务的具体实例。由此,我们在事实与凯利的数字乌托邦想象之间看到了某种关联。事实上,凯利对数字礼物的乐观态度并不是个例。在网络崛起的背景下,很多学者已经开始思考礼物经济对于共同体的重建以及公共利益的实现方面所具有的潜力。比如,在默多克等学者看来,互联网技术崛起后所产生的 UGC、公民新闻、同侪生产者等均可用数字礼物的逻辑予以分析,即这些无偿的协同创作类似于馈赠礼物,是一种对于非剥削性互惠关系的回归,因而有可能导向共同体的重建和公共利益的实现。

在与市场(或资本话语)、国家并列的社会议题中,礼物被视为一个核心概念(参见表 4.1 中默多克对资本、国家和公民社会关键维度的分类)。正如莫斯对礼物逻辑的讨论,在弗洛、莫斯等的观点中,礼物被视为"作为共同体基础的非剥削性互惠关系"②的一种符号,这种互惠关系中虽然也有出于利益关系的刻意为之,但总体而言是建立在非剥削的基础之上的,因此被很多学者视为与资本话语下的商品、国家话语下的公共物品相并行的另一种实现公共利益的方案。

---

① KELLY K. The new socialism[J]. Wired,2009(5):124.
② FROW J. Time and commodity culture:essays in cultural theory and postmodernity[M]. Wotton-Under-Edge:Clarendon Press,1997:104.

表 4.1　默多克对资本、国家、公民社会的关键维度的区分①

资　本	国　家	公民社会
商品	公共物品	礼物
价格	税收	互惠
个人占有	共享	共同创造
消费者	公民	社区成员
自由	平等	互助

　　这些观点在基层媒体的语境下尤为适用。相比于商品和公共物品等价值体系在大型的市场、制度化程度较高的城市中的盛行,在人际关系网络更为紧密的社区、乡间等基层社会,象征着互惠、人情和无私的品格的礼物经济则更为通行。正如莫斯所言"交换并不仅意味着物资和财富、动产和不动产等等在经济上有用的东西。它们首先要交流的是礼节、宴会、仪式……其中市场只是种种交换的时机之一"。②在县级融媒体、社区报所关注的较小地理范围内,礼物馈赠和信息共享所带来的社会资本的增多、个人成就感的提升等被视为利益的重要体现。在这种逻辑下,以大量采用公民新闻为特点的超本地化新闻具有促进共同利益实现的潜在功能。

　　一方面,从公民新闻的提供者的角度来看,信息的共享是一种象征性交换。遵循莫斯所提出的三个礼物交换的要素——给予、接受和报答,公民新闻的提供者以其所提供的社区新闻为礼物,在县级融媒体运营的本地信息App、虚拟社区,以及城市社区报等公共领域展开"象征交换"。那些活跃的公民记者是典型的礼物馈赠者,他们花费时间和精力制作本地新闻与本地读者共享,而本地读者的阅读、分享,以及可能的同样的新闻制作等行为就是对馈赠者行为的反馈。如果这个"赠予—接受—回赠"的循环一直延续下去,作为礼物馈赠者的公民记者将获得"象征资本",即在本地社区的声誉、权力、地位等,与此同时,本地新闻的读者将无偿获得新闻信息,作为本地新闻生产者和接受者的公众的利益得以实现。

---

　　① 默多克.作为道德经济的政治经济:商品、礼物与公共物品[M]//姚建华.传播政治经济学经典文献选读.北京:商务印书馆,2019:86.
　　② 莫斯.礼物——古式社会中交换的形式与理由[M].汲喆,译.北京:商务印书馆,2019:22.

另一方面，上述"赠予—接受—回赠"的循环将使公民记者与本地读者之间构建一个更为良性的公共话语空间。而且作为数字礼物的公民新闻的生产和传播建立在无偿、奉献的基础上，其获取没有或仅有极低的网络资费门槛。这个良性的公共话语空间和其平等的使用权特征有利于公共信息服务的平等获取。

二、采纳礼物逻辑的媒介可促进地方公共服务的提供

不仅是信息产品，包括公共文化服务的提供、公共文化活动的组织等在内的各种公共服务的提供，实则都可参考和应用这一逻辑。

在以社会为主力提供公共文化服务的逻辑之外，过去国内外主要由国家和市场提供公共服务，形成了公共服务提供的两种逻辑。

（一）由国家提供公共服务的逻辑

第二次世界大战后的欧洲在重建过程中产生了不同形式的资本主义福利国家，这些国家在文化和传播的供给方面承担了越来越多的责任，它们所提供的文化产品和服务包括图书馆、博物馆、画廊和公共广播机构等。这种公共服务的提供秩序对公民平等享受公共服务确实颇有助益，但因为公共服务的提供者通常具有体制内的身份，其在发展过程中容易导向脱离群众的精英主义，正如默多克对图书馆馆长、档案管理员等"文化专家"提供公共服务这套逻辑的批评：

在文化专家们看来，该收藏什么书、该展示什么艺术品以及该教导什么样的观点，这些都不应出自政治的考量，而应由专业人士来进行评判——这就导致了围绕着由公共资助的文化工人的"相对自主性"概念而产生的持续性的激烈讨论。虽然这种对知识分子专业知识的强调以及有教养的品位防止了政治的侵蚀，但也在很大程度上将外行的知识和在地的文化表达排除在外。①

---

① 默多克.作为道德经济的政治经济：商品、礼物与公共物品[M]//姚建华.传播政治经济学经典文献选读.北京：商务印书馆，2019：89.

由国家提供的公共服务虽然有利于实现服务的平等获得,但却很难保证服务内容与公众需求的匹配度,而且这些服务很可能因为对所谓高雅文化的追求而牺牲对不同阶层群众文化需求的公平供给。

(二) 由市场提供公共服务的逻辑

市场一直是提供公共服务的另一主要力量。由于文化工业追逐大众喜好的特征使然,与由国家提供公共服务的逻辑相比,由市场提供的公共服务相对较容易避免精英主义的倾向。但是,因为资本逐利的天然特性,所以由市场提供公共服务的逻辑注定容易带来公共文化服务不平等的现象,拥有较少经济资本的人容易被市场提供的文化服务边缘化;而且,因为娱乐化内容更容易实现经济效益,所以由市场提供公共服务的逻辑常被批评呈现出过多的娱乐化倾向,以夺人眼球的信息抢夺了人们的注意力,置换了公共生活中的严肃话题。

在由国家和市场提供公共服务的逻辑受到批判的时候,很多学者开始呼吁重新发现社会的力量,从而也就形成了本书所关注的公共服务提供的第三种逻辑——由社会提供公共服务。

在《礼物关系:从人血到社会政策》(*The Gift Relationship: From Human Blood to Social Policy*)一书中,理查德·M.蒂特马斯(Richard M. Titmuss)提出,相比于卖血,自愿献血要高贵和有效得多。不仅是因为它减少了买卖所带来的损耗,更因为这种高尚的行为承认了慷慨在维系互惠性的民主社会中的重要作用。[1] 在国家和市场提供公共服务各有弱点的情况下,这种对"互惠性的民主社会"的呼唤显得尤为必要,因为它是在公共利益实现过程中的国家控制和市场逻辑之外的另一套方案。正是在这种逻辑下,随着网络技术的发展,将社会力量作为公共服务提供方这一具有数字乌托邦色彩的"第三条道路"出现了。以麻省理工学院的改革为例,出于对公共利益的追求,麻省理工学院的校长苏珊·霍克菲尔德(Susan Hockfield)强调公共文化机构雇员

---

[1] 默多克.作为道德经济的政治经济:商品、礼物与公共物品[M]//姚建华.传播政治经济学经典文献选读.北京:商务印书馆,2019:93.

的工作是一种公共产品,而既然这些公共产品已经由税收支付过了,所以其在线网络课程就不应再向公众收费。2000年,麻省理工学院将霍克菲尔德的观点付诸实践,将其本可获得高额利润的远程教育课程全部免费上传到网上供公众获取。霍克菲尔德的行动为她迎来了很多追随者,目前,公共服务重新公有化已经在很多地方蔚然成风。

对于本书所关注的基层公共服务而言,礼物互赠的社会运行逻辑不仅为未来的基层公共服务开展提供了一种新的实践策略,而且为以媒介化方法提供基于共享的信息服务这一做法存在的原因提供了一种基于人类学和社会学的解释。

第三节 "稳压器":媒介的社会风险防控功能

随着风险社会的来临和媒介融合进程的不断推进,面对基层舆论生态越发复杂的社会现实,媒介所具有的社会风险防控功能越发受到重视,这一点在中国的县级媒体融合和加拿大社区报的超本地化改革等案例中都已有所体现。那么,媒介为什么被视为防控社会风险的有力工具?本书认为,对这一问题的理解应该从两个角度进行思考:第一,从风险感知的相关理论入手,认识到社会稳定风险在一定意义上是被人为"建构"的,其具有非现实性和扩散性[1],即引发的社会稳定风险可能仅仅是人们感知中的风险,而由于媒介不断提高的信息扩散能力,这种非现实性的风险在经过扩散后很可能引发现实性的群体性事件或社会失序,在这一逻辑下,避免不当的媒介行为有利于防范控制社会风险。第二,从风险治理的角度入手,认识到媒介化手段在风险信息识别、权威信息发布和公众情绪安抚方面所具有的重要意义,因而可以通过从正面采用防控措施,更好地防范控制社会风险。

---

[1] 徐亚文,伍德志.论社会稳定风险评估机制的局限性及其建构[J].政治与法律,2012(1):71-79.

一、逆向规避：对不当媒介行为的管控有利于防控社会风险

"风险感知"即 risk perception，因为翻译的不同，在国内的学术研究中也被表述为"风险知觉"①"风险认知"②等，指人们对于客观风险的认知和主观感受。③ 影响风险感知的因素很多，不同的理论视角在研究对象上各有侧重。比如，风险感知的心理测量范式对个体心理、性格等因素如何影响人们的风险感知更感兴趣，而且研究者大都基于这样一种认识：对个体研究得出的经验数据可以辐射到对社会群体的概括。风险感知的文化理论则隐含了群体的概念，根据人们的社会融入程度和文化决定的所属团体类别来判断人们对风险的反应。这样，社会宏观层面对风险感知的影响就更倾向于和以下一些变量发生关联，如风险的特征、跨文化背景、信任、制度、组织结构、大众媒介等。风险的社会放大理论更是包罗万象，它综合了风险技术评估、心理测量范式、文化理论以及心理学、社会学、政治学等相关领域的风险研究成果，指明风险事件与个体、心理、社会、制度、文化和媒介等因素相互作用，深刻地影响人们的风险感知和应对行为。

在采用不同研究路径和范式的研究成果中，大众媒介对于风险感知的作用被一再强调。以近年来在风险管理领域备受关注的"风险的社会放大框架"（Social Amplification of Risk Frame，SARF）为例，该理论最初由卡斯帕森夫妇、雷恩等于1988年提出，这一框架综合了媒介、风险认知、组织的影响等方面的研究成果，将风险的社会放大定义为"信息过程、制度结构、社会团体行为和个体反应共同塑造风险的社会体验，从而促成风险结果的现象"。④ 在这一框架中，媒介被视为风险信号传播中的"放大站"，风险信号经由媒介

---

① 田丽丽，郑雪，刘海涛.风险知觉研究的历史回顾与展望[J].心理与行为研究，2005（4）：310-313.
② 谢晓非，徐联仓.一般社会情景中风险认知的实验研究[J].心理科学，1998（4）：21-28.
③ 王庆.环境风险的媒介建构与受众风险感知[M].北京：中国传媒大学出版社，2017：51.
④ KASPERSON R E, RENN O, SLOVIC P, et al. The social amplification of risk: a conceptual framework[J]. Risk analysis, 1988, 8(2): 177-187.

等"放大站"传播出去后会引发个人、组织和社会等产生不同的反应。① 这一理论框架一经提出就在国际学界引发广泛反响,但其中也不乏批评的声音。如有学者认为该框架过于宏观,着重于描绘风险传播和扩散的过程;有学者认为该框架只是告诉我们媒介会在风险的感知中产生重要影响,但却没有说明这种影响的程度有多深……不过,尽管有这些质疑的声音,拥护风险放大理论的学者们还是继续在经验研究方面取得成果。比如,在后续的经验研究中,雷恩等通过经验研究数据进一步发现在风险放大的过程中有五个主要变量:风险产生的实际影响、媒介报道、其他人的风险感知、公众的反应、社会经济政治的影响。在这五个变量中,他们尤其强调媒介报道对于风险的实际后果所产生的影响。②

在风险的社会放大框架关注到媒介对风险感知的重要影响的同时,从更微观的层面,看到风险信息因素和风险沟通在风险感知方面的作用也十分重要。比如,斯洛维克(Slovic)的研究表明如果风险沟通的方式不当,就很容易导致公众对风险的认知偏差。③ 杜菲(Duffy)的实验研究发现,在给定的视觉条件下,声音的频率是影响被试者风险感知的显著变量,高频声音使被试者的风险感知水平更高。④ 还有研究证明,呈现风险信息的言语形式也会影响接收者的风险感知,如分别采用命令式和劝说式语气传播风险信息,被试者的风险认知程度各异。⑤ 在特定情境下,采用模糊语的方式表述风险,如"很少""有时""也许""有可能"等,有可能会把信息接收者的风险认知带往错误的方向。我国研究者也发现,信息获取的全面性会影响消费者对健康与生态风险感知。在转基因食品风险中,消费者掌握相关分析的信息越充分,对风

---

① 皮金,卡斯帕森,斯洛维奇.风险的社会放大[M].谭宏凯,译.北京:中国劳动社会保障出版社,2010:4.
② RENN O,BURNS W J,KASPERSON J X,et al. The social amplification of risk:theoretical foundations and empirical applications[J]. Journal of social issues,1992,48(4):137-160.
③ SLOVIC P. Informing and educating the public about risk[J]. Risk analysis,1986,6(4):403-415.
④ 王庆.环境风险的媒介建构与受众风险感知[M].北京:中国传媒大学出版社,2017:51.
⑤ CONNELLY N A,KNUTH B A. Evaluating risk communication:examining target audience perceptions about four presentation formats for fish consumption health advisory information[J]. Risk analysis,1998,18(5):649-659.

险越了解,他们在这方面的健康风险认知度就会越低。①

总体而言,虽然当前仍有学者对大众媒介与公众风险感知之间的关系持怀疑甚至否定的态度,但学界更加倾向于认同二者之间的关联,尽管要测量这种关联的程度有多大面临着很大的困难。在这种逻辑脉络下,媒介被视为社会风险放大的重要影响因素,那么,不当的媒介传播必然导向风险的产生或者风险防控的失败。所以,避免不当的风险信息传播则有利于防范控制社会风险。

二、正向防控:合理运用媒介化技术和手段防控风险

除了从风险感知的角度认识避免不当的媒介传播对于风险防控的重要意义之外,也应从媒介的传播效果这一角度来思考如何利用媒介化技术和手段防控风险。在第二节中,我们已经梳理过媒介对于态度改变所具有的效果。在这里,本书将针对媒介在风险防控方面所具有的效果进行进一步的阐述。

(一)适宜的信息发布策略可以影响人们的风险感知

早在传播研究的奠基时期,拉斯韦尔的5W模式、香农-韦弗的数学模式等就已经描绘出信息经由媒介传递并产生效果的过程。可以说,传递信息是媒介的最重要功能之一。在防控风险方面,媒介可从以下两方面传递信息以减少损失。

(1)当现实性的风险发生时,媒介的首要功能是作为信息传播的渠道传播权威信息,避免不必要或更大的社会恐慌。这一点对于官方媒体或主流媒体尤为重要,大量研究已经表明,第一时间的官方信息往往对于遏制风险的

---

① 周萍人,齐振宏.消费者对转基因食品健康风险与生态风险认知实证研究[J].华中农业大学学报(社会科学版),2012(1):5-10.

放大具有非常重要的作用。①

（2）当风险的严重程度低于人们的风险感知时，媒介又可以通过设置媒介议程、选择报道框架等方式引导人们正确认识风险。其中，议程设置理论强调的是媒介对人们所关注的事物的筛选过程，当风险发生时，媒介的议程设置可以通过告诉人们"关注什么"而将人们的注意力吸引到应该关注的事物，从而减少人们对谣言等的关注；而报道框架的作用强调的则是人们的理解方式，即当风险发生时，媒介可以通过选择特定的报道框架来影响人们对风险的看法。这一方面的实证研究如台湾学者黄惠萍采用内容分析和受众调查相结合的实证方法，证明媒介框架可以显著预测和影响受众对核设施风险的感知和舆论，即受众越多收看与风险相关的新闻，就越容易采用媒介主要框架来认知风险，也会更倾向于支持政府政策的立场。通过这一研究，黄惠萍提出媒介针对一项议题产生的不同框架会对受众的感知行为产生影响。②

（二）媒介化的技术手段可以阻隔风险信息的传播

传统媒体时代，由记者、编辑、媒体内部、政府部门设置的新闻把关机制可以直接为风险信息的传播设置关卡，阻隔风险信息的传播。而在当前媒介融合的时代背景下，信息传播已经不再像过去那样呈现为简单的"媒体→受众"的线性传播模式了，这意味着传统把关机制的失灵。对此，当我们刚开始迈进媒介融合的时代大门，有学者就已经提出，自媒体时代的到来，表明我们已进入一个没有守门员把关的自由信息时代。③

但是，这一情况显然在近年来又发生了变化。随着大数据等智能媒体技术的快速发展，利用大数据和智能语音、文字识别技术来识别风险信息已经

---

① 马昱,钱玲,佟丽,等.风险沟通在我国应对甲型 H1N1 流感中的运用[J].中国健康教育, 2010,26(1):13-15,45;唐钧.社会公共安全风险防控的困境与对策[J].教学与研究,2017(10):94-102.

② 黄惠萍.媒介框架之预设判准效应与阅听人的政策评估——以核四案为例[J].新闻学研究（台湾）,2003(77):67-105.

③ 李希光.跨媒体新闻学悖论[EB/OL].(2003-05-30).http://tech.sina.com.cn/other/2003-05-30/1923192879.shtml.

不再是难事。而且,即使在传播主体更为多元,传者和受众互动关系更强的现在,从信息的发出到信息的接收之间仍然有一条传播线(虽然在当前的舆论生态中,这条线与其他因素交织,显得更加复杂),那么,利用智能技术或者"人工＋智能"的方式识别风险信息,从而阻隔风险信息的传播已然是一种可行的风险防控方式。

在这一方面,利用大数据进行舆情研判,已经逐渐被视为社会管理创新的重要手段。近年来国内外已经积累了很多利用大数据技术进行舆情判断的研究成果。比如,邦德(Bond)等发表在 *Nature* 上的文章对 6 100 万脸书用户在 2010 年美国议会选举中的社会影响和政治动员做了研究[1],克莱默(Kramer)等对近 69 万脸书用户的情绪传染做了实证研究[2],皮亚尼(Piryani)等对 2000—2015 年间的舆情自动化挖掘研究进行了综述等。[3] 国内的研究如喻国明在其论文《构建社会舆情总体判断的大数据方法——以百度海量搜索数据的处理为例》中介绍了中国人民大学舆情研究所基于对百度搜索词数据进行数据挖掘所构建的反映社会舆情基本面状的百度舆情指数[4];或如李希光将大数据与舆情研判、舆论引导联系起来进行考察,提出舆情系统的风险预警应建立在对社会舆情大数据进行充分的数据挖掘、分析和研判的基础上,并提出在大数据时代,预警子系统的设计应遵循重点监测、可操作性强、人机结合等原则。[5]

(三) 媒介可以影响人们对周围环境的感知

在考量了传播者、媒介等风险信息的传播环节之后,对风险信息的传播

---

[1] BOND R M, FARISS C J, JONES J J, et al. A 61-million-person experiment in social influence and political mobilization[J]. Nature, 2012(489): 295-298.

[2] KRAMER A D, GUILLORY J E, HANCOCK J T. Experimental evidence of massive-scale emotional contagion through social networks[J]. Proceedings of the National Academy of Sciences of the United States of America, 2014, 111(24): 8788-8790.

[3] PIRYANI R, MADHAVI D, SINGH V K. Analytical mapping of opinion mining and sentiment analysis research during 2000-2015[J]. Information processing & management, 2016, 53(1): 122-150.

[4] 喻国明. 构建社会舆情总体判断的大数据方法——以百度海量搜索数据的处理为例[J]. 新闻与写作, 2013(7): 67-69.

[5] 李希光. 大数据时代的舆情研判和舆论引导[J]. 中国广播, 2014(5): 102-103.

受众,即受风险信息影响的公众的分析也能让人认识到媒介化风险防控方式的可行。正如诺尔-诺依曼在其《沉默的螺旋》一文中所谈到的,舆论是人们的"社会皮肤",经由这层社会皮肤,人们可以感知和判断外在的"意见气候"。①同理,外在的对于风险的社会舆论也会对人们形成直接影响。而在这一方面,"沉默的螺旋"理论所揭示的人对于周围信息分布的"多元无知"又会影响其对风险的判断,在这种情况下,包括主流媒体、网络媒体等在内的多元媒介可以发挥重要作用,通过影响人们对风险的判断和感知来防范风险的扩大。

(四)媒介被视为风险治理框架中的重要环节

跳脱出传播学的研究领域,有关风险治理的研究成果也对媒介的影响予以关注。21世纪初,随着全球风险的增多,各国学者开始合力讨论建构风险评估和管理体系。这方面最有影响的是2004年6月在日内瓦建立的国际风险管理委员会(International Risk Governance Council,IRGC),该组织于2005年发表了《国际风险管理委员会白皮书:风险治理——面向一体化的解决方案》,在这个白皮书中,IRGC第一次发布了由雷恩提出的一个宏观的风险治理框架。这个框架是一个宏观的综合性框架,其涵盖预评估、风险评估、风险沟通、承受和接受程度判断,以及风险管理多个内容板块,其中媒介因其对风险感知和风险信息传播的重要影响被视为风险评估和风险沟通的关键环节。2011年,雷恩撰写了《应对风险治理的复杂性、不确定性和模糊性:一个综合框架》一文,进一步将最初的风险治理框架修订为包含"风险预估""跨学科风险评估""风险描述""风险评价"和"风险管理"多个环节的综合性风险治理框架。由于这一框架着重强调了风险监测和控制、跨学科风险评估和风险沟通,而媒介对风险监测、评估和沟通均具有重要意义,所以雷恩的这个框架再一次强调了媒介对于风险防控的重要影响。

综上所述,本节从风险感知和风险治理两方面入手,从传播学、风险管理

---

① 郭庆光.传播学教程[M].北京:中国人民大学出版社,1999:222.

研究等学科领域的既往重要理论和文献中发掘了媒介对于社会风险之影响的重要理论成果,从而梳理出媒介之所以在基层社会风险防控中被委以重任的学理逻辑。在后续的章节中,我们将继续探索媒介的这一功能在未来获得更多应用的实践路径。

第四节 "情感纽带":媒介的基层社会整合功能

在中国县级融媒体、城市报,以及加拿大超本地化的社区报的新闻实践中,都不难发现人们对新闻媒介发挥社会整合作用的期待。事实上,自从新闻事业的产生之日起,社会整合就被视为媒介的使命之一。正如对传统社会秩序解体引发的社会失序问题保持关注的帕克,就在《报纸形成的历史》中将报刊的动机概括为"再现农村生活的情景":

在所有这些报道中,作者以及报刊的动机,不管是否有意识,实际上都是尽可能地在城市环境中再现农村生活的情景。在农村,谁都了解谁,彼此直呼其名。乡村是民主的,我们的国家是个村民的国家,我们的制度、机构基本上是乡村的制度、机构。在乡村,社会管理主要出自公众舆论和议论。

托马斯·杰斐逊说:"我宁愿生活在有报纸而没有政府的国家里,而不愿生活在有政府但没有报纸的国家之中。"

如果公众舆论将来也像过去那样继续起作用的话,如果我们打算维持一个像杰斐逊想象的那种民主生活的话,那报纸就必须反映我们自身的实际情况。我们必须以了解乡村的熟悉方法来了解我们的社区及社会事务。报纸必须继续是印出来的社区之家的日记。结婚和离婚,犯罪和政见,必须继续成为我们新闻的主体。地方新闻正是构成民主生活的重要材料。

在帕克的观点中,农村生活中的熟人社会秩序、依靠舆论维持社会秩序等生活方式都是报纸创办的重要动机。也就是说,报纸这一媒介从一开始就有将城市中的人们重新整合为社会共同体的倾向。那么,这背后的学理逻辑是什么?媒介为什么被认为具有社会整合的功能?对这一问题的理解可从社会整合理论发展过程中积累的理论成果和其现在的研究取向——社会整合机制两方面予以分析。

一、社会整合的研究史:媒介产生影响的理论基础

在工业革命和城市化进程的影响下,19世纪的欧洲社会发生了重大的历史变迁,适应于城市的社会分工逐渐建立,新型的社会组织逐渐从传统社会中分离出来,传统的社会秩序逐渐解体并演化成为新的社会秩序。在这样的背景下,社会学研究在欧洲萌芽了。而且,由于这一时期社会的分化和整合声势浩大,所以对社会整合议题的讨论就内嵌于欧洲社会学的萌芽之中。早期的社会学大家基本都对社会整合这一议题予以了关注,如奥古斯特·孔德(Auguste Comte)的"社会内聚力"思想、马克思的"阶级社会理论"等,不过最先明确对社会整合的议题予以关注的是涂尔干。在其之后,对社会整合的研究作为社会学研究中一个重要研究领域被不断发展。

(一)涂尔干的"分工与整合"理论

在阐述了"机械团结"对个性的压制之后,涂尔干这样描述由社会分工所致的"有机团结"的特点:

一方面,劳动越加分化,个人就越贴近社会;另一方面,个人的活动越加专门化,他就越会成为个人。但确切地说,个人的活动是受限制的,它也不全都是独创性的。即使我们在完成本职工作的时候,还是要符合法人团体共同遵循的习惯和程序。与此同时,我们以另一种方式所承受的重任已经不像承受整个社会那样沉重了,社会已经给了我们更多的自由活动的空间。由此,整体的个性与部分的个性得到了同步发展,社会能够更加有效地采取一致行动,而它的元素也可以更加特殊地进行自我运动。这种团结与我们所看到

的高等动物是何等相似啊！实际上,当每个器官都获得了自己的特性和自由度的时候,有机体也会具有更大程度的一致性,同时它的各个部分的个性也会得到印证。借用这一类比,我们就把归因于劳动分工的团结称为"有机团结"。①

涂尔干的社会整合理论是建立在传统社会逐渐解体,工业社会的社会分工逐渐形成的基础上的,其意义在于在社会分工和社会整合之间建立了一种内在的关联。② 在涂尔干看来,传统社会秩序中人的意识完全依赖于"集体类型",人对于社会的"维系"关系与物对于人的"维系"关系非常相似,这种社会整合是一种机械的整合,而劳动分工所致的团结则允许每个人拥有自己的行动范围,并在此基础上形成一种"和而不同"的社会整合。

(二) 帕森斯的宏观社会整合理论

在社会整合理论的研究史上,涂尔干的讨论更多地呈现为一种深刻的"洞见",即基于对当时社会形态转变的敏锐观察而形成的观点,而并未上升到理论范式的高度,完成这一任务的是美国社会学家帕森斯。

20世纪三四十年代,帕森斯在结构功能主义分析的框架中建构了宏大的社会整合理论。在将社会划分为四个子系统的基础上,帕森斯提出了解释社会行动的结构功能框架:A-G-I-L(分别对应着 adaptation,适应; goal attainment,目标实现; integration,社会整合; latency pattern maintenance,模式维持)③。在实现社会整合的因素分析上,结构功能主义十分重视价值观念的作用。作为社会主流的意识形态,价值共识是在整个社会的结构和功能框架下,被所有社会成员所共享的价值观念、目标和准则,这一意识形态高于个人而被集体所共享,可以对全社会的成员起到价值引领和规范的作用,所以也就成为社会成员之间的情感纽带,对于维持社会秩序的稳定起到重要作用。依照结构功能主义的观点,一个社会要维持秩序的相对稳定,就定然需要构建被绝

---

① 涂尔干.社会分工论[M].渠敬东,译.北京:生活·读书·新知三联书店,2017:91-92.
② 马尔图切利.现代性社会学——20世纪的历程[M].姜志辉,译.南京:译林出版社,2007:18.
③ 吴晓林.社会整合理论的起源与发展:国外研究的考察[J].国外理论动态,2013(2):37-46.

大多数社会成员所共享的价值共识,形成社会成员间稳定的情感纽带。而"无论是个体的社会化还是整个社会的整合,媒介在形成价值共识、建立社会认同上都具有无可比拟和不可替代的渠道优势"。①

(三)洛克伍德和哈贝马斯对帕森斯的继承与批判

帕森斯建构的高度宏观和抽象的结构功能框架产生了重大影响。第二次世界大战后到 20 世纪 60 年代,这一理论范式一定意义上主导了所有的社会学研究。不过,自 20 世纪六七十年代起,结构功能主义主导的宏观的社会整合理论开始受到质疑,大卫·洛克伍德(David Lockwood)、哈贝马斯等学者开始反思帕森斯理论的宏观属性,将有关社会整合的思考推进到了新的历史时期。

英国社会学家洛克伍德是结构功能主义的拥趸者。不过,与帕森斯不同的是,他不认同高度统一的社会秩序存在的可能,而认为应该从宏观和微观的角度挖掘社会整合的意义。在这种观点的指引下,洛克伍德将整合分为"系统整合"与"社会整合"两种,前者关注的是"组成社会系统的社会单元之间的关系",而后者则主要关注"行动者之间的或有序或冲突的关系"。②

哈贝马斯认为,洛克伍德"系统整合/社会整合"的二分法是一种整合二元论,前者是观察者从外部视角观察社会的整体性整合,后者是观察者从内在视角观察行动者怎样融入社会,这两个过程分别关注作为系统的社会存在的意义和作为参与者的个人存在的意义。在哈贝马斯看来,要实现社会的整合不应该秉持这样的二元论观点,而应该将外在的客观世界与内在的主观世界予以接合。因此,哈贝马斯提出将系统整合与外在于行动者的"非规则性调节"相关联,将社会整合与"由规则保障和沟通达成的一致"相关联。③ 也就是说,社会整合应该以经由行动者的参与和沟通所形成的一致为前提。在哈

---

① 龚新琼. 关系·冲突·整合——理解媒介依赖理论的三个维度[J]. 当代传播,2011(6):28-30.
② LOCKWOOD D. Social integration and system integration[M]//ZOLLSCHAN G K, HIRSH W. Explorations in social change. London:Routledge,1964:244-256.
③ 吴晓林. 社会整合理论的起源与发展:国外研究的考察[J]. 国外理论动态,2013(2):37-46.

贝马斯的观点中,这种一致性并不是本来存在的,当实践理性脱离了传统文化和历史,这种一致性就会遭到破坏。正是在这种观点的基础之上,哈贝马斯提出了交往理性理论,认为应该通过"文化、历史和现实环境的沟通",来实现"理性的而非强加的一致"。①

二、晚近的研究:社会整合的实现机制

经过多年的理论探讨,社会整合的实现机制研究逐渐成为当前对于社会整合的讨论中的一个重要板块。目前,关于如何实现社会整合,学界主要形成了沟通交往机制、规则整合机制、利益整合机制、交换整合机制、参与整合机制和社会控制机制六种逻辑脉络,分别主张通过沟通、道德、利益、交换、参与和控制实现社会整合。①在本书的研究视野下,因为强调了媒介的社会整合功能,这六种机制中的"沟通交往机制"和"参与整合机制"尤为值得关注。

(一)沟通交往机制

通过沟通实现社会整合的观点是顺延哈贝马斯的交往理性观点发展起来的。在哈贝马斯看来,"基于交往理性的主体间商谈和人际沟通可以达成共识,进而可以在多元互动的基础上形成一致性。"②也就是说,社会交往是社会整合的重要实现机制。在这一研究脉络下,社会交往的程度被视为衡量社会整合程度的重要指标。这一观点尤为适宜分析为何当前基层媒介被视为具有社会整合的功能这一问题。

在基层社会,农民等基层群众虽然可以较为自由地接触到大量媒介新闻信息,但是"媒介信息始终游离于农民的实际生活与实际需要之外,却也是不争的事实。"③也就是说,尽管基层民众在当前的媒介环境下可以接触到大量媒介信息,但在这些信息"所含基层公共议题的比重大小上,依然难以满足基

---

① 吴晓林.社会整合理论的起源与发展:国外研究的考察[J].国外理论动态,2013(2):37-46.
② 哈贝马斯.后形而上学思想[M].曹卫东,付德根,译.南京:译林出版社,2001:137.
③ 陈志强.互联网的媒介准入门槛与农村的公共话语空间[J].河南社会科学,2008(1):146-148.

层群众的现实需要。"①对此,学者们将改良的方向聚焦于哈贝马斯所倡导的公共领域,认为一旦基层民众可以借助新兴的媒体技术介入与其生活紧密相关的公共议题并发表意见,那么网络空间就可以成为"基层人际交往的一种延伸",这就促成了基层公共网络空间的建立。②

(二) 参与整合机制

以色列学者 M. 弗里德曼(M. Freedman)与 S. N. 艾森斯塔德(S. N. Eisenstadt)提出社会整合即个体接受他的社会主要空间的参与关系。③ 也就是说,对所属的社会的参与是社会整合的重要机制。个体对社会的各个方面都应进行参与,而且其在社会参与中扮演的角色越多,那么他对社会的参与和整合程度就越高。④ 这个角度让我们思考人们何以通过在社区媒体平台、虚拟社区中发表观点,参与对当地事务的讨论等推动社会整合的实现。

在当前的媒介环境下,采用算法推送的网络媒介一定程度上推动着人们走向"信息孤岛"、走进"信息茧房",而逐渐发展起来的地方媒介平台和超本地化的新闻浪潮正在为人们的重新整合提供机遇,毕竟,正如 19 世纪中叶因创办《纽约论坛报》而留名美国报业的霍勒斯·格里利(Horace Greeley)的名言:"一个开宗明义的观念是:对普通的人来说,最感兴趣的题目首先是他自己,其次则是他的邻居。"⑤发生于人们身边的新闻往往最能引起人们的兴趣,从而通过促进人们的沟通、交往和参与来促进社会整合。

综上所述,本章通过"社会皮肤""公共礼物""稳压器"以及"情感纽带"等

---

① 郑亮.县级融媒体中心和基层社会治理研究[M].广州:暨南大学出版社,2020:83.
② 陈志强.互联网的媒介准入门槛与农村的公共话语空间[J].河南社会科学,2008(1):146-148.
③ FREEDMAN M,EISENSTADT S N. The absorption of immigrants: a comparative study based mainly on the Jewish Community in Palestine and the State of Israel[J]. British journal of sociology,1954,6(3):289.
④ MOEN P,DEMPSTER-MCCLAIN D,WILLIAMS R M. Social integration and longevity: an event history analysis of women's roles and resilience[J]. American sociological review,1989,54(4):635-647.
⑤ 帕克,伯吉斯,麦肯齐.城市社会学——芝加哥学派城市研究[J].宋俊岭,郑也夫,译.北京:商务印书馆,2012:78.

一系列隐喻阐述了媒介在基层治理各个方面所具有的功能,并通过发掘社会学、政治学、传播学等学科的理论成果对这些功能进行了基于当前媒介环境的阐发,从而探索了媒介化基层治理方案的合理性和内在逻辑。这些发掘和探索不仅有利于了解当前媒介化方案对于基层治理的意义所在,也能为接下来的工作提供方向指导,从而有利于未来工作的更好开展。第五章将基于这些学理逻辑去思考未来怎样实践的议题,即进一步探索未来如何通过媒介化方式更好地推进基层治理。

第五章
媒介化基层治理方法的路径探索

> 人类生活的目标应当是创造这样一种共同体,其中每个个体通过参与共同的文化生活和民主的市民生活,实现个人的满足。[①]
>
> ——刘易斯·芒福德

在第三章对已有实践的分析中,我们已经看到媒介化基层治理方法在县级融媒体中心、城市社区报这两种典型的地方媒体实践中的体现。然而,在对这些实践的分析中,我们也看到我国现有实践呈现出规范性不足、与群众生活仍有隔阂、商业模式尚不成熟、自身定位不够清晰等问题。以解决这些问题为目标,本章将基于已有的实践经验和理论研究来探索中国的媒介化基层治理之路。

第一节 宏观层面:一体化基础上的差别化治理总框架

媒介融合的时代背景下,"媒介不仅仅是组织、政党或者个人根据其需求

[①] BLAKE C. Lewis Mumford(1895—1990)[J]. Technology and culture,1991,32(1):187-190.

选择是否使用的技术。它的存在已然成为社会和文化实践的一个结构性条件,同时存在于特定的文化领域以及作为整体的社会中"。[①] 在这样的环境中,媒介化的逻辑和手段对于基层社会的横向沟通互联、社会整合、风险防控,以及基层与中央的纵向信息传递都意义重大。新中国成立至今的 70 余年时间,党和政府为在全国建立起畅通的信息传播体系做了大量工作;改革开放至今,尤其媒介融合的历史进程开始后,中国在媒体制度改革、主流媒体融合发展等方面与时俱进,初步形成了全媒体传播体系兼收并蓄、主流媒体影响力逐步回升、网络媒体百花齐放的媒介环境。在这样的基础上,如何进一步利用媒介在基层治理方面所具有的强大动能以探索基层治理的媒介化方法?观察现实国情,一方面,人人共享公共利益的城乡一体化发展功在千秋;另一方面,中国城乡社区在媒介设施、社区文化等方面又区别明显,在这样的环境之下,如何擘画城乡媒介化治理总框架、构建城乡社区治理总格局需要认真思考。

20 世纪 20 年代,芝加哥学派的学者们提出以人类生态学的观点分析城市和社区建设,即在综合考虑地域范畴的环境、人口、交通,以及相应的机构和管理部门等各种力量的基础上对社区进行人类生态学的区分,之后再以此为基础选择不同的社区治理策略。[②] 这一研究路径为本书的思考提供了路径参考。在长期城乡二元结构的历史影响下,城乡一体化发展对于我国仍是一个伟大而长期的历史任务[③],当前我国的城乡发展依然呈现出明显差异。在这样的背景下,本书认为,应在一体化的目标指引下构建差别化的治理总框架,在城乡基层治理中以一体化为宗旨和远景目标,以差别化为方法和现实选择。

一、以一体化为媒介化基层治理的宗旨和远景目标

"一体化"即"城乡一体化"。将城乡一体化作为媒介化城乡基层治理方

[①] 夏瓦.文化与社会的媒介化[M].刘君,等译.上海:复旦大学出版社,2018:4.
[②] 帕克,伯吉斯,麦肯齐.城市社会学——芝加哥学派城市研究[M].宋俊岭,郑也夫,译.北京:商务印书馆,2012:4-5,63-67.
[③] 张晓山.习近平"城乡一体化"思想探讨[J].人民论坛,2015(30):25-27.

法的宗旨和远景目标,首先需要了解何谓"城乡一体化",之后再在此基础上了解如何促进其实现。

(一)"城乡一体化"的内涵和实现方略

"城乡一体化"是一个兼具学术内涵和政策话语意义的概念。在学术领域,"城乡一体化"的概念内涵与"城乡联系""城乡融合""城乡协调"等较为相近,不过因为"城乡联系"更多地被用以指向有关城乡关联的具体的研究领域,"城乡协调"注重的是对城乡失衡情况的缓解,所以"城乡一体化"与"城乡融合"在学术文本中最常被混用,用以指代城市和农村"打破互相隔离的壁垒,逐渐实现生产要素的合理分配和优化组合,促使生产力在城市和乡村之间合理分布,城乡经济和社会生活紧密结合与协调发展,逐步缩小直至消灭城乡之间的基本差别,从而使城市和乡村融为一体"。① 不过,尽管当前政治学和社会学领域对于"城乡一体化"的内涵并无太大分歧,但不同国家因为经济发展水平和社会形态的不同,对于如何实现城乡一体化这一议题却有很多争论。总体而言,西方发达国家因为城市工业生产的集中和乡村地区劳动力的相对廉价而倾向于将产业和居住由城市向乡村转移;城市化"过度"的发展中国家倾向于认为城乡一体化的方式应该是阻止乡村向城市的过度移民,而"建立以小城镇和乡村为节点,以交通通信为网络的城乡一体化发展模式",以缓解城市的压力;我国有关"城乡一体化"的讨论则主要由实际工作者主导,自改革开放后到世纪之交,有关城乡一体化方式的探讨主要将其视为集中于大型城市的边缘地区,在城市和乡村之间建立的过渡带,其目的是缓解城乡二元结构的问题。② 伴随我国治理能力的不断提升和对社会公平的不断追求,近年来有关城乡一体化的探讨多次出现于我国的政策话语中,如党的十六大提出"统筹城乡经济社会发展"的方针,十七大阐述了"形成城乡经济社会发展一体化新格局"的重大历史任务,十八大将城乡一体化提升到解决"三农"问题的根本途径的空前高度,十九大提出实现消除城乡差距、实现城

---

① 许学强,薛凤旋,阎小培.中国乡村—城市转型与协调发展[M].北京:科学出版社,1998:53.
② 景普秋,张复明.城乡一体化研究的进展与动态[J].城市规划,2003(6):30-35.

乡公平新目标的重要战略导向是建立完善城乡融合的体制机制和政策体系。① 总体而言，目前政策话语中有关"城乡一体化""城乡融合"的探讨多是围绕社会公平正义的目标指向进行的，即认为通过破除城乡二元体制、提高城乡发展一体化程度可以释放改革红利、释放经济增长潜力，从而更好地促进社会公平正义的实现，让农民享受到与城市居民接近或同等的社会发展成果。②

（二）以推动基本公共服务均等化促进城乡一体化发展

不过，尽管党和政府将城乡一体化列为改革发展的重要目标，也应看到这一历史任务的艰巨性与长期性。面对我国"农业基础还不稳固，城乡区域发展和收入分配差距较大"③的现实情况，推进城乡发展一体化进程、建立城乡融合的体制机制是一个伟大而长期的历史任务。④ 与改革开放前集中资源推进工业化，逐步建立城乡分割的二元体制，城乡二元结构持续加剧的情况②区别明显，改革开放后我国在破除城乡二元体制方面做了很多工作，城乡二元体制在不同领域呈现出"有进有退、进退交错"的局面。② 尤其自党的十六大之后开始大力推动城乡一体化建设以来，党和政府在推动基本公共服务覆盖农村这一方面做了大量工作，这一领域也被视为 10 多年来在破除城乡二元结构方面"尺度最大、步伐最快、反响最好的领域"②，这也正是本书所关注的基层治理媒介化方法的重要着力点。除了在经济层面缩小城乡居民收入分配差距等目标指向外，在文化层面推动基本公共文化服务均等化也是推动城乡一体化发展的重要改革方向。尤其在媒介融合进程不断推进、城乡数字鸿沟有扩大趋势的当前环境下，实现基层治理的媒介化方法必然以不断完善普惠的基层通信、文化教育等公共文化设施为基础。具体而言，这一工作可从以下两方面予以展开。

---

① 张强，张怀超，刘占芳.乡村振兴：从衰落走向复兴的战略选择[J].经济与管理,2018,32(1)：6-11.
② 国务院发展研究中心农村部课题组.从城乡二元到城乡一体——我国城乡二元体制的突出矛盾与未来走向[J].管理世界,2014(9)：1-12.
③ 中共中央关于制定国民经济和社会发展第十四个五年规划和二〇三五年远景目标的建议[EB/OL].(2020-11-03).http://www.gov.cn/zhengce/2020/11/03/content_5556991.htm.
④ 张晓山.习近平"城乡一体化"思想探讨[J].人民论坛,2015(30)：25-27.

(1) 深化财政体制改革,建立适宜公共资源在城乡合理配置的财政制度。目前,我国在县一级基本公共文化服务方面实行的财政制度仍然以税收返还为主要方式,这一制度难以实质性地推动经济发展相对落后的地区的公共文化服务水平,未来中央财政和省级政府应不断深化财政体制机制改革,推动中央政府对地方公共文化服务加大资金支持力度,省级政府集中财力,完善转移支付制度,"将财政体制核定到县、转移支付测算下达到县"。①

(2) 促进基本公共文化服务均等化和标准化,进一步完善适宜公共文化产品在城乡合理配置的供给制度。在规划通信、学校教育等基础文化设施时,应综合考虑城乡条件,对经济落后地区逐步建立宽带普遍服务补偿机制,"降低低收入人群的互联网使用成本",缩小城乡数字鸿沟。②

二、以差别化为媒介化基层治理的方法和现实选择

在将深化城乡公共文化服务均等化,推动城乡一体化发展设定为媒介化基层治理的宗旨和远景目标之后,应深刻认识到为了更好地促进媒介化基层治理各个功能的实现,应正视当前环境下我国城乡发展的不均衡现实条件,选择差别化的媒介化基层治理实践路径。具体而言,将"差别化"作为媒介化基层治理的方法和现实选择是出于城乡之间差异明显的社会、文化特征,以及迥然有异的治理逻辑。

(一)媒介化基层治理视角下的城乡差别

从媒介化基层治理的角度观察城乡之间的差别,以下四种思考的维度不可或缺。

(1) 人口流入与流出的区别。近年来各界对于农村人口流出所导致的村中空心化现象多有关注,很多学者也发文讨论过这种情况所导致的传统乡村

---

① 黄丽娟.政府购买公共文化服务探析——以江苏省南通市为例[J].行政论坛,2014,21(4):43-47.
② 国务院发展研究中心农村部课题组.从城乡二元到城乡一体——我国城乡二元体制的突出矛盾与未来走向[J].管理世界,2014(9):1-12.

治理秩序失衡的情况,如贺雪峰认为人口大量流出对于农村的影响之一是"村庄舆论越来越无力,村民行为的理性化和个人化倾向越发明显,传统被破坏。"①对于基层治理的路径选择而言,这一思考同样具有重要的启发性。受城市化进程的影响,当前我国的人口横向流动主要表现为由农村流向城市,即人口流动对城市和农村所产生的影响区别明显,在城市主要产生的是人口流入所引发的社会融入和社会无序问题,在农村则主要体现为传统秩序解体所导致的农村原子化和社会无序问题,因此人口的流入/流出问题成为制订差别化的城乡基层治理方案时需要予以考虑的重点之一。

（2）数字通信设施和互联网普及率的区别。媒介化基层治理的物质基础是媒介设施的区别,这在当前环境下突出地体现为数字通信设施和互联网普及率的区别。以互联网普及率为例,2024年3月发布的第53次《中国互联网络发展状况统计报告》显示,截至2023年12月,我国农村网民规模为3.26亿,城镇网民规模为7.66亿,两者分别占比29.8%和70.2%;农村地区互联网普及率为66.5%,城镇地区互联网普及率为83.3%。总体来看,城市和农村地区在网络基础设施方面依然存在差距。②

（3）文化差异。第二章从跨文化传播的角度对东、西方基层社会的文化特征进行了专门的分析。而由于西方发达国家的城市化进程开始比较早,城市社会的文化特征在西方文化中已经多有体现,甚至很多跨文化比较研究对于西方文化的描述都是基于其城市地区的文化特征进行的,因此,在讨论城市和乡村的文化差异时,许多基于文化人类学和跨文化传播学的研究成果就可为我们提供参考。结合这些理论成果,本书将城市与乡村基层社会的文化特征概括如下：

① 城市注重短期利益,乡村倾向长期利益。城市社会流动频率高,人们之间的交往更多地具有短期性,这与历代生活在一个村落的农民的生活方式

---

① 贺雪峰.人口流动对村级治理的影响[M]//贺雪峰.乡村治理的社会基础.北京:生活·读书·新知三联书店,2020:358.
② 中国互联网络信息中心.第53次《中国互联网络发展状况统计报告》[EB/OL].(2024-03-22). https://www.cnnic.net.cn/n4/2024/0322/c88-10964.html.

媒介融合背景下基层治理的媒介化方法

迥然不同,因此也导向城市社会中的人们更注重短期利益,而乡村社会的人们更倾向于长期的社会声誉的区别。

② 城市注重垂直文化,乡村倾向水平文化。城市空间中人们关系相对疏离,异质性强,对独立性的追求更高;而乡土中国文化中对"枪打出头鸟"的价值批判则助推了乡村水平文化的发展。

③ 城市中的人际沟通倾向低语境,乡村中的人际沟通倾向高语境。高/低语境理论是与时间观念、社会分工、异质性相关的一组理论概念。城市空间生活节奏快,社会分工明确,人们更加倾向于用直接的方式表达观点,即"低语境"沟通;而乡村生活中人们与周围其他人的人际关联较为久远,相对更为重视内群的团结,因此更倾向于用高语境话语和简短的语言传播信息。

(4) 首属群体和次级关系的区别。查尔斯·霍顿·库利(Charles Horton Cooley)在《社会组织》(*Social Organization*)中,阐述了"首属群体"的概念——以"密切的面对面联系和合作为其特征的团体"。① 首属群体中包含密切联系的意识,意味着多个个体经由共同意志或亲密的情感联结融合而成一个整体。在乡村社区,人们的交往相对比较集中于家庭、邻里等首属群体,这为伦理和道德的治理效果留置了空间,而随着城市的发展,城市社区中人与人之间的联系更多地呈现为一种间接的形式,即次级关系。在次级关系主导的社会,道德的约束力量让位于成文法的约束力量。②

(二) 媒介化基层治理视角下的城市逻辑

在各种因素的影响下,上述四种城乡社会差异在城市和乡村的基层社会中呈现出了区别明显的运行和治理逻辑。就城市社会而言,其运行逻辑主要呈现为注重自由、独立、逐利倾向和理性主义等特点。正如帕克在《城市:对于开展城市环境中人类行为研究的几点意见》一文中的描述:

---

① COOLEY C H. Social organization[M]//帕克,伯吉斯,麦肯齐.城市社会学——芝加哥学派城市研究.宋俊岭,郑也夫,译.北京:商务印书馆,2012:25.
② 帕克,伯吉斯,麦肯齐.城市社会学——芝加哥学派城市研究[M].宋俊岭,郑也夫,译.北京:商务印书馆,2012:24-30.

大城市中人口之相当大一部分,包括那些在公寓楼房或住宅中安了家的人,都好像进入了一个大旅店,彼此相见而不相识。这实际上就是以偶然的、临时的接触关系,代替了小型社区中较亲密的、稳定的人际联系。

在这种情形下,个人的地位在相当程度上就取决于一些俗套表征——如仪表、时尚、"派头"——而且人生的谋略在很大程度上下降到谨慎地讲究时装与礼貌的境地。[①]

这种疏离的、短期的人际交往规则一方面促进了个体的进一步空间流动,并使得人们更容易脱离群体的规约而按自己的意愿生活,而且更加注重短期的利益回馈而非长期的情感反馈;另一方面,也使得城市基层社会中秩序更多地仰赖契约关系和秉持理性主义的次级关系来维持,如政府部门、法律条文等。由这种情况所决定,城市基层社会的治理应该更多地偏向于理性逻辑,而治理工具和手段的选择也应更偏向于成文的规定、契约等。

(三)媒介化基层治理视角下的乡村逻辑

与城市基层社会的治理逻辑相区别,从媒介化基层治理的视角去考察乡村,则应将思考的起点设定为对"半熟人社会""双重认同"以及"社会关联"等概念的理解,从而更好地理解当前中国乡村社会的运行和治理逻辑。

1. "半熟人社会"所引起的运行逻辑转变

"半熟人社会"是相对于费孝通定义的熟人社会而言的。基于近年来农村社会发生的变化,贺雪峰等学者将当前的中国农村定义为一种"半熟人社会"。[②] 在这种社会形态中,"行政村"虽然为村民提供了相互认识的机会,但却没有为其提供相互熟识的环境。也就是说,当前的农村社会与费孝通所看到的乡土中国相比正在发生明显转变(甚至有的地区已经大相径庭),村民之间由熟识变为认识,秩序维持的方式由礼治向法治转变,维持秩序的压力由来自舆论变为来自制度,社会关系的缔结由无讼转为契约,发挥治理职能的

[①] 帕克,伯吉斯,麦肯齐. 城市社会学——芝加哥学派城市研究[M]. 宋俊岭,郑也夫,译. 北京:商务印书馆,2012:41.

[②] 贺雪峰. 论半熟人社会——理解村委会选举的一个视角[J]. 政治学研究,2000(3):61-69.

从长老向能人转变。对于农村基层治理而言,半熟人社会的形成可能带来两方面的影响:一方面,人与人之间的信息阻隔为流言等风险信息的出现和传播留置了空间;另一方面,半熟人社会中普通农民对公共事务的组织与参与能力与村干部差异过大,从而使得村民的"政治参与热情"明显下降。①

2. "双重认同"社会认同机制的转变

费孝通、王铭铭等曾对中国农村社会的双重认同机制进行了探究,认为农民的社会认同逻辑有两种层次,其中,第一层是家庭,第二层是超出家庭的宗族或村庄。② 这种认同机制其实与芝加哥学派对首属群体和次级关系的讨论近似,只是因为宗族、文化等的影响,中国农村在"首属群体"这一核心认同层次中更加强调差序格局。然而,随着农村社会的转变,当前的中国农村中这种双重认同机制的形式已经发生了转变,有一些社区记忆③较弱的农村已经不再具有第二重认同机制,从而成为原子化的村庄,其他村庄的第二层认同单位则发生了转变,形成了以联合家庭、小亲族、户族、宗族、村民组、行政村等为第二层认同单位的认同机制。贺雪峰等通过对不同区域农村的实地调研发现,"村庄范围内通常只能有一个超出家庭的主导认同单位"④,而不同的认同单位直接影响这个村庄的行动与治理逻辑。因此,当前环境下我们在针对不同的农村社区选择适宜的治理方案时需要首先对其进行基于人类生态学的考察和分析。

3. "社会关联"对乡村基层治理的影响

乡村社会的社会关联是指"处于事件中的村民在应对事件时可以调用村庄内部关系的能力"。⑤ 对乡村基层社会的社会整合和治理逻辑进行考察时,"社会关联"是一个具有乡土中国特色而且非常重要的概念。这是由于中国

---

① 罗恬漩,段陆平.当代中国乡村纠纷解决机制的历史变迁及其实践阐释[J].法治论坛,2020(3):110-122.
② 费孝通.乡土中国[M].上海:上海人民出版社,2007:25;王铭铭.溪村家族:社区史、仪式与地方政治[M].贵阳:贵州人民出版社,2004:74.
③ 指对传统文化和习俗的沿袭程度.贺雪峰,仝志辉.论村庄社会关联——兼论村庄秩序的社会基础[J].中国社会科学,2002(3):124-134,207.
④ 贺雪峰.乡村治理的社会基础[M].北京:生活·读书·新知三联书店,2020:124.
⑤ 贺雪峰.乡村治理的社会基础[M].北京:生活·读书·新知三联书店,2020:4.

乡村社会的秩序生成主要遵循两种逻辑：一种是外在行政力量的嵌入，另一种则是村庄内生的秩序。① 而这种内生的秩序运行的基础就是人与人之间的联系，一个社会关联度高的农村，就是人与人之间联系紧密的农村。因此社会关联度的强弱直接影响各种传统的、内生的社会秩序在这一农村社会的影响力。而当前发生社会危机、陷入失序状态的农村，通常也是社会关联度弱的农村，在这种社会状态中，内生于传统村庄的社会关联正在减弱甚至解体，而依据现代逻辑建构的社会关系又尚未建立，这为各种社会风险的发生提供了温床。社会关联程度的强弱与社区记忆紧密相关，而社区记忆受到市场经济、媒介发展的深刻影响。② 因此，社会关联对于我们针对特定的农村社会选择合适的媒介化治理方案具有重要的参考意义。

综上所述，本节从宏观层面提出应当以对公共文化服务均等化的不懈追求致力于推动城乡平等、公共文化利益共享的城乡一体化发展格局，并提出应基于人类生态学的考察分析我国城乡地区的经济、社会情况和文化特征，从而选择适宜的媒介化基层治理方案。在第二节中，本书将进一步讨论如何从中观层面建构媒介化基层治理格局，即在充分考虑城乡地区现实差异的基础上推动媒介化基层治理效能的更好实现。

第二节　中观层面：构建媒介化基层治理格局

第四章借助"社会皮肤""公共礼物""稳压器"和"情感纽带"四个隐喻阐释了媒介在基层治理方面所能发挥的效能，并分析了这些效能产生背后的学理逻辑。在本节中，我们将把这些效能进一步聚焦到本章所关注的"怎么做"

---

① 贺雪峰.乡村治理的社会基础[M].北京：生活·读书·新知三联书店，2020：4.
② 杜鹏.论乡村治理的村庄政治基础——基于实体主义的政治分析框架[J].南京农业大学学报（社会科学版），2019,19(4)：58-68.

的分析层面,依次分析媒介化的基层治理方法在城市和农村两种不同的语境下怎样更好地发挥作用。

一、培塑生动而可控的基层舆论空间

在中国县级媒体融合、城市社区报,以及加拿大社区报的超本地化转型等案例中,我们均看到媒介化方法在基层治理中发挥的舆论引导作用,即通过设置新闻议程、开设特定栏目等对基层民众进行舆论引导,而在学术研究领域,来自传播学、公共关系管理学,以及政治学等学科的学者也对媒介发挥舆论引导作用的内在机理予以了深刻的剖析和阐发。那么,当我们将目光移到未来,是否有什么实践策略可以让这些媒介化的方法在基层治理中更好地发挥作用? 在本章第一节中,我们已经探讨过城市和乡村两种基层社会所具有的大异其趣的运行和治理逻辑,在这里,我们将分别探讨如何让媒介化方式在城市和乡村基层治理中更好地发挥作用,以培塑生动而可控的基层舆论空间。

(一)城市的舆论引导工作应充分调动社区融媒体的功能

20世纪20年代,具有丰富的报刊工作经验和社区研究经验的帕克即已指出,如果想要引导城市舆论的话,新闻记者以及报刊就需要"尽可能地在城市环境中再现农村生活的情景"①,也就是说尽可能地专注于作为"构成民主生活的重要材料"的地方新闻。我们已经讨论过,城市生活是分工明确的,人们倾向于追求自由、独立、编码明确的"低语境"信息,另外,当前环境下城市的互联网普及率已经非常高。因此,本书认为在城市环境中要想提高媒介的影响力,可以从两方面着手。

(1)报道贴近城市人们生活的内容。对于贴近人们生活的新闻内容所具有的传播效力,以及如何更好地开展社区报道,20世纪初的帕克和21世纪的

---

① 帕克,伯吉斯,麦肯齐.城市社会学——芝加哥学派城市研究[M].宋俊岭,郑也夫,译.北京:商务印书馆,2012:79.

社区报投资大亨沃伦·巴菲特（Warren Buffett）都已深有感悟。比如，帕克在《报纸形成的历史》中谈道：

> 在一个城市里每天发生各种事情，报纸不可能把每件小事和城市生活中的日常变化都刊登出来，但可以从人情的角度而非个人偏好的角度选登一些。选择一些重要的，特别是有趣的、传奇性的事情，象征性地予以刊登则是可能的。这样的报道不再是完全个人性质的，而是具有艺术的形式，它已经不是个别的男人和女人琐事的记写，而变成了非个人性质的生活和习惯的报道。①

而巴菲特不仅在 2012 年斥资 3.44 亿美元收购以地方小型报纸为主的 28 份日报和 88 份周报，更在 2013 年致股东的信中对社区报的盈利能力大加强调：

> 报纸继续占据当地新闻的主导地位。如果您想知道镇上现在正在发生的事情——无论是关于市长，税收或高中足球比赛的新闻——没有什么可以取代负责任的当地报纸。当读者阅读有关加拿大关税或巴基斯坦政治局势的新闻时，他可能会阅读几段，然后转而看其他内容。但是，如果他看到一个有关自己或邻居的故事，他将在最后阅读全部内容。在居民具有普遍社区意识的任何地方，对于大部分当地居民来说，满足社会特殊信息需求的报纸将永远是必不可少的。②

（2）采用融媒体的媒介形式。社区报发展中的大量失败案例已经表明，在当前的媒介环境下，单一的纸质社区报等形式已经难以在激烈的竞争中脱颖而出，所以要想更好地发挥媒介在城市基层社会中的引导作用，不仅应重视城市社区报这一媒介形式，而且应直接采用融媒体的形式进入市场，综合

---

① 帕克，伯吉斯，麦肯齐. 城市社会学——芝加哥学派城市研究[M]. 宋俊岭，郑也夫，译. 北京：商务印书馆，2012：79.
② 陈凯，刘柏煊. 巴菲特为什么投资报纸？[J]. 中国记者，2013(6)：121-123. 另，2020 年初，巴菲特最终将这些社区报出售给了在当地新闻业中更具经验的李氏企业（Lee Enterprises），这某种程度上导致了一些唱衰社区报业的声音出现，不过，因为美国、加拿大地区的社区报整体而言仍然保持较高的发行量，所以更多的观点认为巴菲特此举只能说明其本人并不是一个优秀的报业经营者。

开发社区报在纸质媒介、自建网站、微信平台等渠道的传播潜力,并多方面拓展其在社区社交、便民服务等方面的潜在功能。

(二)乡村的舆论引导工作应发挥县级融媒体中心的塔台作用

在近年来新兴媒体与主流媒体融合发展、县级媒体融合、建设全媒体传播体系、媒体深度融合等政策的推动下,我国县级融媒体中心在县城及县以下基层社会的舆论引导工作中所蕴含的能量获得重视并不断提升。不过,尽管目前县级媒体融合改革已经取得了一些喜人的成绩,也应看到其中仍有一些不足应在未来予以重点攻克,尤其是,县级融媒体中心应更加重视对乡村的舆论引导。在过去的县级媒体融合改革中,县级融媒体中心对县域信息的开发能力得以提升,但纵观国内知名的县级融媒体案例,其工作多未将该县所辖乡村的舆论工作作为重点取向。而需要注意的是,县级融媒体中心作为全国全媒体传播体系的"毛细血管"和终端单位,其工作重点理应是解决中央舆论到广大基层民众的"最后一公里"的问题,因此未来的县级融媒体应注意发挥其在所辖县域和乡村区域中的塔台作用,致力于将中央与基层社会之间的信息传播工作落到实处。

二、以媒介化方式促进公共服务落地

在"最富顺"App 的"回音壁"栏目、长兴拓展营运的"浙里办"等县级融媒体中心的政务服务平台、城市社区报的便民服务功能、加拿大社区报新闻网站的"社区活动日历",以及各个媒体平台对 UGC 这种公民互惠式新闻产制方式的强调等案例中,我们都看到了媒介化的基层治理方法对公共服务功能指向的强调。相比于由国家和市场提供公共服务,由社会提供公共服务的礼物逻辑被认为蕴含着更大的潜力和道德合理性。不过,由于互联网等基础信息设施在城乡普及率的差异以及城乡居民媒介素养等的差异,以媒介化方式促进公共服务在城乡社区的落地存在一定的方法差异。具体而言,本书认为未来在城市的公共服务供给可以向更加智能化方向发展,而乡村的公共服务提供则应先经历电子信息服务"创新的扩散"过程。

(一) 城市的公共服务应向智能媒体化发展

依托以人工智能为特征的物联网、大数据、人机交互、虚拟现实等技术，智能媒体技术在近年来已经获得迅速发展。① 在城市以及一些智能媒体投入较大的县城（如浙江长兴），基于智能媒体的公共服务已经获得很多发展及应用。未来，随着人工智能技术的不断发展，应急指挥、城市安保、综合防灾减灾等有关基层治理的公共事务应获得更多智能化发展，包括智慧政务、智慧警务、智慧交通、智慧医疗、智慧教育、智慧水务、智慧农业、智慧园区、智慧路灯等与基层群众相关的智慧公共服务应该更加普及②，智能手机需要并应该成为城市生活中的智慧终端，为多数甚至全部公共服务与民众的生活搭建联系。

(二) 乡村应进一步推进数字技术的普及

以媒介化方法推动公共服务在乡村基层社会的落地，应首先着力解决农村地区数字化信息通信设施不完备的问题。对此，2021年2月21日，中共中央、国务院发布《中共中央 国务院关于全面推进乡村振兴加快农业农村现代化的意见》（中发〔2021〕1号），将"实施数字乡村建设发展工程""加强乡村公共服务、社会治理等数字化智能化建设"列为接下来的工作重点③，凸显了党和政府着力破解城乡数字鸿沟的目标指向。不过，正如埃弗雷特·M.罗杰斯（Everett M. Rogers）在《创新的扩散》中所揭示的，新事物的普及通常需要多个层级的人际传播的过滤④，数字技术在农村社会的普及也不是一蹴而就的

---

① 段鹏.智能媒体语境下的未来影像：概念、现状与前景[J].现代传播（中国传媒大学学报），2018,40(10):1-6.

② "中国科技第一展"勾勒未来智慧城市[EB/OL].(2020-11-12)[2021-01-25].http://www.gov.cn/xinwen/2020-11/12/content_5560972.htm.

③ 中共中央 国务院关于全面推进乡村振兴加快农业农村现代化的意见[EB/OL].(2021-02-21)[2021-02-21].http://www.xinhuanet.com/politics/2021-02/21/c_1127122068.htm.

④ 罗杰斯.创新的扩散[M].唐兴通,郑常青,张延臣,译.北京：电子工业出版社,2016:9.

事情,应为其留置出一定的时间,并动员各种基层力量对农村居民进行一定程度的媒介素养教育,使其初步具备享用基本公共文化服务的媒介应用能力。另外,因为中国乡村社会双重认同机制的转变,在开展这一工作时应首先对具体的村庄进行基于人类生态学的考察和研判,从而确定创新扩散过程中的关键节点如"早期采纳者""早期追随者"等,从而更好地推动公共服务在乡村地区的实现。

三、以媒介化手段预防控制社会风险

在富顺县融媒体中心的网评员制度、长兴县对数字政府和智慧城市的规划等案例中,我们都看到了媒介化手段在预防和控制社会风险工作中所发挥的重要作用。很多学者也基于风险社会理论、风险感知研究、风险的社会放大框架等对风险的产生与传播机制进行了研究,认为适宜的信息发布策略、媒介化的技术手段等均有利于对社会风险的防范控制。而在实际工作中,因为城乡地区数字通信设施和互联网普及率差异等原因,应对城乡基层社会的风险防控采取差别化的媒介化方法。

(一)在城市加大对大数据风险防控技术的应用

大数据是 21 世纪最重要的基础性战略资源之一,为科学防控社会风险提供了技术基础。2017 年 12 月,中共中央政治局就实施国家大数据战略进行第二次集体学习,习近平总书记提出要建立健全大数据辅助科学决策和社会治理的机制,实现政府决策科学化、社会治理精准化、公共服务高效化。以此为开端,学界和业界就大数据技术对社会风险的防控意义进行了大量的学术研究和实践探索。不过,因为大数据技术的应用需要以智能手机等终端设备和互联网的普及为依托,所以以之为主要风险防控手段的方案比较适合在城市地区推行。

而在具体的实践路径方面,已有的实践主要基于群众在数据采集平台录入的个人信息、通信运营商对数据平台开放用户位置信息等方式进行,这种方式虽可规避大部分风险,但往往需要以法律等强制手段规避用户信息造假的风险。未来,随着大数据技术的更加普及和智能穿戴设备与物联网技术的更加成熟,在城市地区建立更加精细的大数据风险防控系统将有望进一步提升风险防控效果。

(二)在乡村采取"互联网+网格员"的媒介化风险防控方式

基于乡村地区互联网普及程度不够的现实情况,将大数据、物联网等智能媒体技术用于乡村地区的风险防控相对困难。不过,考虑到乡村"半熟人社会"的社会形态,以及近两年迅速发展和完善的网格员制度,本书认为可在乡村的风险防控中采取"互联网+网格员"的媒介化风险防控方式,分两步走防范化解乡村地区的社会风险。

第一步,建立一支(或整合已有的)熟悉互联网信息报送系统的网格员队伍,使之深入基层群众的生活,与民众建立亲密的人际交往和社会关联,在群众与信息化风险防控系统之间建立纽带。

第二步,在日常工作中网格员向系统报送其所分管的"网格"内的情况,风险发生时,网格员通过在信息系统录入风险信息向上级汇报风险情况,同时将党和政府发布的权威信息、风险防治办法等直接传播给基层民众。

在农村地区推行"互联网+网格员"的风险防控方法不仅有利于解决农村数字通信设施不完备和互联网普及率较低的问题,而且可以将风险防控过程中的正向防控和逆向规避结合起来,是一种可行性较高的风险防控方案。

四、以媒介化方法促进基层社会整合

在我国城市社区报融媒体打造的虚拟社区、对社区活动的发动和社区文化场的构建,以及加拿大社区报对社区活动的宣传、对主流文化的迎合等实践案例中,我们都能看到媒介促进基层社会整合的努力。同时,学者们也通过理论层面的探讨确认了媒介化方式促进基层社会整合的合理性与可行性。另外,在本章第一节中,我们分别讨论了城市和基层社会在社会整合方面所面临的挑战,即城市社会面临大量流入人口,主要体现出"陌生人社会"所具有的人情淡漠、社会融入程度低等社会整合问题;而乡村社会则面临人口流出多、"空心化"情况普遍所导致的传统双重认同机制转型或解体、乡村原子化等社会整合问题。基于这种现实情况,本书认为应在城乡社区采取差别化的社会整合方法。

(一)在城市推动以社区融媒体为载体的公众参与

如同成功的国内社区报实践,以及加拿大社区报成功的超本地化转型等案例中所看到的,社区报融媒体在城市社会整合中可以扮演重要的角色。具体而言,本书认为可通过推动城市基层民众对社区新闻报道的参与,以及加强民众在基于本地社区构建的虚拟社区中的互动等方法实现这一目的。

(二)在乡村采取以激活社区记忆为方向的传统文化复萌实践

通过对特定的乡村地区进行基于人类生态学方法的双重认同机制研判,可以更好地确定对该乡村的社会认同作用关键的"第二重认同单位"。这样就可因地制宜地选择合适的社会整合策略。贺雪峰认为,"人口流动影响村级治理的关键在于建构村庄共同体的难易"。[①] 在人口流出村重建村庄共同体,最关键的是重新激活其社区记忆。对此,本书认为可依托社区活动、网络虚拟社区构建、短视频摄制、传播和直播等方式促进当地传统文化的复萌来激活社区记忆,从而强化其社会关联。

综上所述,本节基于城乡差别化的治理路径探讨了在基层社会引导舆论、促进公共服务落地、防控社会风险,以及加强社会整合的方法体系,从中观层面提出了构建媒介化基层治理格局的改革方向。在接下来的讨论中,本书将进一步讨论如何把这些中观层面的思考落实到微观层面的实际工作中。

---

① 贺雪峰.论人口流动对村级治理的影响[J].学海,2002(1):16-19.

第三节 微观层面：多元一体化媒介系统的微观构建

在从宏观层面讨论了建立一体化基础上的差别化治理总框架，从中观层面讨论了如何基于城乡差异构建媒介化基层治理格局之后，让我们把关注的焦点转移到从微观层面实现媒介化基层社会管理的具体方案讨论中来。

目前，基层社会的媒介接触渠道主要包括由中央到县级的主流全媒体传播体系、由传统媒体单位下设的社区报等社区媒体平台，以及由基层民众自发产制的媒介信息等。考虑到前两者因为有不同比重的官方媒体介入[①]而更适合统一指挥，后者的发展更适宜激活基层舆论生态的活跃程度等原因，本书认为对以媒介化方式促进基层治理这一问题的方案制订应该综合动员县级融媒体中心、城市社区报融媒体和网络媒体的力量，即以县级融媒体中心为核心，以社区融媒体为切入点，同时革新对基层媒体的评价和监管方式。

一、打造新型主流媒体：以县级融媒体中心为核心

在谈到县级融媒体助力基层治理的实践路径和主要方式时，郑亮提出县级融媒体应在信息传播、公共服务、群众动员、舆情治理和引导、便民服务，以及举办活动等多方面齐头并进[②]，打造功能多元化甚至"全能化"的基层主流媒体。应该说，在媒体种类较为单一、甚至只有县级融媒体一家媒体机构的县级行政单位，以这种形式优化县级融媒体中心的多种功能是具有较大的合

---

① 虽然社区媒体中有一部分是由社区民众、物业等自发创建的，但据笔者在近两年时间中的观察，这些更具草根特色的社区媒体中较少有规律和长期发布新闻的成功案例，目前在国内社区新闻传播领域发挥影响力的案例通常都具有一定的主流媒体的新闻产制资源，如《北青社区报》即由北京青年报社创办。

② 郑亮.县级融媒体中心和基层社会治理研究[M].广州：暨南大学出版社，2020：90-103.

理性和可行性的。不过,随着媒介技术的发展和公众媒介素养的提升,当前基层社会的媒介环境仍处于变动之中,如果以更加整体性的眼光去考虑基层媒介系统的构建问题,则应该发现这一观点具有一定的刻板性。本书认为,在媒介技术不断发展、国内媒体深度融合逐步推进的历史时间点,应该以系统论的观点去思考县级媒体融合的定位问题。应考虑以县级融媒体为核心,打造基于地域范围的、集纳多种传播媒介的多元一体化媒介系统。其中,作为核心的县级融媒体负责整个系统的主体硬性框架构成,即在新型主流媒体的定位下负责传播官方信息、引导主流舆论、传递积极导向,提供政务服务,负责监看、汇总和分析其下辖县域空间的风险信息。

(一)革新传播方式传递官方信息和引导主流舆论

我国的县级媒体是中国主流媒体系统在县一级行政区划中设置的基层新闻宣传单位,传播官方信息、引导主流舆论、传递积极导向是其最核心的功能指向。21世纪初,随着网络媒体的强势崛起,主流媒体的传播力、引导力、影响力和公信力都有下降趋势。2014年后,随着国家发出新兴媒体和传统媒体融合发展的指示,以及县级媒体融合改革开始并不断走向深入,县级融媒体的发展态势逐渐向好。但是,成绩的取得总是与不足的暴露并行。具体到官方信息传播和舆论引导方面,有学者认为当前我国县级融媒体的工作存在很严重的问题,如很少在社会舆论的第一现场进行官方信息传递和有效的舆论引导,尤其在风险发生的时刻更是频频"游离于舆论发生的第一现场"之外,客观或主观地回避第一时间报道诱发舆情的关键问题。[①] 在传统媒体时代,由于群众信息来源的相对单一,主流媒体偶尔对于舆情事件的延后报道通常并不会引发太大问题,而在媒介融合的时代背景下,网络媒体等非体制内媒体嗅觉灵敏,常常能在主流媒体报道之前将各种"小道消息"传播出来,同时,因为社交媒体的发达,这些"小道消息"经多人传播后很容易诱发风险事件。

---

① 朱春阳.县级融媒体中心建设:经验坐标、发展机遇与路径创新[J].新闻界,2018(9):21-27.

因此,主流媒体要想更好地发挥官方信息传播、主流舆论引导,并向基层社会传递积极导向,就必须继续革新其报道形式,树立内容为王、时间为王的新闻报道观点,制作适宜"两微一端"、抖音等多元渠道传播的有趣、有益、有意义的内容,更好地履行其新型主流媒体的传播职能。

(二)以官方身份创新方法向公众提供优质公共服务

在中央的统筹规划下,与县级政务新媒体协同发展已经成为县级融媒体在公共服务方面的发展方向之一。目前,各地发展较为成功的县级融媒体中心均将"融媒+政务"列为未来的发展方向,并已取得一定的建设成效,如我们在第三章阐述的富顺县电视台的"政务服务"、长兴县融媒体中心的"智慧政务"等均是其中的代表案例。不过应该认识到的是,在融媒体平台开放端口整合事业单位提供公共服务仍然是"官方对公众"的思路,这只能算媒介化公共服务的第一阶段。在未来的基层治理中,成功地发动群众、动员群众以礼物逻辑展开互助式的公共服务才是更加有效并有利的公共服务方式。在这一方面,麻省理工学院的校长霍克菲尔德免费向公众开放该校公共课程可被视为一些有益尝试。未来,县级融媒体中心可在这一方面进行方法创新,将其公共服务提供平台的定位转型为兼具服务提供平台、宣传平台,以及为有意提供公共服务的民众背书的官方公共服务评鉴员等。

另外,UGC、区块链等对于构建共治共享的基层社会生态意义重大。尤其是区块链技术,不仅可以通过共识机制和智能合约等技术特点构建实时互联、数据共享、联动协同的智能化机制,提升社会治理智能化水平,而且可以在保护数据所有权的基础上有效集成社会和经济等多方面的数据信息,助推社会治理精细化。[①] 作为主流媒体系统的有机组成部分,县级融媒体应该借助其官方媒体身份所带来的财政、技术资源,在未来的发展中更多地探索对区块链技术的开发和应用,为提供智能化的公共服务创造条件。

---

① 柴洪峰,马小峰.区块链导论[M].北京:中国科学技术出版社,2020:195.

媒介融合背景下基层治理的媒介化方法

（三）参与或主导基层社会大数据的汇总和分析

在风险社会与媒介融合双重背景下的基层治理中，看似分散而无意义的基层数据有时反而成为防范化解舆情风险、引导舆论的制胜关键。因此，在参与基层治理的过程中，县级融媒体中心不仅要做好官方信息和权威信息的"传声筒"，及时从风险产生的源头引导舆论，而且应参与完善县级网络舆情治理体系工作，充分发掘有效舆情数据，借助专家团队的智力支持进行大数据分析，充分评估舆情风险，帮助县委、县政府进行科学决策，防范化解社会风险。①

需要注意的是，因为基层社会的大数据开放事关重大，而融媒体中心作为宣传部门是否应该享有对当地大数据的获得权值得斟酌，各地应结合自身情况分析研判本地大数据信息的开放程度以及融媒体中心对大数据的参与程度。目前已有的案例是，浙江长兴的大数据信息在行政体制上归口大数据中心，现有数据暂未与长兴传媒集团共享②；河南省焦作市的部分县级融媒体中心则与大数据中心进行数据共享，并为基层治理提供更多的数据监看、汇总和分析等支持。③

二、丰富"冰箱新闻"：以社区报融媒体为切入点

在对比美国新闻的中央和地方偏向性时，有学者区分了"降落伞新闻"和"冰箱新闻"这一组概念。其中"降落伞新闻"指高高在上、将读者视如散点的大报新闻，而"冰箱新闻"则是指有关自己孩子、家人、亲友的，会被社区居民剪下来贴在冰箱上的社区新闻④，这些学者认为这才是老百姓喜闻乐见的新闻。在加拿大社区报的发展历史和现状中，我们已经看到了"冰箱新闻"所蕴

---

① 郑亮. 县级融媒体中心和基层社会治理研究[M]. 广州：暨南大学出版社，2020：98.
② 谢新洲，等. 县级融媒体中心建设理论与实践[M]. 北京：电子工业出版社，2019：143.
③ 李明. 从内部生态链到外部生态圈：县级融媒体中心建设的抓手：以河南焦作部分县级融媒体中心现状为例[J]. 中国记者，2019(8)：34-35.
④ 任浩. 美国社区报研读启示：让大众在社区听到国家的心跳[J]. 中国记者，2015(9)：125-126.

含的勃勃生命力。

　　另外,相比整合了县级广播电视、县级报(个别县城)、县级政府新闻网等而成的县级融媒体中心,社区报融媒体的创办门槛要低许多。如果说前几年的社区报尚需以一份纸质报纸为基础,因而需要考虑刊号、印刷、发行等成本的话,在媒介融合以及超本地化新闻浪潮的影响下,社区报融媒体之"报"已经不是重点,而"融媒体"才是重中之重,因而创办一份社区报融媒体的成本和所需门槛均大幅降低。然而,通观中国和加拿大成功的社区报案例,这种准入门槛不高的媒介形式却能在基层治理中发挥促进社区融入、培育社区良好舆论生态等多种功效。因而,本书认为,当前环境下的基层治理应充分考虑社区报融媒体的重要意义,具体而言,社区等社会主体应提升对社区报融媒体的创办热情,地方政府应鼓励社区报的创办和发行,并将之纳入以县级融媒体中心为核心的多元一体化媒介系统的构建中来。

(一)抓紧我国基层治理网格化的历史机遇期创办社区报

　　近两年,我国基层治理中网格化的趋势明显。在深入社区、了解社区、组织社区和管理社区的过程中,网格员承担起越来越重要的作用。而从媒介化社区治理的角度来看,网格员制度的发展不仅有利于基层社会的网格化管理,而且为建设与主流媒体形成柔性关联的社区报融媒体提供了机遇。一方面,各地网格员的招募通常要求网格员具有一定的计算机操作技能,这为网格员撰写简单的新闻稿件和将其录入计算机提供了基础;另一方面,网格员通常与地方财政有所关联,一定意义上具有准体制内人员的身份,这为其向县级融媒体中心进行信息互联创造了条件。从这两个角度来看,眼下由社区集结其网格员队伍创办社区报正逢其时。

(二)在县级融媒体中心与社区报融媒体之间建立柔性联系

　　如前所述,县级融媒体中心在基于地域范围的、集纳多种传播媒介的多元一体化媒介系统中发挥的是核心的作用,负责传播权威信息、引导舆论、组织提供公共服务,以及参与或主导基层社会大数据采集和分析等重要任务。

这些任务的功能属性通常较强,因而县级融媒体中心发布的信息常常显得较为生硬,在贴近群众方面面临困难。相比之下,社区报则因之创办者身份的多元而更利于在基层群众与县级融媒体之间建立联结,从而有利于县级融媒体中心与群众的情感联结。因此,从这个角度看,社区报应与县级融媒体中心之间建立一种柔性的关联,也就是说,由社区和网格员创办的社区报可因其半官方属性而在媒介化基层治理中发挥更大效能,因而十分值得提倡。

(三)以商业逻辑探索社区报融媒体的可持续发展之路

在对我国城市社区报的发展历史和现状进行探索时,我们已经发现商业模式的不成熟是限制我国城市社区报发展的一大桎梏,而通过对加拿大社区报发展经验的探索,我们也看到市场化、商业化的运营逻辑对于城市社区报的长远发展所具有的重要意义。因此,在以社区报融媒体为切入点讨论多元一体化媒介系统的微观构建时,本书建议城市社区报的运营者更加注重对商业逻辑的采纳。但是,需要注意的是,对于社区报发展至关重要的商业逻辑并非简单呈现为对广告的大幅刊登等市场行为,而应包括更好地了解受众诉求、注重采纳 UGC,致力于构建基于社区、邻里的公共话语空间,只有将社区报深度嵌入人们的生活中去,成为人们愿意剪下来贴在冰箱上的新闻,我国的城市社区报才能获得更加久远的发展。

三、与政府改革接轨:规范媒介化基层治理手段

在前面的讨论中,我们已经指出因为我国的县级媒体融合各地节奏不同,先行者往往各有特点,后进者却常常面对多种方案难以取舍。当与基层治理的议题结合进行思考时,这一问题更加凸显。由于我国的国家治理呈现出明显的科层制特点,如果不能建立起一套规范化的治理流程,媒介化的基层治理方法将很难落到实处,因此,将国家行政职责、电子政务系统、体制内和体制外媒体等多方力量纳入考量,推动规范化的媒介化基层治理手段落地,也是我们构建多元一体化媒介系统的重要抓手。具体而言,这一工作应

包括以下三个维度。

（一）明确政府职能并制定权责清单

政府职能的合理配置，是政府实行有效管理的前提，也是政府行使各种权力的基本依据。在国家走向治理体系和治理能力现代化的历史时期，如何明确政府职能并制定明确的权责清单对于基层治理的规范化具有重要意义。具体而言，在处理政府与市场的关系时，应该充分发挥市场在资源配置中的基础性作用，政府向市场合理放权，倡导以市场逻辑解决可以由市场解决的问题；在处理政府与社会的关系时，要大力培育和发展社会中介组织，加快事业单位改革的步伐，"将政府的一些职能交给中介机构，实现政事分开和政社分开"。[1]

（二）依据电子政务需求深化政府机构改革

深化政府机构改革是实现国家政府治理能力现代化的重要步骤。在媒介已然深度渗透进我们的工作和生活，媒介化社会已经来临的当前阶段，如何将政府机构改革与内嵌了媒介化治理方法的电子政务有机结合，也成为规范媒介化基层治理手段的重要内容。对此，本书认为首先要基于人类生态学的方法具体问题具体分析地研判各地实行电子政务所面临的新问题和新困境；其次，在此基础上合理配置政府职能，制定更加符合电子政务运行的规章制度；最后，要"建立政府规模控制的有效约束机制"[1]，避免在电子政务改革中产生不必要的资源浪费。

（三）制定评价标准和监管制度规范媒体行为

在规范媒介化基层治理方法的过程中，如何引导和合理约束媒体，使其更好地参与媒介化基层治理也是本书所关注的重点内容。承前所述，当前我国的县域范围之内主要存在三种新闻产制媒介：其一是作为我国主流媒体传

---

[1] 汪玉凯.中国政府信息化与电子政务[J].新视野,2002(2)：54-56.

播体系终端单位的县级融媒体中心；其二是社区报融媒体；其三是由基层民众创办的各种自媒体，如微信公众号、微博账号，以及抖音账号等。其中，前两种由于具有或可能具有官方属性，因而可直接被纳入媒介化基层治理的工具体系中来，而第三种则因为其原子化的创办主体而相对游离于基层治理体系之外。应该说，由于创作内容的"草根"性和多样性，这些来自基层的、带有强烈UGC取向的自媒体对于丰富基层信息传播，构建生动活泼的基层舆论具有重要积极意义。但另一方面也应看到，由这些自媒体参与构建的基层舆论场如果不加导引也有失控的可能，因此有必要将其纳入对基层媒体的监管中来。对此，本书将在下文专门讨论如何革新对基层媒体的管理。

四、革新对基层媒体的评价和监管方式

要在基层构建多元一体化的媒介系统，就应在其中纳入对基层媒体参与基层治理的评价和监管制度。其中，县级融媒体中心和社区报适用于评价和监管两种制度，而由基层民众创办的各种自媒体则主要适用于监管制度。具体而言，这两种制度的运作方式分别可概述如下。

（一）对基层媒体参与基层治理的评价制度

对基层媒体参与基层治理效果的评估机制应该围绕基层媒体履行其社会效能的情况进行。第三章的案例分析和第四章的学理逻辑分析已经将基层媒体在基层治理中所发挥的效能归纳为舆论引导、公共服务、风险防控和社会整合四个方面。因此，对基层媒体的评价也应根据其在这四个方面的效能发挥情况来决定。

如前所述，基层治理是多元主体参与的治理。因此对基层治理有关情况的评估也应由多元主体进行，即应该在评价制度中综合政府机构、上级部门等内部评估主体和公众、大众媒介和专家学者等外部评估主体的意见进行

评估。① 顺延这一思路,对基层媒介参与基层治理的评价也应该由其治理效果所针对或指向的多元主体依据其治理效能所发挥的情况进行。具体而言,对于基层媒体参与基层治理效果的评价制度可依照表5.1的框架进行建构。

表5.1 基层媒体参与社会治理效果评估制度框架

评价内容	评估指标	评价主体	评价方式
舆论引导	1. 信息公开情况 2. 舆论导向正确性 3. 舆论引导及时性	上级单位 公众 专家学者	内部评分 在媒体平台中评分 电子邮件评分
公共服务	1. 服务满意度 2. 与其他事业单位配合度	公众 上级单位	在媒体平台中评分 内部评分
风险防控	1. 风险识别及时性 2. 舆情引导及时性 3. 信息发布及时性 4. 程序正确及公平	上级单位 风险管理/应急管理部门 专家学者	内部评分 行政系统内部评分 电子邮件评分
社会整合	1. 犯罪率 2. 公众幸福感 3. 社区认同感	政府机构 上级单位 公众 专家学者	行政系统内部评分 内部评分 在媒体平台中评分 电子邮件评分

(二)对基层媒体影响基层治理的监管制度

不同于对基层媒体参与基层治理效果的评价在正向和负向两个方面进行,对基层媒体影响基层治理的监管则主要是针对负面影响进行的。以往,我国对网络舆情事件的监管和治理主要是由政府主导的事后治理②,随着大数据技术的进步和数据挖掘和分析等技术的发展,未来对基层媒体影响舆情情况的监管可由事后治理向事前治理、事中治理转变,并通过综合采用由政府部门线下约谈、限期禁言等不同惩罚力度的管制措施对其实施引导和管理。

综上所述,在从宏观层面探讨了媒介化基层治理的框架构建,从中观层

---

① 于海燕.公共治理视角的政府绩效评估主体多元化[J].重庆社会科学,2014(6):30-35.
② 马荔.突发事件网络舆情政府治理研究[D].北京:北京邮电大学,2010:106.

面探讨了构建城乡不同的媒介化基层治理格局之后,本节从微观层面探讨了涵盖县级媒体融合、社区报建设、电子政务规范化,以及基层媒体评价和监管等内容的媒介治理方案的具体形成。本书认为,在基层治理网格化发展的历史机遇期,政府、市场和社会力量应该认识到主流媒体、社区媒体和网络自媒体各自的传播特点和优势劣势,进而以此为基础推动以县级融媒体为核心、以融媒体为切入点的基层治理媒介化转型。

结语与余论

在风险社会与媒介融合的时代背景下,一方面社会流动加大,基层风险频发,基层社会的治理成为事关国家和社会治理根基的大事;另一方面众声喧哗,媒介可能成为风险的放大器,也可能成为稳压器。在这种环境下,如何发挥媒介的正面影响,将其培塑为助力基层社会治理的一股有生力量成为传播学应该关注的重要问题。

千禧年之后,尤其近10年以来,面对网络媒体的强势崛起,县级广播电视媒体、社区报等传统地方媒体开始进行媒介融合探索,在大浪淘沙的媒介竞争中不断迭代更新。这场传统媒介改革和自救的全球行动,在中国呈现为县级媒体等传统主流媒体的融合改革、城市社区报的艰难转型,在加拿大和欧美等其他国家则呈现为超本地化的新闻浪潮。本书选取这三种媒介改革中的典型案例,通过探索其产生与发展的历史进程、当前呈现的模式和特点等,分析了其对基层社会治理可能产生的影响。

通过具体的案例分析,县级主流媒体、社区报等地方媒体在基层社会治理中所发挥的功能逐渐呈现出来,本书以"社会皮肤""公共礼物""稳压器"和"情感纽带"四个隐喻分别概括了其在基层社会治理中所发挥的舆论引导、公共服务、风险防控,以及社会整合等功能。之后,本书分析和探讨了基层媒介之所以能发挥这些影响的学理逻辑。本书认为,媒介化方法之所以能在基层治理中发挥作用,首先是因为媒介在舆论引导方面所具有的动能,即新媒介在产生初期影响力明显,主流媒体具有更好的舆论引导效果,而且媒介可导向人们态度的长期改变;其次,媒介化基层治理的方法有利于在基层社会培塑一种基于礼物逻辑的公共服务供给模式,从而有利于基层信息服务均等化的实现;再次,媒介被视为社会风险放大的一个关键因素,因此媒介化的基层治理方法一方面有利于切断风险信息传播以助力防范社会风险,另一方面合宜的信息发布策略和媒介技术的使用也有利于控制社会风险的放大;最后,媒介化方法的采纳有利于提升民众对当地事务的参与和社区人际交往,从而有利于促进社会整合。

最后,在案例分析和理论研究的基础上,本书从宏观、中观和微观的层面探讨了媒介化基层社会治理的实践路径,提出应该基于人类生态学、跨文化分析等理论路径建构一体化基础上的差别化基层治理框架,即在宏观层面以一体化为宗旨和远景目标,以差别化为方法和现实选择,构建城乡有别的基层社会治理总框架;在中观层面立足媒介化方法在基层治理中所具有的功能和城乡差异,分别从基层舆论空间培塑、公共服务落地、社会风险控制和基层社会整合四个方面入手构建基层治理格局,如在城市开展舆论引导工作应更注重调动社区融媒体的功能,而在乡村则应更注重发挥县级融媒体的塔台作用,或如城市的公共服务应向加速智能媒体化发展,乡村的公共服务应首先注重对数字设施和技术的普及,以及在开展基层风险防控时在城市加大对大数据风险防控技术的应用,而在乡村推广实施"互联网＋网格员"的媒介化风险防控方式等;从媒介化基层治理方法的规范化等方面提出了微观层面的媒介化基层治理建议。

综上,在前人研究的基础之上,本书通过对基层媒体参与基层社会治理的案例进行详细分析,分析和探索了媒介化基层治理方法的学理逻辑和实践路径,试图对有关其参与军地基层治理的现实合理性和未来进路的思考提供些许助力,也希冀以上研究和思考可对我城乡社区发展、军队基层建设提供些许参考。另外,基于这些探讨,有三种情况引发笔者关注,愿在以后的研究中继续探索:其一,观察当前国内城乡基层媒介所处的传播环境,在县城及其下属的乡村地区,县级融媒体的发展已羽翼渐丰,在向地方新型主流媒体的转变中持续向前,而在城市,区一级媒体融合却因国家、省、市级媒体的"遮蔽"而转型困难,除北京等大型城市外,普通地级市中的区一级媒体尚难很好地在基层传播中发挥其传播力、引导力、影响力、公信力,也难以与基层民众更好地贴合。这也是本书在讨论基层媒介时选择县级融媒体和城市社区报为案例的原因所在。那么,在未来的城乡传播格局中,这一点是否会发生转变,即社区报这一媒介形式可否在县乡地区获得更好发展,城市中的区一级媒体融合又该怎样破局,在基层传播中更好地发挥作用,这是值得继续思考的问题。其二,本书对基层治理的探讨是围绕媒介化方法进行的,且将媒介视为未来实践中引导舆论、提供公共服务、防控风险和加强社会融入的一种可行方案,但是,在新自由主义和消费主义的影响下,媒介自身是否以及如何保持其公共性也是一个十分值得关注的议题,尚需更多思考。其三,媒介融合的时代背景下,基层官兵的媒介使用习惯既与地方民众相通又有其独特性。在严格落实《军队基层建设纲要》,提升基层自建能力的目标指引下,能否引入及如何引入媒介化基层治理方法,以巩固和提高部队战斗力,也是值得军地科研人员继续探讨和研究的问题。

参考文献

一、英文文献

[1] MCLEOD J M,DAILY K,GUO Z,et al. Community integration,local media use,and democratic processes[J]. Communication research,1996,23(2):179-209.

[2] MAHRT M. Conversations about local media and their role in community integration [J]. Communications,2008(33):233-246.

[3] COULDRY N,HEPP A. Conceptualizing mediatization:contexts,traditions,arguments [J]. Communication theory,2013(23):191-202.

[4] KROTZ F. The meta-process of mediatization as a conceptual frame[J]. Global media and communication,2007(3):256-260.

[5] CLARKE L,SHORT JR J F. Social organization and risk:some current controversies [J]. Annual review of sociology,1993,19:75-99.

[6] WAHLBERG A,SJOBERG L. Risk perception and the media[J]. Journal of risk research,2000(1):31-50.

[7] SCHAFFER J. Citizen media:fad or the future of news? [R/OL]. Baltimore:J-Lab. https://library.uniteddiversity.coop/Media_and_Free_Culture/Citizen_Media-Fad_or_the_Future_of_News-The_rise_and_prospects_of_hyperlocal_journalism.pdf.

[8] BUNCH W. Forgetting why reporters choose the work they do[J]. Nieman reports,2007,61(4):28.

[9] BAUDRILLARD J. The gulf war did not take place[M]. Bloomington:India University Press,1995.

[10] BAUDRILLARD J. Simulacra and simulations[M]. Ann Arbor: University of Michigan Press,1994.

[11] BROWN S. Crime and law in media culture[M]. Buckingham: Open University Press,2003.

[12] STAMM K R. Newspaper use and community ties: toward a dynamic theory[M]. Norwood,NJ: Ablex Pub. Corp,1985.

[13] WILSON V. Public libraries in Canada: an overview[J]. Library management,2008, 29(6-7): 556-570.

[14] KIM M S. Cross-cultural comparisons of the perceived importance of conversational constraints[J]. Human communication research,1994(21): 128-151.

[15] KIM M S,WILSON S. A cross-cultural comparison of implicit theories of requesting [J]. Communication monographs,1994(61): 210-235.

[16] TRIANDIS H C. Individulaism & collectivism[M]. Boulder,CO: Westview,1995.

[17] HALL E T. Beyond culture[M]. Garden City,NY: Doubleday/Anchor,1976.

[18] HOFSTEDE G,BOND M. Hofstede's culture dimensions[J]. Journal of cross-cultural psychology,1984(15): 417-433.

[19] DOLLARD J. Frustration and aggression[M]. New Haven: Yale University Press,1939.

[20] SMELSER N J. Theory of collective behavior[M]. New York: Free Press,1963.

[21] KESTERTON W H. A history of journalism in Canada[M]. Sherbrooke: McGill-Queen's Press-MQUP,1967.

[22] KERKHOVEN M,BAKKER P. The hyperlocal in practice[J]. Digital journalism, 2014,2(3): 296-309.

[23] METZGAR E,KURPIUS D,ROWLEY K. Defining hyperlocal media: proposing a framework for discussion[J]. New media & society,2011,13(5): 772-787.

[24] ADAMS J W. US weekly newspapers embrace web sites[J]. Newspaper research journal,2007,28(4): 36-50.

[25] KELLY K. The new socialism[J]. Wired,2009(5): 124.

[26] FROW J. Time and commodity culture: essays in cultural theory and postmodernity [M]. Wotton-Under-Edge: Clarendon Press,1997.

[27] KASPERSON R E,RENN O,SLOVIC P,et al. The social amplification of risk: a conceptual framework[J]. Risk analysis,1988,8(2): 177-187.

[28] RENN O,BURNS W J,KASPERSON J X,et al. The social amplification of risk: theoretical foundations and empirical applications[J]. Journal of social issues,1992, 48(4): 137-160.

[29] SLOVIC P. Informing and educating the public about risk[J]. Risk analysis,1986,6 (4): 403-415.

[30] CONNELLY N A,KNUTH B A. Evaluating risk communication: examining target audience perceptions about four presentation formats for fish consumption health

advisory information[J]. Risk analysis,1998,18(5):649-659.
[31] BOND R M,FARISS C J,JONES J J,et al. A 61-million-person experiment in social influence and political mobilization[J]. Nature,2012(489):295-298.
[32] KRAMER A D, GUILLORY J E, HANCOCK J T. Experimental evidence of massive-scale emotional contagion through social networks[J]. Proceedings of the National Academy of Sciences of the United States of America,2014,111(24):8788-8790.
[33] PIRYANI R,MADHAVI D,SINGH V K. Analytical mapping of opinion mining and sentiment analysis research during 2000-2015[J]. Information processing & management,2016,53(1):122-150.
[34] LOCKWOOD D. Social integration and system integration[M]//ZOLLSCHAN G K,HIRSH W. Explorations in social change. London:Routledge,1964:244-256.
[35] FREEDMAN M,EISENSTADT S N. The absorption of immigrants:a comparative study based mainly on the Jewish Community in Palestine and the State of Israel. British journal of sociology,1954,6(3):289.
[36] MOEN P, DEMPSTER-MCCLAIN D, WILLIAMS R M. Social integration and longevity:an event history analysis of women's roles and resilience[J]. American sociological review,1989,54(4):635-647.
[37] MAZZOLENI G,SCHULTZ W. "Mediatization" of politics:a challenge for democracy? [J]Political communication,1999(3):247-261.
[38] KROTZ F. Mediatization:a concept with which to grasp media and societal change [M]//LAUNDBY K. Mediatization:concept,change,consequences[M]. New York:Peter Lang,2008:21-40.
[39] NAGEL T. Online news at Canadian community newspapers:a snapshot of current practice and recommendations for change[J]. Journal of applied journalism & media studies,2015,4(2):329-362.

二、中文译著

[1] 波兰尼.大转型:我们时代的政治与经济起源[M].冯钢,刘阳,译.杭州:浙江人民出版社,2007.
[2] 吉登斯.失控的社会:风险社会的肇始[M]//薛晓源,周战超.全球化与风险社会.北京:社会科学文献出版社,2005.
[3] 迈尔-舍恩伯格,库克耶.大数据时代:生活、工作与思维的大变革[M].盛杨燕,周涛,译.杭州:浙江人民出版社,2012.
[4] 卡麦兹.建构扎根理论:质性研究实践指南[M].边国英,译.重庆:重庆大学出版社,2009.

[5] 皮金,卡斯帕森,斯洛维奇.风险的社会放大[M].谭宏凯,译.北京:中国劳动社会保障出版社,2010.

[6] 涂尔干.社会分工论[M].渠敬东,译.北京:生活·读书·新知三联书店,2017.

[7] 莫斯.礼物——古式社会中交换的形式与理由[M].汲喆,译.北京:商务印书馆,2019.

[8] 马尔图切利.现代性社会学——20世纪的历程[M].姜志辉,译.南京:译林出版社,2007.

[9] 罗杰斯.传播学史:一种传记式的方法[M].殷晓蓉,译.上海:上海译文出版社,2012.

[10] 罗杰斯.创新的扩散[M].唐兴通,郑常青,张延臣,译.北京:电子工业出版社,2016.

[11] 帕克,伯吉斯,麦肯齐.城市社会学——芝加哥学派城市研究[M].宋俊岭,郑也夫,译.北京:商务印书馆,2012.

[12] 博克斯.公民治理:引领21世纪的美国社区[M].孙柏瑛,等译.北京:中国人民大学出版社,2005.

[13] 施拉姆.大众传播媒介与社会发展[M].金燕宁,等译.北京:华夏出版社,1990.

[14] 滕尼斯.共同体与社会——纯粹社会学的基本概念[M].北京:商务印书馆,2019.

[15] 贝克.世界风险社会[M].吴英姿,孙淑敏,译.南京:南京大学出版社,2005.

[16] 贝克.风险社会:新的现代性之路[M].张文杰,何博闻,译.南京:译林出版社,2018.

[17] 哈贝马斯.公共领域的结构转型[M].曹卫东,王晓珏,刘北城,等译.上海:学林出版社,1999.

[18] 哈贝马斯.后形而上学思想[M].南京:译林出版社,2001.

[19] 李普曼.公众舆论[M].阎克文,江红,译.上海:上海世纪出版集团,2006.

[20] 詹金斯.融合文化:新媒体和旧媒体的冲突地带[M].杜永明,译.北京:商务印书馆,2012.

[21] 罗西瑙.没有政府的治理[M].张胜军,等译.南昌:江西人民出版社,1995.

[22] 罗茨.新的治理[J].马克思主义与现实,1999(5):42-48.

[23] 殷.案例研究:设计与方法[M].周海涛,史少杰,译.重庆:重庆大学出版社,2017.

[24] 芒福德.城市发展史——起源、演变与前景[M].宋俊岭,宋一然,译.上海:上海三联书店,2018.

[25] 克拉珀.大众传播的效果[M].段鹏,译.北京:中国传媒大学出版社,2016.

[26] 古狄昆斯特,李.国际传播与文化间传播研究手册[M].陈纳,胡特,陶文静,等译.2版.上海:复旦大学出版社,2016.

[27] 舒登森.探索新闻[M].何颖怡,译.台北:远流出版社,1993.

[28] 拉斯韦尔.世界大战中的宣传技巧[M].张洁,田青,译.北京:中国人民大学出版社,2003.

[29] 赛佛林,坦卡德.传播理论:起源、方法与应用[M].郭镇之,孟颖,赵丽芳,等译.北

京：华夏出版社，2000.
[30] 科宾，施特劳斯.形成扎根理论的程序与方法[M].朱光明，译.3版.重庆：重庆大学出版社，2015.
[31] 麦克马那斯.市场新闻业：公民自行小心？[M].张磊，译.北京：新华出版社，2004.
[32] 伊尼斯.传播的偏向[M].何道宽，译.北京：中国人民大学出版社，2003.
[33] 康拉德.剑桥加拿大史[M].王士宇，林星宇，译.北京：新星出版社，2019.
[34] 夏瓦.文化与社会的媒介化[M].刘君，等译.上海：复旦大学出版社，2018.
[35] 蒙特西诺斯.治理全球化：谋求民主治理的世界政策[M]//赛格雷拉.全球化与世界体系.白凤森，徐文渊，苏振兴，等译.北京：社会科学文献出版社，2003：204.

三、中文专著

[1] 俞可平.治理与善治[M].北京：中国社会科学出版社，2000.
[2] 张国庆.公共行政学[M].北京：北京大学出版社，2007.
[3] 童兵.科学发展观与媒介化社会构建[M].上海：复旦大学出版社，2010.
[4] 赵月枝.传播与社会政治经济与文化分析[M].北京：中国传媒大学出版社，2011.
[5] 费孝通.乡土中国[M].上海：上海人民出版社，2007.
[6] 周庆智.中国基层社会自治[M].北京：中国社会科学出版社，2017.
[7] 赵书凯.乡镇治理与政府制度化[M].北京：商务印书馆，2010.
[8] 俞可平.中国如何治理？通向国家治理现代化的道路[M].北京：外文出版社，2018.
[9] 汪晖，王湘穗，曹锦清，等.新周期：逆全球化、智能浪潮与大流动时代[M].沈阳：辽宁人民出版社，2017.
[10] 高仁斌.县级融媒体中心运营案例——四川省富顺县实践[M].成都：四川大学出版社，2019.
[11] 谢新洲，等.县级融媒体中心建设理论与实践[M].北京：电子工业出版社，2019.
[12] 李彬.全球新闻传播史：公元1500—2000年[M].2版.北京：清华大学出版社，2009.
[13] 姚建华.传播政治经济学经典文献选读[M].北京：商务印书馆，2019.
[14] 郭庆光.传播学教程[M].北京：中国人民大学出版社，1999.
[15] 刘海龙.重访灰色地带：传播研究史的书写与记忆[M].北京：北京大学出版社，2015.
[16] 王庆.环境风险的媒介建构与受众风险感知[M].北京：中国传媒大学出版社，2017.
[17] 王铭铭.溪村家族：社区史、仪式与地方政治[M].贵阳：贵州人民出版社，2004.
[18] 贺雪峰.乡村治理的社会基础[M].北京：生活·读书·新知三联书店，2020.
[19] 柴洪峰，马小峰.区块链导论[M].北京：中国科学技术出版社，2020.
[20] 俞可平.走向善治——国家治理现代化的中国方案[M].北京：中国文史出版

社,2016.

[21] 唐士其.全球化与地域性——经济全球化进程中国家与社会的关系[M].北京：北京大学出版社,2008.

[22] 许学强,薛凤旋,阎小培.中国乡村—城市转型与协调发展[M].北京：科学出版社,1998.

[23] 郑亮.县级融媒体中心和基层社会治理研究[M].广州：暨南大学出版社,2020.

四、中文学位论文

[1] 刘功润.作为共同体的城市社区自治问题研究[D].上海：复旦大学,2012.
[2] 洪长晖.混合现代性：媒介化社会的传播图景[D].杭州：浙江大学,2013.
[3] 刘春波.舆论引导论[D].武汉：武汉大学,2013.
[4] 马荔.突发事件网络舆情政府治理研究[D].北京：北京邮电大学,2010.

五、中文期刊报纸

[1] 潘忠党.互联网使用和公民参与：地域和群体之间的差异以及其中的普遍性[J].新闻大学,2012(6)：42-53.
[2] 李丹峰.媒体使用、媒体信任与基层投票行为——以村/居委会换届选举投票为例[J].江苏社会科学,2015(1)：41-51.
[3] 闫文捷,潘忠党,吴红雨.媒介化治理——电视问政个案的比较分析[J].新闻与传播研究,2020,27(11)：37-56,126-127.
[4] 沙垚.乡村文化治理的媒介化转向[J].南京社会科学,2019(9)：112-117.
[5] 杨雪冬.把基层的空间还给基层[J].人民论坛,2010(24)：4-5.
[6] 姬德强.平台化治理：传播政治经济学视域下的国家治理新范式[J].新闻与写作,2021(4)：20-25.
[7] 刘秦民.大数据时代的社会风险治理研究[J].学术研究,2017(8)：23-28.
[8] 杨庆堃.中国近代空间距离之缩短[J].岭南学报,1948(1)：151-161.
[9] 赵定东,杨政.社区理论的研究理路与"中国局限"[J].江海学刊,2010(2)：132-136.
[10] 周军杰,左美云.线上线下互动、群体分化与知识共享的关系研究——基于虚拟社区的实证分析[J].中国管理科学,2012,20(6)：185-192.
[11] 陈涛.社区发展：历史、理论和模式[J].中国人口·资源与环境,1997(1)：22-27.
[12] 王薇.英国推进社会治理现代化的主要历程、特点及启示[J].当代世界与社会主义,2015(2)：9-12.
[13] 沈费伟,刘祖云.发达国家乡村治理的典型模式与经验借鉴[J].农业经济问题,2016(9)：93-102.

[14] 徐亚文,伍德志.论社会稳定风险评估机制的局限性及其建构[J].政治与法律,2012(1):71-79.

[15] 冯必扬.社会风险:视角、内涵与成因[J].天津社会科学,2004(2):73-77.

[16] 陈磊,刘怀兴.智能时代需破"茧"而出[N].学习时报,2020-10-16(3).

[17] 刘伯高.新媒体条件下党管媒体的环境适应性研究[J].山西大学学报(哲学社会科学版),2012,35(4):139-144.

[18] 刘光牛.中国传媒全媒体发展研究报告[J].科技传播,2010(4):81-87.

[19] 陈国权.中国县级融媒体中心改革发展报告[J].现代传播,2019(4):15-23.

[20] 王炎龙,江澜.社会治理视阈下县级融媒体中心建设探究[J].南京政治学院学报,2018,34(6):97-101.

[21] 邹军,荆高宏.社会治理视域中的县级融媒体中心:意义、路径及进路[J].传媒观察,2019(10):30-36.

[22] 张磊,张英培.县级融媒体中心建设的邳州经验[J].新闻与写作,2019(7):99-102.

[23] 孟书强.我国社区报的发展态势及前瞻:2001—2014年[J].重庆社会科学,2014(12):65-73.

[24] 倪杰.渠道创新开拓蓝海——新闻晨报创办社区报的成功运作及几点思考[J].新闻战线,2012(7):33-35.

[25] 卞灏澜.打造综合性社区生活服务平台——深圳《宝安日报》社区报转型发展模式探析[J].中国记者,2013(7):78-80.

[26] 赵月枝.公众利益、民主与欧美广播电视的市场化[J].新闻与传播研究.1998(2):27.

[27] 吴晓林.社会整合理论的起源与发展:国外研究的考察[J].国外理论动态,2013(2):37-46.

[28] 孟俊彦.新媒体形势下的"靶子论"[J].河南科技,2015(22):196.

[29] 李新文."靶子论"是一种真实的客观存在——对社会转型期群体性事件的思考(上)[J].采写编,2011(6):13-14.

[30] 纪忠慧.美国政府的舆论管理与政策制定[J].国家关系学院学报,2008(5):51.

[31] 徐亚文,伍德志.论社会稳定风险评估机制的局限性及其建构[J].政治与法律,2012(1):71-79.

[32] 田丽丽,郑雪,刘海涛.风险知觉研究的历史回顾与展望[J].心理与行为研究,2005(4):310-313.

[33] 谢晓非,徐联仓.一般社会情景中风险认知的实验研究[J].心理科学,1998(4):21-28.

[34] 周萍人,齐振宏.消费者对转基因食品健康风险与生态风险认知实证研究[J].华中农业大学学报(社会科学版),2012(1):5-10.

[35] 马昱,钱玲,佟丽,等.风险沟通在我国应对甲型H1N1流感中的运用[J].中国健康教育,2010,26(1):13-15,45.

[36] 唐钧.社会公共安全风险防控的困境与对策[J].教学与研究,2017(10):94-102.

[37] 黄惠萍.媒介框架之预设判准效应与阅听人的政策评估——以核四案为例[J].新闻学研究(台湾),2003(77):67-105.

[38] 喻国明.构建社会舆情总体判断的大数据方法——以百度海量搜索数据的处理为例[J].新闻与写作,2013(7):67-69.

[39] 李希光.大数据时代的舆情研判和舆论引导[J].中国广播,2014(5):102-103.

[40] 吴晓林.社会整合理论的起源与发展:国外研究的考察[J].国外理论动态,2013(2):37-46.

[41] 龚新琼.关系·冲突·整合——理解媒介依赖理论的三个维度[J].当代传播,2011(6):28-30.

[42] 陈志强.互联网的媒介准入门槛与农村的公共话语空间[J].河南社会科学,2008(1):146-149.

[43] 张晓山.习近平"城乡一体化"思想探讨[J].人民论坛,2015(30):25-27.

[44] 景普秋,张复明.城乡一体化研究的进展与动态[J].城市规划,2003(6):30-35.

[45] 张强,张怀超,刘占芳.乡村振兴:从衰落走向复兴的战略选择[J].经济与管理,2018,32(1):6-11.

[46] 国务院发展研究中心农村部课题组.从城乡二元到城乡一体——我国城乡二元体制的突出矛盾与未来走向[J].管理世界,2014(9):1-12.

[47] 黄丽娟.政府购买公共文化服务探析——以江苏省南通市为例[J].行政论坛,2014,21(4):43-47.

[48] 贺雪峰.论半熟人社会——理解村委会选举的一个视角[J].政治学研究,2000(3):61-69.

[49] 罗恬漩,段陆平.当代中国乡村纠纷解决机制的历史变迁及其实践阐释[J].法治论坛,2020(3):110-122.

[50] 贺雪峰,仝志辉.论村庄社会关联——兼论村庄秩序的社会基础[J].中国社会科学,2002(3):124-134,207.

[51] 杜鹏.论乡村治理的村庄政治基础——基于实体主义的政治分析框架[J].南京农业大学学报(社会科学版),2019,19(4):58-68.

[52] 陈凯,刘柏煊.巴菲特为什么投资报纸?[J].中国记者,2013(6):121-123.

[53] 段鹏.智能媒体语境下的未来影像:概念、现状与前景[J].现代传播(中国传媒大学学报),2018,40(10):1-6.

[54] 贺雪峰.论人口流动对村级治理的影响[J].学海,2002(1):16-19.

[55] 朱春阳.县级融媒体中心建设:经验坐标、发展机遇与路径创新[J].新闻界,2018(9):21-27.

[56] 李明.从内部生态链到外部生态圈:县级融媒体中心建设的抓手:以河南焦作部分县级融媒体中心现状为例[J].中国记者,2019(8):34-35.

[57] 任浩.美国社区报研读启示:让大众在社区听到国家的心跳[J].中国记者,2015(9):125-126.

[58] 于海燕.公共治理视角的政府绩效评估主体多元化[J].重庆社会科学,2014(6):30-35.

六、网络资源、国家标准

[1] 张丽萍.加快推进县级融媒体中心建设[EB/OL].(2019-02-19).http://media.people.com.cn/n1/2019/0219/c40606-30804054.html.

[2] 加拿大国家统计局.加拿大各省犯罪率统计(2018)[EB/OL].http://www150.statcan.gc.ca/n1/pub/71-607-x/71-607-x2018008-eng.htm.

[3] JARVIS J.Who's devil?[EB/OL].(2004-02-27)[2020-05-01].http://buzzmachine.com/2004/02/page/6.

[4] 中共中央关于全面深化改革若干重大问题的决定[EB/OL].(2013-11-15).https://www.gov.cn/zhengce/2013-11/15/content_5407874.htm.

[5] 民政部关于在全国推进城市社区建设的意见[EB/OL].(2020-12-12).http://www.cctv.com/news/china/20001212/366.html.

[6] 中共中央 国务院关于加强和完善城乡社区治理的意见[EB/OL].(2017-06-12).http://www.gov.cn/xinwen/2017-06/12/content_5201910.htm.

[7] 张雷.专家解读:我国社区发展进程中的一座新里程碑[EB/OL].(2017-06-20).https://www.mca.gov.cn/zt/history/perfectCountry/20170600891687.html.

[8] 中共中央关于制定国民经济和社会发展第十四个五年规划和二〇三五年远景目标的建议[EB/OL].(2020-11-03).http://www.gov.cn/zhengce/2020-11/03/content_5556991.htm.

[9] RADCLIFFE D.Here and now:UK hyperlocal media today[EB/OL].(2012-03-29)[2020-05-01].https://papers.ssrn.com/sol3/papers.cfm?abstract_id=3041668.

[10] About Harringay Online[EB/OL].https://www.harringayonline.com/page/about-harringay-online-1.

[11] 《中国流动人口发展报告 2018》内容概要[EB/OL].(2018-12-22)[2021-01-05].http://www.nhc.gov.cn/wjw/xwdt/201812/a32a43b225a740c4bff8f2168b0e9688.shtml.

[12] 郑永年,黄彦杰.风险时代的中国社会[J].文化纵横,2012(5):50-56.

[13] 长兴县人民政府办公室关于印发长兴县 2020 年度加快政府数字化转型打造现代智慧城市建设工作推进计划的通知[EB/OL].(2020-05-11)[2021-01-12].http://www.zjcx.gov.cn/hzgov/front/s257/xxgk/zcwj/xzfwj/20200604/i2707234.html.

[14] POTTER J,WALKOM T,CRERRY T.Newspapers in Canada:1900-1990s[EB/OL].(2018-03-02)[2020-12-13].https://www.thecanadianencyclopedia.ca/en/article/newspapers-in-canada-19001990s.

[15] News Media Canada.Snapshot 2019[R/OL].https://nmc-mic.ca/wp-content/uploads/2020/01/Snapshot-2019-Fact-Sheet-12042019.pdf.

[16] Canada's population estimates,first quarter 2020[EB/OL].(2020-04-01).https://

www150. statcan. gc. ca/n1/daily-quotidien/200618/dq200618b-eng. htm? HPA＝1&.indid＝4098-1&.indgeo＝0.

[17] News Media Canada. 2019 Research：local newspapers：engaged and connected[EB/OL].［2020-02-02］. https://nmc-mic. ca/ad-resources/local-newspapers-engaged-and-connected/.

[18] Torstar launches digital-only news initiative for local communities[EB/OL].（2020-03-11）. https://nmc-mic. ca/2020/03/11/torstar-launches-digital-only-news-initiative-for-local-communities/.

[19] Oriental Weekly. About us[EB/OL].（2020-02-14）. http://orientalweekly. net/pages/about/.

[20] GAITSKELL V. Hyperlocal print media：inside metroland media[EB/OL].（2016-09-12）［2020-01-15］. Print Action. https://www. printaction. com/metroland-media-3741.

[21] 李希光：跨媒体新闻学悖论[EB/OL].（2003-05-30）. http://tech. sina. com. cn/other/2003-05-30/1923192879. shtml.

[22] 中国互联网络信息中心. 第45次《中国互联网络发展状况统计报告》[EB/OL].（2020-04-28）[2021-01-22]. http://www. cac. gov. cn/2020-04/27/c_1589535470378587. htm.

[23] "中国科技第一展"勾勒未来智慧城市[EB/OL].（2020-11-12）[2021-01-25]. http://www. gov. cn/xinwen/2020-11/12/content_5560972. htm.

[24] 中共中央 国务院关于全面推进乡村振兴加快农业农村现代化的意见[EB/OL].（2021-02-21）[2021-02-21]. http://www. xinhuanet. com/politics/2021/02/21/c_1127122068. htm.

[25] 国家质量监督检验检疫总局,国家标准化管理委员会. 风险管理 术语：GB/T 23694—2013[S]. 北京：中国标准出版社,2023.

附录 A
对中国城市社区报的分析

一、《北青社区报》办报模式与功能的编码与类属（表 A-1）

表 A-1 《北青社区报》办报模式与功能的编码与类属

初始编码	尝试性类属	类属
a1. App 主打线上功能	A1. 线上传播渠道（a1、a5、a6、a9、a80、a88）	AA1. 三位一体的差异化传播渠道（A1、A9、A33、A39、A54）
a2. App 具备服务、社交、商城功能	A2. 社区便民服务功能（a2、a16、a85、a86、a92） A3. 社区社交功能（a2、a3） A4. 社区商城功能（a2）	AA2. 生活服务功能（A2、A4、A5、A29）
a3. App 提供线上社区交友机会		AA3. 社区融入功能（A3、A6、A12、A14、A15、A16、A51）
a4. App 涵盖资讯、活动、服务三类内容	A5. 社区新闻提供功能（a4） A6. 社区活动组织功能（a4）	AA4. 信息的强本地性（A7、A30）
a5. App 运营		AA5. 本地受众（A8、A44）
a6. OK 家包括 App 和微信服务号		AA6. 强势单一传播者（A10、A13、A19、A23）

续表

初始编码	尝试性类属	类　属
a7. OK家精准定位所在小区	A7. 专注本地内容（a7、a8、a9、a36、a37、a38） A8. 以本地居民为受众（a7、a8、a9）	AA7. 公共服务功能（A11、A27）
a8. "向下生根"		AA8. 基层治理功能（A17、A31、A34、A48）
a9. "深耕社区，三位一体"理念		AA9. 信息的主办单位和合作单位偏向性（A18、A20、A35、A38）
a10. "社区报＋社区驿站＋社区App"三驾马车立体传播	A9. 线下传播渠道（a9、a10、a71、a85、a95）	AA10. 培育公民的主体意识（A21、A22、A25、A32）
a11. 有学者质疑上市公司难以秉持公共性	A10. 作为上市公司，作为传播者（a11、a74、a82） A11. 公共服务功能（a11、a18、a82）	AA11. 多元化的营收方式（A24、A41、A45、A46、A53）
a12. 与企业合办奖金优厚的好邻居征集活动	A12. 通过报纸组织活动（a12）	AA12. 信息的趣味性（A26）
a13. 专业化的记者团队	A13. 专业化的传播者（a13、a91）	AA13. 高参与度的受众（A28、A40、A43、A55）
a14. 中国社区媒体尚未成为社区民众情感纽带	A14. 社区融入功能（a14、a70、a73）	AA14. 平台式运作（A36、A37、A42）
a15. 丰富社区文化生活	A15. 主办社区文化活动（a15、a18、a20、a22） A16. 社区文化营造功能（a15、a31、a97）	
a16. 为居民生活提供便利		
a17. 为政府提供数据支持功能	A17. 辅助政府进行社会治理（a17、a54、a78）	
a18. 主办公共事务、活动		
a19. 刊登主办单位新闻	A18. 主办单位新闻信息（a19）	
a20. 主办活动吸引公众参与		
a21. 主流媒体主办	A19. 作为主流媒体的传播者（a21）	
a22. 举办多样的文化活动促进社区居民交流		

续表

初 始 编 码	尝试性类属	类　　属
a23. 二版显要位置刊登阿里巴巴信息	A20. 传播内容偏向股东（a20）	
a24. 从小处着眼关注国家大事，引导居民政治参与	A21. 政务信息（a24、a29、a60） A22. 引导居民参与政务的功能（a24、a30）	
a25. 以传媒公司为传播者	A23. 作为传媒公司的传播者（a25）	
a26. 以图文并茂的方式介绍某商场	A24. 本地软广告（a26、a27、a28、a47、a75）	
a27. 以图文并茂的方式介绍某影院		
a28. 以图文并茂的方式介绍某春节零食礼盒		
a29. 以数据的形式讲述本地社会治理情况		
a30. 促进居民对社区公共事务的参与		
a31. 倡导新文明和传统文化的功能		
a32. 刊登党、团知识和活动	A25. 党、团相关内容（a32）	
a33. 全彩印刷，版面活泼	A26. 内容形式生动活泼（a33、a63）	
a34. 刊登公共服务科普信息	A27. 公共服务科普信息（a34）	
a35. 刊登读者来信	A28. 读者来信（a35）	
a36. 刊登中小学校新闻		
a37. 刊登北大学生基层调研信息		
a38. 刊登区行政部门致全区人民的公开信		
a39. 刊登博物馆、游乐场等亲子活动推荐	A29. 生活服务信息（a39、a40、a41、a42、a44、a46、a48、a50、a51、a53、a59、a66）	
a40. 刊登公共卫生知识		
a41. 刊登寻人信息		

续表

初始编码	尝试性类属	类属
a42. 刊登寻宠物信息		
a43. 刊登居民捐献骨髓的故事	A30. 本地人物(a43、a45) A31. 社会主义核心价值观(a43、a67)	
a44. 刊登市民热线工作情况的新闻		
a45. 刊登抓娃娃高手的故事		
a46. 刊登普法宣传内容		
a47. 刊登某银行拜年信息		
a48. 刊登烟花销售点信息		
a49. 刊登租客维权诉求	A32. 居民维权新闻(a49)	
a50. 刊登遗失声明		
a51. 刊登食品安全知识		
a52. 北青社区报融媒体上线	A33. 融媒体上线(a52)	
a53. 医疗和养生知识		
a54. 及时为公众舆论提供表达机会		
a55. 及时发现风险点	A34. 维稳功能(a55、a78)	
a56. 发展共青团项目的重要平台	A35. 配合主办单位工作(a57、a65)	
a57. 各分社彼此配合	A36. 各分社彼此配合(a57)	
a58. 各分社独立经营	A37. 各分社独立经营(a58)	
a59. 城市景观介绍		
a60. 城市政务的社区落实		
a61. 头版刊登乡代表大会新闻	A38. 配合合作单位工作(a61、a62、a64)	
a62. 头版刊登区政府官方微信号二维码		
a63. 头版头条标题简洁接地气,配大图		
a64. 头版显要位置刊登社区居委会换届选举		
a65. 头版显要位置刊登社区青年汇信息		
a66. 安全知识		

续表

初 始 编 码	尝试性类属	类　　属
a67. 宣传社会主义核心价值观		
a68. 差异化传播方式减小信息鸿沟	A39. 差异化传播方式(a68、a69)	
a69. 差异化传播方式实现传播全年龄段覆盖		
a70. 希望提高居民社区归属感		
a71. 建立社区驿站		
a72. 开通社区热线有偿征集新闻	A40. 居民参与新闻选择(a72)	
a73. 引导居民反馈，提升其社区建设参与度和主人翁意识		
a74. 强大的传媒集团为依托		
a75. 旅游广告		
a76. 创收	A41. 靠举办活动营收(a76)	
a77. 目标是构建覆盖全北京的社区入口和服务平台	A42. 平台定位(a77)	
a78. 社区媒体数据有利于发现公共管理的隐藏问题		
a79. 社区居民可拨打热线电话表达自我或寻求服务	A43. 为居民提供表达机会(a79)	
a80. 社区微信群运营		
a81. 窄众新闻	A44. 窄众新闻(a81)	
a82. 自认为上市不影响舆论导向职能		
a83. 资金来自投融资	A45. 靠投融资办报(a83)	
a84. 零售发行	A46. 零售发行(a84)	
a85. 靠实体服务加强与居民的联系		
a86. 驿站女孩线下为居民服务		

二、其他报纸的补充编码表(表 A-2)

表 A-2 其他案例办报模式与功能的编码与类属

案 例	初 始 编 码	尝试性类属	类 属
《宝安日报》	a87. 立足宝安、关注深圳、广东乃至全国	A47. 以本地视角关注全国信息(a87)	AA15. 关注全国信息时的本地视角(A47)
	a88. 购买公共文化服务,政务报道民生化,党委、政府和市民的纽带	A48. 沟通政府与市民(a89、a93、a96)	AA8. 基层治理功能(A17、A31、A34、A48)
	a89. 逐步确立"机关报＋社区报"的办报模式	A49. "机关报＋社区报"模式(a89)	AA16. 双重或多重身份的传播者(A49)
	a90. 创办《打工文学》周刊,服务劳务工人	A50. 服务流动人口(a94、a91)	AA17. 流动社会(A50)
	a91. 流动社会中形成社区文化场	A51. 社区文化场(a91)	AA3. 社区融入功能(A3、A6、A12、A14、A15、A16、A51)
	a92. 刊登业主散文投稿	A52. 社区居民表达自我(a92、a93)	AA18. 赋权(A52)
	a93. 开发了O2O和UGC产品,用户可发布图文信息到指定位置		
	a94. 通过政务广告实现经营快速发展	A53. 政务广告(a95)	AA11. 多元化的营收方式(A24、A41、A45、A46、A53)
《周家桥社区晨报》	a95. 社区晨报与物业公司合作扩大覆盖范围	A54. 为扩大覆盖范围与物业公司合作办报(a95)	AA1. 三位一体的差异化传播渠道(A1、A9、A33、A39、A54)
	a96. 社区晨报建立社区通讯员制度	A55. 社区通讯员(a96)	AA13. 高参与度的受众(A28、A40、A43、A55)

三、所有案例的类属汇总（表 A-3）

表 A-3　所有案例的类属汇总

序号	类　　属	包含的尝试性类属汇总
1	多元一体的差异化传播渠道（A1、A9、A33、A39、A54）	线上传播渠道；线下传播渠道；融媒体改革；差异化传播方式
2	生活服务功能（A2、A4、A5、A29）	社区便民服务功能；社区商城功能；社区新闻提供功能；生活服务信息
3	社区融入功能（A3、A6、A12、A14、A15、A16、A51）	社区社交功能；社区活动组织功能；报纸发起组织的活动；主办社区文化活动；社区文化营造功能；社区文化场
4	信息的强本地性（A7、A30）	专注本地内容；本地人物
5	本地受众（A8、A44）	以本地居民为受众；窄众新闻
6	强势单一传播者（A10、A13、A19、A23）	作为上市公司，作为传播者；专业化的传播者；作为主流媒体的传播者；作为传媒公司的传播者
7	公共服务功能（A11、A27）	公共服务功能；公共服务科普信息
8	基层治理功能（A17、A31、A34、A48）	辅助政府进行社会治理；宣传社会主义核心价值观；维稳功能；沟通政府与市民
9	信息的主办单位和合作单位偏向性（A18、A20、A35、A38）	刊登主办单位新闻信息；传播内容偏向股东；配合主办单位工作；配合合作单位工作
10	培育公民的主体意识（A21、A22、A25、A32）	政务信息；引导居民参与政务的功能；党、团相关内容；居民维权新闻
11	多元化的营收方式（A24、A41、A45、A46、A53）	本地软广告；靠举办活动营收；靠投融资办报；零售发行；政务广告
12	信息的趣味性（A26）	内容形式生动活泼
13	高参与度的受众（A28、A40、A43、A55）	读者来信；居民参与新闻选择；为居民提供表达机会；社区通讯员
14	平台式运作（A36、A37、A42）	各分社彼此配合；各分社独立经营；平台定位
15	编发新闻的本地视角（A47）	以本地视角关注全国信息
16	双重或多重身份的传播者（A49）	"机关报+社区报"模式
17	流动社会（A50）	服务流动人口
18	赋权（A43、A52）	社区居民可打热线表达自我或寻求服务；发表社区居民散文

附录 B
对《本拿比即时报道》报道内容的扎根分析

本书对《本拿比即时报道》超本地化发展中新闻报道内容的分析采取扎根理论的研究路径,即对其报道内容进行由下至上的反复比较和逐层编码,并在最终的理论编码阶段形成对其传播内容的分类结果。

一、研究材料汇总

本研究所采用材料的汇总如表 B-1 所示。

表 B-1 《本拿比即时报道》相关材料汇总表

种 类	数 量
《本拿比即时报道》电子报	2019 年 11 月共 4 期 304 版
《本拿比即时报道》的新闻信	2019 年 7 月至 11 月共 42 期
《本拿比即时报道》Instagram 推文	2019 年 7 月至 11 月共 453 条
《本拿比即时报道》Facebook 推文	2019 年 7 月至 11 月共 672 条
News Media Canada 关于《本拿比即时报道》的统计数据	

二、研究过程及编码表

与第二章第二节对我国社区报的分析类似,本书对《本拿比即时报道》也进行了基于扎根理论的编码分析,编码过程同样分为初始编码、聚焦编码和理论编码三个阶段。具体的研究过程和编码表如表 B-2 所示。

表 B-2 《本拿比即时报道》刊发内容的编码与类属

初始编码	尝试性类属	类属
a1. 关于教育的报道	A1. 关于公共事务、政务的报道(a1、a9、a13、a15、a16、a18、a23、a25、a26、a27、a30、a32)	AA1. 突出对本地公共事务的报道(A1、A3)
a2. 大幅刊登本地商业广告	A2. 刊登大量商业广告(a2、a19、a20、a42)	AA2. 注重商业信息(A2、A5)
a3. 整版报道本地重大新闻	A3. 重点报道本地新闻(a3、a5、a6、a7、a9、a30)	AA3. 赋权给社区居民(A4、A11)
a4. 显要位置刊登读者来信	A4. 为本地居民提供表达渠道(a4、a10、a16)	AA4. 注重报道文娱体育信息(A6、A13)
a5. 本地体育报道	A5. 注重商业信息(a6、a2、a32、a41)	AA5. 比较关注联邦和省新闻(A7、A10)
a6. 本地商业新闻	A6. 注重文娱体育信息(a5、a7、a8、a26)	AA6. 抢眼球的新闻选题(A8)
a7. 本地娱乐报道	A7. 比较关注联邦(a11、a12)	AA7. 采用他报报道(A9)
a8. 本地艺术事件报道	A8. 抢眼球的新闻报道(a13)	AA8. 发掘公民主体性(A12)
a9. 本地警事	A9. 采用他报报道(a14)	AA9. 注重满足多元受众需求(A14、A18、A19、A21)
a10. 本地读者来信	A10. 比较关注省(a14)	AA10. 公益性广告、活动推广(A15、A16)
a11. 联邦政治报道	A11. 居民参与本地治理的渠道之一(a16、a17)	AA11. 高雅娱乐活动(A17)
a12. 关于联邦政治的社论	A12. 促进公民主体性的自我发掘(a17、a25)	AA12. 引领中产阶级生活方式(A20)
a13. 犯罪报道	A13. 刊登本地文艺娱乐活动信息(a20、a22、a24、a26、a35、a38)	AA13. 生活服务类信息、小游戏等(A22、A23)
a14. 转载其他报纸的本省政治评论	A14. 关注原住民群体(a21)	

续表

初始编码	尝试性类属	类属
a15. 本地公务人员针对本地政务发表的评论/批评	A15. 公益的,非商业性的广告(a28)	
a16. 读者对本地政务的评论来信	A16. 本地活动推荐(a29)	
a17. 法律知识普及	A17. 本地艺术活动评论(a31)	
a18. 请公众提供线索的警务公告	A18. 关注老年人群体(a33、a34)	
a19. 医疗商业广告	A19. 关注青少年群体(a28、a30)	
a20. 本地娱乐活动广告	A20. 中产阶级消费和生活方式引领(a36、a37)	
a21. 对原住民博物馆公益意义的评论文章	A21. 关注不同群体的消费需求(a39、a40)	
a22. 社区博物馆公益活动广告	A22. 生活服务类信息(a43)	
a23. 关于本地事务的听证会活动预告	A23. 休闲娱乐内容(a44)	
a24. 近期本地活动日历		
a25. 本地环保法案(条例)的普及宣传		
a26. 本地公益活动的志愿者招聘信息		
a27. 本地公益活动的筹款信息		
a28. 本地大学的宣传广告		
a29. 可参加的周末活动推荐		
a30. 关于本地大学的新闻		
a31. 本地艺术活动评论		
a32. 企业慈善新闻		
a33. 关于老年人生活的多个页面		
a34. 大量关于老年人的广告		
a35. 本地艺术展览日历		
a36. 本地出色的机构、商店等的年度评比		
a37. 本地名人报道		

续表

初始编码	尝试性类属	类　属
a38. 本地唱诗班的节日活动介绍		
a39. 本地高档餐厅的宣传广告		
a40. 本地中档餐厅的折扣信息		
a41. 本地商务精英的颁奖晚会活动邀请		
a42. 房产广告		
a43. 招聘信息		
a44. 字谜游戏		

三、理论编码与初步发现

通过对《本拿比即时报道》的报道内容进行分类和分析，本书归纳总结出其日常报道主要涵盖以下方面的内容。

（1）本地公共事务，如教育报道、本地警务新闻、本地听证会预报、本地法案宣传、社区志愿者招募、社区公益筹款等。

（2）本地广告。

（3）本地文化、娱乐和体育信息，如本地体育报道、娱乐报道、艺术新闻等。

（4）联邦和省的新闻，如联邦政治新闻、关于联邦政治新闻的社论、转载的其他地方报纸对本省政治新闻的评论等。

（5）煽情新闻，如对新闻标题夸张处理的本地犯罪新闻。

（6）公益广告和活动推广，如本地大学的招生宣传广告、周末活动推荐、本地艺术展览评论等。

（7）生活服务类信息，如本地招聘信息等。

（8）益智游戏等其他内容。

附录 C
对《本拿比即时报道》的本地新闻和公民新闻所占比例的分析

为了测量本地报纸对市场新闻业驱动下的新闻和规范新闻业驱动下的内容的报道比例,麦克马那斯设计了一个对其案例报纸的内容进行分析的统计表,通过对各种报道所占页面版面的比例的加总来统计各种类型报道在该报新闻生产中的受重视程度。这一统计表在麦氏的研究中取得了令人信服的研究成果,也启发了本书的研究思路。在这一部分的研究中,本书结合本地新闻和公民新闻议题对麦氏的量表进行基于本书研究旨趣的改良,力图探索本地新闻和公民新闻在《本拿比即时报道》的报道情况。

麦克马那斯的量表见表 C-1,本书在其基础上建构的新量表见表 C-2。具体而言,本书对麦克马那斯量表基于本书研究旨趣进行的修正主要包括以下内容。

表 C-1　麦克马那斯关于新闻话题的量表

主 题 类 别	报道长度
1. 一个犯罪事件、警察局调查、法院行动	
2. 一个事故、火灾、灾难	
3. 温馨事件,或正在体现有着人类基本情感(包括性欲望、爱情、欢乐、愤怒、悲伤、憎恶)的人物,如儿童或配偶的失踪事件、示威集会、争吵或辩论、阴谋或奸情	
4. 那些反常的、出人意料的、令人啼笑皆非的事件	

续表

主题类别	报道长度
5. 那些有趣的、有娱乐性的事件	
6. 那些富人、名人或恶名昭彰的人的生活	
7. 学校情况(包括位于当地的大学),它应如何表现、如何获得资金、如何进行引导,它的教学情况,以及其他和教育质量相关的议题	
8. 商业与经济的情况和趋势	
9. 健康,科技新知	
10. 重要的社会趋势,如公民权利、住宅、犯罪、环境等方面的潮流	
11. 本州和本地的政府新闻	
12. 实用性信息,如园艺知识、找工作的技巧等	
13. 产品和服务的选购指南	
14. 其他	

表 C-2 《本拿比即时报道》报道和采纳的本地新闻和公民新闻的内容比例

主题类别	版面比例/%
1. 一个犯罪事件、警察局调查、法院行动	17.1
2. 一个事故、火灾、灾难	7.8
3. 温馨事件,或正在体现有着人类基本情感(包括性欲望、爱情、欢乐、愤怒、悲伤、憎恶)的人物,如儿童或配偶的失踪事件、示威集会、争吵或辩论、阴谋或奸情	5.2
4. 那些反常的、出人意料的、令人啼笑皆非的事件	2.6
5. 那些有趣的、有娱乐性的事件	1.2
6. 那些富人、名人或恶名昭彰的人的生活	3
7. 学校情况(包括位于当地的大学),它应如何表现、如何获得资金、如何进行引导,它的教学情况,以及其他和教育质量相关的议题	4.8
8. 商业与经济的情况和趋势	1.7
9. 健康,科技新知	2.2
10. 重要的社会趋势,如公民权利、住宅、犯罪、环境等方面的潮流	1.6
11. 本地的政府新闻	2.2
12. 由公众提供的内容,包括对本地新闻的报道、对本地新闻的评论和对本地事务的观点等	32.3
13. 实用性信息,如园艺知识、找工作的技巧等	0.3
14. 广告	32.6
15. 其他	1.2

（1）将量表的第 11 条限定于本地，即"本地的政府新闻"；

（2）添加公民新闻的条目，包括民众对本地新闻的报道、对本地新闻的评论和对本地事务的观点等；

（3）对研究材料和测量方式的修订：麦氏的研究建议选用一份周日的当地报纸测量其各种报道的版面尺寸，因为其选用的样本较少，所以具有可操作性，而本书将《本拿比即时报道》在 2019 年 7—11 月的所有 42 期新闻信作为研究材料（选择新闻信做研究材料的原因是：为了吸引读者订阅纸质报纸或者打开其新闻网站，在目前的媒体环境下按期发送到读者邮箱的新闻信已经成为最能代表报纸水准的文章合集），样本量相对较大，且因为新闻信穿插有大量图片，与比较方正的报纸报道相比较难测量其栏宽等尺寸，所以本书选择以估算的形式统计各种报道在该期新闻信所占的比例并对其进行加总，最终计算出其在 42 期新闻信中所占的版面比例，如"一个犯罪事件、警察局调查、法院行动"在《本拿比即时报道》42 期中的报道占 17.1%。

最终的统计结果见表 C-2。

附录 D
对《密西沙加新闻》运营模式的相关研究材料

一、麦克马那斯的商业化新闻模式

如图 D-1 所示，麦克马那斯在其商业化新闻生产的模式图中绘制了环境、投资者、母公司、媒介企业、新闻部门、广告商、新闻来源、消费者、一般公众等九个因素，提出这些因素的互相作用将最终影响媒体的内容生产过程。具体来说，这九个因素的分别指以下几个。

（1）环境因素。其包括：社会中绵延的文化价值观；关于诽谤罪和隐私权等的法律条文；关于续发电视台执照的政府法规管制；技术的可行性；等等。影响也是相互的，那些成其为新闻或不成其为新闻的事件，也影响了文化规范、法律法规乃至科技的走向。

（2）投资者是媒介企业及其母公司的所有者。大多数北美新闻媒体属于连锁企业或综合性企业集团，而这些连锁企业和企业集团的股票又是在华尔街公开交易的，因此，大多数投资者就是股民。股民通过选举代表或亲自参加董事会来达成自己的意愿。董事会的选择与一人一票的民主模式不同，持有股票的份额越高，对公司的所有权就越大，对董事会的影响力就

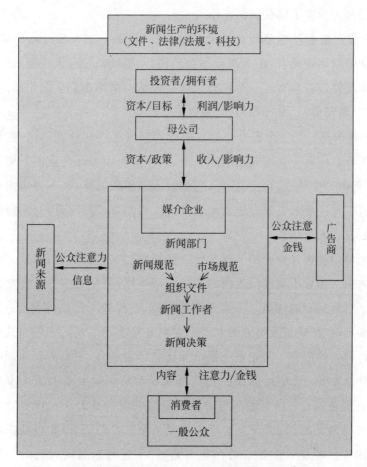

图 D-1 麦克马那斯的商业化新闻生产模式①

越大。

(3) 母公司拥有并管理多个媒介企业,还可能拥有与媒介无关的企业。母公司通过股票市场把所有权卖给投资者。母公司的一个或几个高层管理人员通常无须选举就自动成为董事会的成员。母公司的高层主管们向董事会负责,但是董事会成员常常由他/她们提名后再由股民选举产生。高层主管们也常根据合同成为重要的股票持有人。母公司的高层主管还通过决策

---

① 麦克马那斯.市场新闻业:公民自行小心?[M].张磊,译.北京:新华出版社,2004:44.

和人事任命指导着下属公司的运作。

（4）媒介企业是母公司在各地的分支公司，如一家电视台或一家报社。媒介企业的最高管理者，在电视台是总经理，在报社是发行人。他/她们向母公司的高层管理者负责。一个媒介企业又包括一系列部门：制作部门、广告销售部门、新闻部门、发行部门、公关宣传部门等。

（5）新闻部门是一个媒介企业之中专司新闻生产的分支部门，它从媒介企业那里获取资源。在商业化新闻业中，新闻由一个媒介企业的下属部门生产，而不是由一个独立的公司生产，它的收入不单独结算，也不直接向母公司或投资者汇报。一家电视台的新闻主任向本台的总经理负责，一家报纸的总编辑则向发行人负责。

新闻部门是媒介企业的下属单位。新闻部门有一种亚文化，这是对事物的一套共识。尽管不同部门之间的文化有所不同，但是大多数新闻部门都有两套关于"如何做"的规范。一套是新闻规范，它反映了公民的利益；另一套是商业准则，它反映了投资者的利益。它们共同决定了新闻部门与其他团体之间进行交换的原则。无论是广播电视还是印刷媒介，主要的新闻规范不外乎是让公众知情：让尽可能多的人尽可能地了解当前发生的重大事件。主要的商业规范则是：在一段不定时期内争取利润的最大化。投资者寻求在短期内获得最大的回报，企业本身也需要不断兼并扩张，因此包括新闻业在内的美国各行各业的企业总是在努力缩短"不定时期"，同时努力增加自己的利润。

（6）新闻来源是新闻原料的提供者，他/她们是记者会去联系以获取信息的所有人，比如政府官员、专业人士、新闻的目击者等。

（7）广告商是企业收入来源的提供者。在当地报纸的收入中，广告商提供的广告费通常能占到70%～90%的比重。

（8）新闻消费者是指电视的观众和报纸的读者。

（9）一般公众指社会中的普通个体，即社会中在新闻消费者之外的所有人。

麦克马那斯是从微观经济学的视角去解释地方媒体这种商业化新闻生产的模式的。在他看来,这九个影响商业化新闻生产的力量之间的互动暗藏着一种经济学的逻辑,而且这些因素彼此是资源交换的关系,因此他将其商业化新闻生产的模式背后的理论归纳为交换理论。①

另外,麦克马那斯认为商业化的媒介企业其实是在四个市场上争夺必需的资源,这四种资源分别是投资者、新闻来源、广告商,以及新闻消费者。② 这四个市场的划分实质上对媒介企业进行新闻发现、选择和报道时所持的标准进行了划分——因为投资者更看重的是媒介的营收能力,新闻来源往往更看重媒体受众和新闻内容的质量、媒体的形象,广告商看重的是媒体受众群体的购买力以及媒体产生"购买情绪"③的能力,而消费者看重的是自己获得的信息或娱乐是否值得自己所付出的报纸订费和注意力等,所以媒介企业的新闻生产所需考虑的内容就简化为媒介的营收能力、受众和新闻的质量、媒体的形象、受众的购买能力、媒体产生"购买情绪"的能力,以及让消费者满意的能力等。

虽然麦克马那斯的研究更多地集中于思考这四个市场所代表的群体的重要性以及其所持有的权力,以及在新闻的发现、选择和报道过程中市场逻辑如何压倒规范新闻的逻辑等问题,但其商业化新闻生产的模式中对四种资源与媒介企业之间的金钱互动关系则为本研究思考加拿大社区报的盈利模式提供了一个思考的起点,即麦克马那斯认为媒介企业只有与四个市场产生良性互动(这同时意味着其商业化新闻生产的模式中所涉及的九个因素均能良性互动)才能让其获得稳定的发展和盈利,而且在这个模式中"扮演最重要角色的正是大型投资者和企业拥有者"④。

---

① 麦克马那斯.市场新闻业:公民自行小心?[M].张磊,译.北京:新华出版社,2004:41.
② 麦克马那斯.市场新闻业:公民自行小心?[M].张磊,译.北京:新华出版社,2004:48.
③ 麦克马那斯谈到的"购买情绪"是指在新闻内容的影响下,让受众去购买某些产品或服务的焦虑、欲望等情绪。麦克马那斯.市场新闻业:公民自行小心?[M].张磊,译.北京:新华出版社,2004:54.
④ 麦克马那斯.市场新闻业:公民自行小心?[M].张磊,译.北京:新华出版社,2004:56.

二、对《密西沙加新闻》的分析

(一)《密西沙加新闻》相关研究材料汇总表(表 D-1)

表 D-1 《密西沙加新闻》相关材料汇总表

种　　类	数　　量
《密西沙加新闻》电子报①	2019 年 11 月共 4 期 240 版
《密西沙加新闻》邮箱新闻信	2019 年 7—11 月共 20 封
《密西沙加新闻》Facebook 推文	2019 年 7—11 月共 1 477 条
《密西沙加新闻》Twitter 推文	2019 年 7—11 月共 1 402 条
《密西沙加新闻》Instagram 推文	2019 年 7—11 月共 153 条
有关加拿大社区报内容生产的研究文献、新闻报道等	专著 2 部,期刊论文 12 篇,新闻报道/评论文章 21 篇
News Media Canada 关于《密西沙加新闻》的统计数据	—

(二) 分析过程及编码表

本部分研究基于扎根理论的反复比较法进行,编码和分析过程包括初始编码、聚焦编码和理论编码三个步骤。

1. 初始编码

扎根理论的第一步"初始编码"是基于对前人文献成果中适用于本研究的一些研究理论进行梳理,从中基本确定本书的研究方向之后对研究资料的第一轮扎根研究。在这一阶段,笔者将尽可能选用最能贴近原材料的字词、概念等对研究资料进行编码。

本阶段对《密西沙加新闻》的相关材料进行初始编码形成的类属见表 D-2 前 2 列。

---

① 包括每周四定期出版的《密西沙加新闻》,不包括其不定期出版的《密西沙加房产资讯》《密西沙加家园》《密西沙加汽车》《挥霍》等主要作为广告发行的特刊。

表 D-2 《密西沙加新闻》相关材料的初始编码和聚焦编码过程表

初 始 编 码	尝试性类属	类　　属
a1. MMG首页强调其社区报有利于广告商接触到其消费者	A1. 出售读者注意力(a1,a16,a18)	AA1. 作为商品的读者(A1,A2,A13)
a2. 个性化投递	A2. 售卖广告的优势条件(a2,a13,a14)	AA2. 公司化经营(A3,A4,A7,A11,A12)
a3. 中央团队负责印刷调度	A3. 公司内部的组织形式(a3) A4. 集团公司化的经营方式(a3,a7,a22,a28,a29)	AA3. 注重商业利益(A5,A14,A17)
a4. 二版全页均为广告	A5. 报纸的商业气息重(a4,a25)	AA4. 营收方式：售卖广告(A6)
a5. 作为消费者的广告商	A6. 出售广告是其重要的营收方式(a5,a24,a26,a30)	AA5. 非商业信息比重较低(A8)
a6. 使用内部的社交网络提高员工积极性和工作效率	A7. 公司化经营(a6,a12,a17,a19,a33)	AA6. 商业信息比重较高(A9)
a7. 印刷成为创收手段之一	A8. 刊登少量"低商业感"信息(a8,a32)	AA7. 类公民新闻(A10)
a8. 周末活动推荐，免费或少费用	A9. 大量商业信息(a9,a10,a11,a23)	AA8. 市场化的运营规则(A14)
a9. 大量房产广告	A10. 与新闻来源关系密切(a15)	AA9. 营收方式：第三方商业印刷(A16)
a10. 头版约50%用作广告	A11. 自身负责部分发行(a20)	AA10. 超本地的传播方式(A19,A20,A10)
a11.《挥霍》特刊女性化的页面设计倡导吃喝玩乐	A12. 市场细分趋势(a21)	
a12. MMG内部的协作平台	A13. 注重受众体验/口碑(a27)	
a13. 安大略省最大的直邮分发商之一，其发行可直接到达84%的安大略省家庭	A14. 线上内容提升品牌效应(a31)	
a14. 对口专家进行消费行为分析	A14. 母公司是上市公司	
a15. 工作人员住在社区里，导致该报非常了解受众喜好，也知道如何找到最内幕的消息	A15. 注重对社区重要公共事务的报道(a32)	
a16. 帮助广告商定位目标市场	A16. 第三方商业印刷是其重要的营收方式(a7)	
a17. 所有发行机构共用一个软件以跟踪当周的传单印发情况	A17. 煽情主义报道(a35)	

续表

初始编码	尝试性类属	类属
a18. 掌握各户信息，为广告商提供个性化的广告发放方案	A18. 革新传播技术（a6，a12，a17，a27）	
a19. 多伦多星公司旗下拥有加拿大最大的日报《多伦多之星》	A19. 用户数据统计中尚未使用大数据技术（a14）	
a20. 有的市场由邮政发行，有的市场由送报员派送	A20. 超本地化的传播方式（a27，a31，a33，a35）	
a21. 发行针对不同区域的更具个性化的社区报和传单		
a22. 母公司Torstar旗下印刷厂采取网络化经营，且按需开闭，极大提高全平台效率		
a23. 每份社区报夹有三四十份广告传单		
a24. 每年在其发行地区印刷和发行40亿条广告传单		
a25. 浪漫精美的《挥霍》特刊		
a26. 消费者对社区报广告和传单的接受程度很高且比较稳定		
a27. 电子版极易获得		
a28. 经营第三方印刷业务		
a29. 网式经营		
a30. 网站首页完全用于推介自身对广告商的商业价值		
a31. 超本地内容吸引大量线上流量		
a32. 通版发布即将举行的社区会议		
a33. 除社区报相关的数字资源外，运营发展迅猛的其他大型在线社区新闻网站		
a34. 多伦多星公司主页公布其股票代码、季度业绩等		
a35. 网页版和社交网络推文发布大量凶杀案新闻		

注：MMG指代Metro Media Group。

2. 聚焦编码

聚焦编码是扎根理论编码过程的第二阶段,这一阶段主要是通过对初始编码阶段出现频次最高的尝试性类属进行聚焦,以此对研究的大部分数据进行"分类、综合、整合和组织"。[①] 本阶段对《密西沙加新闻》相关材料进行聚焦编码得到的类属见表 D-2 第 3 列。

3. 理论编码

在理论编码阶段,研究者需从具体的编码、数据中抽离出来,从更宏观的视角去归纳和总结之前的分析所得。对于本章的研究而言,理论编码阶段需要进行的工作是通过对《密西沙加新闻》相关材料进行聚焦编码得到的类属进行归类和总结,使本部分研究的结果呈现理论化、模式化的效果。

通过对《密西沙加新闻》进行聚焦编码,形成的类属及其所包含的意义见表 D-3。

表 D-3 《密西沙加新闻》的类属及意义汇总

类 属	意 义
新闻来源的草根性和在地性	注重培育与社区草根新闻来源的关系
公司化的经营方式	公司内部高度组织化,有统一的协作平台,注重提高员工工作效率;母公司 Torstar 采取集团化经营方式,包括 MMG 在内的子公司协同合作;第三方商业印刷也是重要的营收方式,日报与社区报的定位边界清晰;母公司同时运营其他社区新闻网站;纸质版刊登房产广告等大量商业信息,头版商业信息比重高,专门发行消费推荐类特刊,纸质版中夹插大量广告传单;注重对不同市场进行细分
广告是最重要的营收方式	作为消费者的广告商;大量发行广告传单;作为广告消费者的受众;受众对社区报广告和传单的接受程度高且较稳定;MMG 首页全部用于推介自身对广告商的商业价值
纸质版非商业信息比重较低	纸质版的当地信息主要包括少量商业气息较低的周末活动推荐、社区会议等社区公共事务信息

---

① 卡麦兹.建构扎根理论:质性研究实践指南[M].边国英,译.重庆:重庆大学出版社,2009.

续表

类　属	意　义
作为商品的读者	售卖读者的注意力,向广告商推介自身对受众信息的掌握程度,注重受众的体验、口碑等
市场化的运营规则	线上内容提升品牌效应;母公司是上市公司
超本地的传播方式	对口专家进行消费行为分析;电子版极易获得;超本地内容吸引大量线上流量;网页版和社交网络推文发布大量凶杀案新闻